© 1999 Juan Villegas
All Rights Reserved

ISBN 0-9656914-3-8

Published by *GESTOS*
1999

Printed by
McNaughton & Gunn, Inc.
Saline, Michigan.
USA

Imagen tapa: escena del espectáculo *El foc del mar* de Xarxa Teatre

Library of Congress Catalog Card Number: 99-073730

Villegas, Juan
Propuestas escénicas de fin de siglo: FIT 1998
   1. - Spanish American drama - History and Criticism
   2. - Spanish drama -History and Criticism
   3. - Theater - Spain
   4. - Theater - Latin America

PROPUESTAS ESCÉNICAS DE FIN DE SIGLO: FIT 1998

Juan Villegas
Editor

Ediciones de *GESTOS*
Colección Historia del Teatro 3

Materiales gráficos:

Las fotografías, a menos que se especifique otra fuente, corresponden a reproducciones del volumen *Festival XIII*. Los fotógrafos son:

Andrés Barragán:	Sportivo Teatral. Argentina
Patricia Di Pietro:	El Patrón Vázquez. Argentina
Gustavo Campos, Guto Muniz,	
Eugenio Savio y Elizabeth Barone:	Grupo Galpão. Brasil
Gilson Camargo:	No Ordinary Angels. Brasil
Juan Camilo Segura.	Corporación Estudio Teatro. Colombia
Julia Ardon:	Danza Losdenmedium. Costa Rica
Kiki:	Teatro Buendía. Cuba
	Alto Riesgo. Cuba
Olivier Auverlan:	Corporación Teatral Tragaluz. Ecuador
Pedro Portal:	La Má Teodora. EE.UU.
Gutiérrez-Tamayo:	La Zaranda. España
Luis Castilla:	Producciones Imperdibles. España
Javier Mariner y J.L. Leal:	Scura Splats. España
David Mola:	Totó el Payaso y Cía. España
Carlos Delgado Cruz:	Agua, Sol y Sereno. Puerto Rico
Federico Gutiérrez:	Nidia Telles. Uruguay
Miguel Gracia:	Tilingo. Venezuela

Comité asesor:

Alicia del Campo
Grace Dávila-López
Polly Hodge
Silvia Pellarolo
Francisca Silva Villegas

Composición y asistencia técnica :

Patricia Villegas-Silva

Agradecimientos:

del Editor y del Grupo de Investigación de Teatro Hispánico de Irvine

a Pepe Bablé y al Festival Iberoamericano de Teatro de Cádiz, por su contribución a esta edición

al personal del equipo Ambigú y de la sección Prensa del Festival de Cádiz, 1998, por su atención y colaboración en la obtención de materiales de investigación:

> *Equipo Ambigú*: Charo Sabio, Mercedes Suárez, Manuel Fernández Fedriani, Angeles Rodríguez Vásquez y Desirée Ortega Cerpa

> *Oficina de Prensa*: Carmen Segura Bass, Carmen Rodríguez Otero, Ma. Jesús Parejo Salas, María Eugenia García Flores

al Grupo Xarxa Teatre, Valencia, por su autorización para usar en la tapa un fragmento de foto del espectáculo *El foc del mar*.

Representantes del IHTRG e investigadores invitados

Foro con representantes de los grupos
Agua, Sol y Sereno; Danza Losdenmedium, y Actores del Método

Indice

	GRAN TEATRO FALLA	SALA CENTRAL LECHERA	INSTITUTO "LA CALETA" VALCÁRCEL	BALUARTE DE LA CANDELARIA-SALA	BALUARTE DE LA CANDELARIA-PATIO	ESPECTÁCULOS DE CALLE
JUEVES 15	GRUPO GALPÃO BRASIL **ROMEO E JULIETA** (22:30 HORAS)					Plaza 5, Antonio-Martidero Plaza del Palillo ANIMASUR ESPAÑA **MAMMATURKI** (21:00 HORAS)
VIERNES 16	LA ZARANDA ESPAÑA **CUANDO LA VIDA ETERNA SE ACABE** (22:30 HORAS)	TEATRO BUENDÍA CUBA **OTRA TEMPESTAD** (22:00 HORAS)	CORPORACIÓN TEATRAL TRÁGALUZ ECUADOR **LA EDAD DE LA CIRUELA** (20:00 HORAS)	NIDIA TELLES URUGUAY **MADAME CURIE** (19:00 HORAS)	3 DE LA MAÑANA AUGUSTO BLANCA CUBA **MÚSICA CUBANA** (24:00 HORAS)	Mercado Central TOYO EL PAYASO Y CÍA ESPAÑA **DESCONCIERTO** (13:00 HORAS)
SÁBADO 17	BASELA LOSDENARIBOUM COSTA RICA / CANARIAS **LÁGRIMAS NATURALES** (22:30 HORAS)	TEATRO BUENDÍA CUBA **OTRA TEMPESTAD** (21:00 HORAS)	AGUA, SOL Y SERENO PUERTO RICO **UNA DE CAL Y UNA DE ARENA** (19:00 HORAS)	NIDIA TELLES URUGUAY **MADAME CURIE** (20:00 HORAS)	3 DE LA MAÑANA AUGUSTO BLANCA CUBA **MÚSICA CUBANA** (24:00 HORAS)	TOYO EL PAYASO Y CÍA ESPAÑA **DESCONCIERTO** (13 HORAS)
DOMIN. 18		NO ORDINARY ANGELS BRASIL **DEADLY** (20:00 HORAS)	TILINGO VENEZUELA **EL VIAJE DE PEDRO EL AFORTUNADO** (TEATRO INFANTIL) (18:00 HORAS)	NIDIA TELLES URUGUAY **MADAME CURIE** (19:00 HORAS)	3 DE LA MAÑANA ANIVERSARIO ANIMAL	TOYO EL PAYASO Y CÍA / NO SÓLO DE MÁSCARA VIVE EL HOMBRE ESPAÑA **DESCONCIERTO**
LUNES 19		NO ORDINARY ANGELS BRASIL **DEADLY** (22:00 HORAS)	ACTORES DE MÉTODO MÉXICO **DESPUÉS DE LA MUERTE** (20:00 HORAS)			
MARTES 20	CO-PRODUCCIÓN GREC'98 FESTIVALES DE MADRID ESPAÑA **ASÍ QUE PASEN CINCO AÑOS** (22:30 HORAS)	SPORTIVO TEATRAL ARGENTINA **EL PECADO QUE NO SE PUEDE NOMBRAR** (21:00 HORAS)	EL PATRÓN VÁZQUEZ ARGENTINA **DOS PERSONAS DIFERENTES DICEN HACE BUEN TIEMPO** (20:00 HORAS)			
MIÉRC. 21		SPORTIVO TEATRAL ARGENTINA **EL PECADO QUE NO SE PUEDE NOMBRAR** (21:00 HORAS)	TEATRO CORSARIO ESPAÑA **VAMPYRIA** (20:00 HORAS)			
JUEVES 22	PRODUCCIONES IMPERDIBLES ESPAÑA **UN POETA EN NUEVA YORK** (22:30 HORAS)	EL TEATRO CARREÑO CUBA **ALTO RIESGO** (22:00 HORAS)	LA MA TRODORA ESTADOS UNIDOS **DELIRIO HABANERO** (20:00 HORAS)			
VIERNES 23				NIDIA TELLES URUGUAY **MADAME CURIE** (21:00 HORAS)	3 DE LA MAÑANA CUBA **MÚSICA CUBANA** (24:00 HORAS)	
SÁBADO 24	GRUPO GALPÃO BRASIL **A RUA DA AMARGURA** (23:00 HORAS)	EL TEATRO CARREÑO CUBA **ALTO RIESGO** (20:00 HORAS)				Plaza de la Catedral ESPAÑA **OH, SOS** (Espectáculo piromusical) (21:00 HORAS)

Palabras preliminares: *El Festival de Cádiz y las tendencias escénicas*

El presente libro es una colección de ensayos, basados predominantemente en las últimas ediciones del Festival Iberoamericano de Teatro de Cádiz, en los cuales se describen, comentan y ejemplifican algunas de las tendencias teatrales actuales en América Latina y España.[1] No hay pretensión de ser exhaustivos ni se piensa que las tendencias incluidas representan todas las que se ponen de manifiesto en los festivales de Cádiz u otros espacios teatrales de fin de siglo.

El volumen, sin embargo, junto con describir e interpretar, abre numerosas interrogantes con respecto al teatro en sí, el teatro latinoamericano y el español. Al mismo tiempo puede ser fuente de discusión con respecto a las preferencias de los discursos críticos contemporáneos, criterios de selección, las presencias, las ausencias, o las diferencias regionales y culturales de estos discursos.

Tanto la globalización económica y cultural como el impacto de las agencias internacionales en la producción y promoción de las culturas ha dado origen a una disminución de problemáticas que hace algunos años eran fundamentales en América Latina, España o en las culturas de origen hispánico en los Estados Unidos. En América Latina los temas de la identidad y de la cultura —especialmente el teatro— como agentes del cambio social han perdido su vigencia o han atenuado su presencia en los discursos hegemónicos. Algunos aun insisten en la memoria histórica como tema de reflexión. En España, a partir de 1975 con la muerte de Franco, el discurso dominante dejó de privilegiar el teatro de denuncia, indagó un tiempo en la memoria de los años de la dictadura o la predictadura y sus consecuencias para luego abrirse a una pluralidad de tendencias, en las cuales la experimentación escénica se ha constituido en un factor importante. Los años del "realismo" o "hiperrealismo" teatral han sido sustituidos en buena parte por un instancia de la postmo-

---

[1] Los ensayos corresponden a la práctica de investigación en el terreno de miembros e invitados del Irvine Hispanic Theater Research Group (IHTRG) asociado a la Universidad de California, Irvine, y a la revista *GESTOS*.

dernidad escénica, en la que clásicos y modernos son representados con técnicas de la postmodernidad.

Es indiscutible que en cada momento histórico tanto los dramaturgos como los directores de escena están en constante búsqueda de nuevos lenguajes escénicos. Es indiscutible también que este continuo proceso de renovación de la dramaturgia y del teatro ha experimentado una fuerte intensificación en los últimos años.

Aunque son numerosos los factores determinantes de la selección de los espectáculos presentados en un festival de teatro, en términos generales, se puede afirmar que ellos representan aspectos de las tendencias escénicas de un determinado momento histórico. Aunque la denominación específica de cada uno determine las limitaciones, perspectivas o códigos dominantes, aun dentro de esa limitación un festival evidencia lo que se hace en ese determinado campo. Si es uno, por ejemplo, sobre "nuevas tendencias escénicas" una edición del mismo pondrá de manifiesto cuáles son esas nuevas tendencias desde la perspectiva de los organizadores o dentro de los límites que los factores económicos, políticos o estéticos condicionan para ese determinado festival en ese determinado momento histórico.

Desde este punto de vista el FIT de Cádiz, fundado en 1986, es un buen representante de muchas de las tendencias teatrales en América Latina y España. No quiere decir, naturalmente, que hayan aparecido todas las tendencias; pero sí es posible asegurar que un buen número de ellas han pasado por sus escenarios.

En los ensayos incluidos en este volumen se consideran tanto algunas de las tendencias que podrían considerarse tradicionales dentro del teatro moderno como aquellas que parecen definir preferentemente el teatro contemporáneo. Entre las primeras se incluyen la interrelación entre teatro y política (Proaño-Gómez, Geirola); teatro e intertextualidad —en el sentido de la utilización de textos literarios en el teatro— (del Campo, Carrió, Hodge); la identidad nacional y el teatro (Dávila-López, del Campo); ritualidad y teatro (Carrió, del Campo). Entre las segundas, hay que destacar la utilización de otras artes escénicas dentro del escenario teatral (Ruyter, Villegas-Silva, Villegas, Rojas); presencia de modalidades culturales y sus consecuencias para los imaginarios sociales construidos en el teatro (del Campo, Carrió); la utilización de formas de cultura popular o de las tecnologías contemporáneas (Villegas-Silva). Por otro lado, se consideran también formas escénicas tradicionalmente no incluidas en las historias del teatro, tales como el teatro pirotécnico (Diago), teatro de marionetas (Ortega), o la relación con otras artes escénicas asociadas al teatro, como es el caso de la danza (Ruyter), el circo (Villegas). Finalmente, Geirola cuestiona la orientación de las preferencias estéticas de numerosos grupos teatrales de la actualidad y Villegas ("Palabras finales...") busca establecer las interrelaciones entre políticas culturales, las teatralidades legitimadas y los festivales de teatro.

Este volumen, en cierto modo, complementa uno anterior de esta misma colección. En *Del escenario a la mesa de la crítica* el énfasis estuvo en el análisis de textos y espectáculos individuales. En éste, los análisis de los espectáculos están en función de su inserción en modalidades teatrales o culturales que de algún modo caracterizan el teatro actual. Naturalmente, este libro no espera agotar ni la riqueza de opciones y muestras de teatro que es cada festival ni parte del supuesto que el FIT representa todas las modalidades escénicas de los últimos años. Tampoco se supone que en un festival un espectáculo revelador de una tendencia se constituya en su mejor realización, significa sólo que es un indicio de la misma.

Propuestas escénicas de fin de siglo: FIT 1998, como *Del escenario a la mesa de la crítica,* plantea a la vez el problema de las preferencias de los discursos críticos, tanto en los modos de mirar los espectáculos como en los códigos teóricos y lingüísticos con que describen e interpretan el objeto. En las "Palabras finales" de *Del escenario a la mesa de la crítica* afirmaba que el discurso dominante en el libro se fundaba en el discurso académico de la universidad norteamericana.[2] En *Propuestas...* se ha invitado a académicos de otros espacios culturales, quienes contribuyen con miradas, intereses y lenguajes diferentes. El tema, sin embargo, requeriría de una serie de trabajos en los cuales el discurso estuviese en el poder de directores teatrales, actores y gente de teatro de España y América Latina. Aunque los integrantes del grupo de investigación entrevistaron a muchos de ellos y se incluyen sus opiniones expresadas en las entrevistas o en los foros, el discurso de los practicantes teatrales no se incorpora en forma expresa. A modo de ejemplo de este discurso se incluye la autopresentación de los grupos Q Teatro (página 109), La Zaranda (207) y La Má teodora (208). La necesidad de limitar el volu-

---

[2] Juan Villegas, editor. Irvine: Ediciones de *GESTOS*, 1997.

men a alrededor de 200 páginas, no obstante, hizo imposible la inclusión de la totalidad de las declaraciones ni ensayos en que se discutiese este otro discurso en forma sistemática.

El hecho es que un festival es siempre un espacio teatral de una inconmensurable riqueza. Su misma transitoriedad, la urgencia de ver muchos espectáculos en poco tiempo, el carácter de tránsito de los grupos y los críticos en el espacio del festival muchas veces conduce a comentarios breves, puntuales, efímeros y, a veces, al silencio crítico o histórico. El intento de estas *Propuestas escénicas de fin de siglo* se justifica en la larga tradición del Festival Iberoamericano de Teatro de Cádiz, la diversidad de grupos que han pasado por los escenarios gaditanos, la búsqueda de lenguajes escénicos de la mayor parte de los grupos y su representatividad de tendencias dentro de cada uno de los países participantes.[3]

Juan Villegas
Editor

---

[3] El FIT publica cada año un hermoso volumen con la descripción de los grupos y numerosas fotografías. Para el año 1998, este volumen lo identificamos como *XIII FIT*. Cuando no se indica origen, las fotografías corresponden a reproducciones de este libro. Al mismo tiempo, publica un folleto de mano con el programa, de la descripción de cada grupo. A este folleto lo designamos como *Programa FIT-98*.

Utopía/distopía en la escena latinoamericana

Lola Proaño-Gómez

Pasadena City College

A map of the world that does not include Utopia is not worth even glancing at... (Oscar Wilde, 34)

L os espectáculos invitados al Festival Iberoamericano de Cádiz en los dos últimos años parecen poner en evidencia una tendencia del teatro latinoamericano de fin de siglo: la aparición de la función utópica del discurso para denunciar y expresar la disconformidad con la realidad actual, y la negación a aceptar tal situación como la única alternativa posible. Para confirmar mi hipótesis analizaré en este trabajo tres espectáculos presentados en Cádiz 1997 y 1998 (*El pecado que no se puede nombrar, Otra Tempestad* y *No me toquen ese vals*) y dos espectáculos estrenados durante la temporada de invierno de 1998 en Buenos Aires (*El amateur* y *Conversaciones con Ernesto Che Guevara*).

Con el dominio de la globalización y las políticas de libre mercado y como consecuencia del nuevo orden económico mundial, se ha producido en América Latina una conformación social y política en la que las comunidades no encuentran fácilmente espacios de reflexión para expresar frustraciones e intentar convertir sus deseos en realidades. En esta situación, parece ser el arte, particularmente el teatro, uno de los encargados de reivindicar estas necesidades en el espacio de la producción artística, con un tipo de racionalidad diferente que le permite plantear problemas, necesidades e insatisfacción con la "realidad" tal y como los emisores del discurso teatral la perciben.

El teatro latinoamericano ha sido siempre un teatro de crítica política, y en la última década ha seguido esta tendencia aunque de manera modificada. Sus técnicas son más sofisticadas y la referencialidad no es tan directa como en los momentos del teatro realista de los sesentas y setentas. El teatro político latinoamericano actual tiene características diferentes del teatro político tradicional, usa técnicas diversas, un tono diferente y puede a veces presentar en la escena propuestas ambiguas y crípticas, pero que apuntan en última instancia, a la crítica de la realidad latinoamericana. Esta tendencia crítica del teatro latinoamericano es consistente con la presencia de una corriente utópica, que se manifiesta en la escena latinoamericana fundamentalmente, en el rechazo de la realidad, aún en los momentos en que se proclama su reinado absoluto sobre toda posibilidad de un futuro distinto. El discurso teatral crea un sujeto que no sólo relata, sino que actúa, propone y abre el juego de lo diverso-posible contra lo "necesario" real verdadero. La función discursiva de proyección de lo posible como diferencia en el futuro, es lo que define a estos discursos como utópicos.

El teatro y el discurso teatral funcionan como el espacio "otro" desde el que se mide y se critican las fallas del lugar "real" y de esa apertura resulta un espacio nuevo: lo posible. Esta posición se expresa mediante la función utópica del discurso que se asienta en la historicidad y se relaciona directamente con un contexto específico en cuanto cuestiona una realidad existente. Parte pues de la misma realidad y tiene sentido sólo en cuanto se refiere a ella. El ejercicio de la función utópica, que se inicia en una descripción de la realidad que se desea modificar, propone, directa o indirectamente, la transformación del mundo presente. Al revés que la utopía tradicional, que propone un mundo des-espacializado y des-temporalizado con el objeto de relativizar y criticar el mundo propio, la función utópica del discurso penetra en la historia como planificación del tiempo futuro (Roig, 17). Es decir esta función consiste en una crítica reguladora que abre la posibilidad de una praxis que desconoce la topía como la única realidad posible. En este contexto, lo que se ha caracterizado en el teatro como formas estéticas diversas de crítica política, forma parte de la función utópica del discurso teatral, al menos en el momento en que éste ejerce la crítica reguladora.

La función utópica, según Roig, se articularía bajo tres funciones: crítico-reguladora, liberadora del determinismo legal y anticipadora del futuro. Mi hipótesis es que, lo que se ha caracterizado en el teatro latinoamericano como formas estéticas diversas de crítica política, forma parte de la función utópica del discurso teatral. Esta función opera prioritariamente, en su aspecto crítico-regulador y como liberadora del determinismo legal. Sin embargo, no se anticipa explícitamente un futuro diferente, éste queda implícito y depende, sobre todo, de la recepción, lugar en el que se deposita esta tercera modalidad de la función utópica.

En el teatro, la función utópica del discurso incluye además modos de representación visual que, con referencialidad ambigua, requieren una lectura dentro de cada contexto particular. Estos modos de representación leídos en conjunto con el lenguaje verbal, la contextualización histórica específica y las conexiones simbólico-sociales, hacen posible afinar el significado de las puestas. Permiten, a la vez, señalar la crítica de la topía y, con la negación implícita del determinismo legal, hace posible el avance hacia la utopía futura expresada, aunque sea sólo como una esperanza.

Tal como Kumar afirma (89), la utopía es un género subversivo que parte de lo concreto y puede anticipar la realidad, pero sus visiones están limitadas por el tipo de sociedad en la cual están concebidas, puesto que su relación con la realidad social es compleja y está mediada por muchos modelos, niveles e influencias multiculturales. La mezcla de distancia y familiaridad con el mundo de la política y la sociedad, le presta a este teatro una cualidad híbrida distintiva, que no ha logrado, sin embargo, hacer desaparecer del teatro latinoamericano su carácter social-político, que al contextualizarse, adquiere carácter nacional.

La tendencia presente en las propuestas de los distintos países latinoamericanos, responde a "la mundialización de los discursos [que] es consecuencia de la mundialización de los mercados, ...cada país afronta una misma realidad, está sometido a la misma exigencia, la de la adaptación a los mercados mundializados" (Fitoussi). Esto se transparenta en los rasgos comunes, fácilmente detectables, que exhiben algunos discursos teatrales latinoamericanos, y que responden a una misma realidad mundial con efectos sociales y económicos similares.

Pero no todos presentan la misma mirada. Aunque todos observan críticamente el momento histórico, subrayando la "deficiencia estructural de la economía de mercado" y apuntando "a esa facultad impiadosa de los mercados de seleccionar la población sobreviviente" (Fitoussi), unos presentan un mundo cargado de energía negativa y de pesimismo. Otros espectáculos, aunque pocos, dejan entrever atisbos de una cierta esperanza, frente a un futuro por demás incierto de los países latinoamericanos. Estos parecen expresar la esperanza de que la ideología liberal se trata sólo de un "retraso cultural," y que, como tal, "No entramos en una sociedad liberal: salimos de una transición liberal necesaria pero dolorosa" (Touraine). En los dos casos, funciona el aspecto crítico regulador de la función utópica, pero no en todos se presenta con la misma claridad, la propuesta liberadora del determinismo legal. Notamos sin embargo, como una tendencia, la ausencia de una propuesta explícitamente constructiva.

Por otra parte, se encuentran también los discursos distópicos. Ellos muestran la frustración, oposición o desengaño de las grandes utopías, por ejemplo del marxismo o del feminismo. Según Booker y Kumar, la distopía se da cuando se examinan críticamente las condiciones existentes y los abusos potenciales que pueden resultar de una institución perteneciente a alternativas utópicas. Este discurso se sitúa directamente frente al pensamiento utópico, como una advertencia de sus posibles consecuencias negativas y critica sin piedad las premisas utópicas (3).

La utopía: el sueño prohibido

[Utopia] refuses to accept current definitions of the possible because it knows these to be part of the reality that it seeks to change. (Kumar, 107)

El pecado que no se puede nombrar del Sportivo Teatral, dirigida por Ricardo Bartís, es el más claro ejemplo de la función utópica del discurso, tanto en su aspecto crítico regulador como en el liberador del determinismo legal. El espectáculo del Sportivo Teatral de la Argentina denuncia cómo la situación económica y política actual parece repetir en la Argentina, las condiciones de la llamada "década infame" (1930). Bartís mismo confirma su intención crítica, "Hoy hay que evitar sobre todo el congelamiento o la dispersión de lenguajes que fundamenta el dominio político. Nosotros queremos un teatro que sea violento, que violente y contradiga a la cultura actual" (Link).

Para ello, el Sportivo Teatral elabora sobre los textos de *Los siete locos* y *El lanzallamas* de Roberto Arlt, cuyos personajes descritos por su autor en una de sus "Aguafuertes porteñas," son

individuos canallas y tristes, simultáneamente; viles soñadores... [que] están atados o ligados entre sí, por la desesperación. La desesperación en ellos está originada, más que por la pobreza material, por otro factor: la desorientación que, después de la gran guerra, ha revolucionado la conciencia de los hombres, dejándolos vacíos de ideales y esperanzas.[1]

La pieza de Bartís habla hoy de las secuelas de los golpes de estado y de una revolución política y social fallida. El discurso verbal y el no verbal muestran, valiéndose de la parodia y el grotesco, lo que no debe ser, para luego proponer al final, en el discurso de Erdosain, una llamada a no perder la esperanza para afirmar la posibilidad de llegar a un lugar diferente. Un lugar que ahora es todavía un "no lugar," una utopía: "Tener un sueño es como tener una fortuna/.../ el único pecado es haber perdido nuestro sueño/ ...Mañana la vida, la vida no puede ser esto/ Habrá que cambiarla...."

Los personajes de Arlt, persiguen ideales, pero lo hacen erróneamente. Son, parece decirnos Bartís, productos de un momento en el que el hombre envuelto en un pragmatismo maquiavélico ha perdido todo espíritu ético. Los locos de *El pecado que no se puede nombrar* tienen ideales, y para alcanzarlos cualquier método es bueno, incluso la creación de un prostíbulo donde las "pupilas" son ellos mismos. El mayor absurdo se logra mediante la circularidad que recorre el dinero que va de las manos de los "clientes" a un sombrero de donde los nuevos clientes vuelven a tomarlo para pagar turnos sucesivos en el prostíbulo.

La parodia es la "única manera defensiva, es burlarse para no morir," dice Bartís. Pero para no convertirse en algo cínico ella necesita tener "algo que decir," lograr mediante la actuación la "producción de sentido," un efecto vinculado al humor que es la expresión de la esperanza a pesar de todo. Aunque "los personajes creen que Dios ha muerto" y constatan "el fin de los valores burgueses como el matrimonio, y la muerte de la utopía de una revolución social siguen soñando..." (Foro Cádiz 1998).

La sexualidad no es elemento central, sino que apunta a la política argentina que "ha adquirido notable capacidad de travestismo ideológico y desencuentro mayúsculo entre los fines y los medios." La metáfora

---

[1] Texto reproducido en el programa de mano de la función de *Los siete locos* presentada en el Teatro Nacional Cervantes de Buenos Aires y dirigida por Rubens W. Correa y Javier Margulis, en julio de 1998.

sugiere que "estos hombres son capaces de convertirse en pupilas para llegar a su fin" (Entrevista Bartís Cádiz 98).

Según Bartís, *El pecado* es la escenificación de una utopía "disparatada, inútil, perversa," pues "muerta la utopía social... el hombre desarrolla utopías disparatadas." Por ello, el espectáculo es "Un gran concierto de instrumentistas extraviados en busca de un pentagrama al que aferrarse" (Herren). La escena es utópica en sí misma, en cuanto da voz a un grupo de marginales, los "otros," que critican el *statu quo* e intentan recuperar sus derechos y su voz. En el contexto actual de Buenos Aires, el travesti es emblemático de la marginalidad, como lo muestran las declaraciones de Jorge Rodríguez, jefe de Gabinete de la Casa Rosada, que exhorta al Gobernador de Buenos Aires para que se ocupe de "la basura, los travestis y los baches de la ciudad," tal como el artículo "La Alianza convoca a empresarios" publicado en la sección política de *La Nación* lo transcribe.

Por otra parte, una de las discusiones éticas mayores en el último año en la Argentina ha sido sobre la moralidad y la legalidad de la oferta sexual de trasvestis en los barrios de Palermo Viejo y de Flores.[2] Presentar el travestismo en la escena de Buenos Aires y metaforizar en ello la revolución tiene una relación correlativa con un significado metafórico, cuyo mayor alcance sería la denuncia de la inmoralidad de aquellos que dirigen el país. El travestismo y la prostitución ahora en auge en Buenos Aires, son la metáfora social de la descomposición de la economía, la política y la historia. La prostitución de la escena leída con este contexto social adquiere caracteres de denuncia que también habla de la entrega del cuerpo social en manos de aquellos que gozan de los frutos del nuevo

---

[2] Los trasvestis, los marginales del sistema, reclaman su derecho a ser incluidos y a ser reconocidos también como ciudadanos. Las metáforas leídas en el presente político de la Argentina, se multiplican y apuntan a la inmoralidad y a la mentira política, "Todo lo que sea político es inseguro, nadie honesto es político" dice Juan Walter, un vecino de Palermo (*La Nación* 23.12.98) a propósito de los travestis, en el artículo titulado, "Los vecinos de Palermo Viejo no les creen a los legisladores porteños" y publicada en *La Nación* el 12 de noviembre del año pasado. El término "travesti" —farsa— se usa también para expresar la traición política (*La Nación* 27.11.98 en "Meijide convocó a millones para vencer al menemismo").

sistema económico, tal como se denuncia en el artículo de *La Nación*, del 23 de noviembre de 1998, titulado "Se instaló en la Recoleta una zona roja":

> El paredón del cementerio en el que descansan los restos de los más distinguidos próceres argentinos, es por estos días testigo de encuentros fugaces entre las jóvenes que ofrecen su cuerpo a cambio de dinero y sus ocasionales clientes. Ellas, en su mayoría adolescentes. Ellos, ejecutivos que circulan a paso de hombre en sus impecables automóviles, casi todos importados. (Sánchez)

Por otra parte, la feminización de sus personajes responde, según Bartís, a que la conciencia "nos convierte a todos en cobardes" y su presencia escénica es para "reflexionar sobre la idea de ser feminizado por el poder, de ser sometido a la pérdida de la identidad que incluye la propia sexualidad" (Herren).[3]

El pecado que no se puede nombrar se puede leer entonces como un microcosmos de la Argentina, que Bartís percibe como un "país que ha quebrado su noción de nación." Esto se escenifica como un espacio en venta —el prostíbulo—, con sus ciudadanos entregados a las grandes compañías multinacionales —pupilas—, con la entrega de la cultura y de sus riquezas, y la consiguiente pérdida de su identidad cultural —travestis—. Por otra parte, puede leerse también como una crítica a la revolución fracasada de los setenta y una alusión a la desaparición de la creencia de que era posible un cambio de estructuras. El travestismo parece señalar también la actual entrega, de al menos parte de aquellos revolucionarios soñadores, a ideologías ajenas a la revolución.

Sin embargo, aunque muestra los sueños de aquel cambio social como enloquecido, no afirma su imposibilidad, se niega a aceptar la situación política y social argentina del momento, como un destino fatal. El pecado innombrable es, entonces, la insistencia en seguir buscando los sueños. Por esto, a pesar de la parodia, el desenfreno, la locura y la desintegración de la escena, *El pecado* se presenta como el discurso teatral más

---

[3] Resulta difícil prescindir del aspecto misógino que implica la elección de representar la pérdida de la identidad y la cobardía, con la feminización de los personajes.

utópico de los aquí mencionados, en cuanto en él aparece la función utópica del discurso, no sólo en su aspecto crítico regulador y como liberadora del determinismo legal, sino también como función anticipadora del futuro.

Violencia y utopía

Conversaciones con Ernesto "Che" Guevara[4] es una propuesta abiertamente utópica que intenta reivindicar el valor de la revolución y nos traslada al clima de los sesenta, no sólo por el tono nostálgico del discurso verbal, sino también por la ausencia de las nuevas técnicas teatrales presentes en las producciones actuales. Este espectáculo escenifica una conversación post-morten entre el "Che" y un historiador becado por una fundación norteamericana, que investiga los últimos días de la vida del "Che" en la Higuera, Bolivia. El diálogo gira acerca de la teoría revolucionaria del Che y la violencia desencadenada en los setenta por la dictadura del proceso y el saldo de desaparecidos que dejó. La denuncia se concreta alrededor de la violencia que hoy día ejerce el sistema neoliberal. Según la discusión, hoy sin revolución existe tanta violencia como entonces. Discusión que es el eco de las denuncias que en la prensa argentina, se leen repetidamente[5] y que, según Salzman, es una violencia "sin rostros identificables... una violencia unánime, sin rótulos ni banderas..." (46).

La escena, extremadamente "limpia," refuerza el poder de la palabra, anulando todo tipo de distracciones escénicas. El escenario encuadrado

---

[4] Texto de Juan Pablo Feinmann y dirección de Rubens Correa y Javier Margulis, estrenada en el Teatro Margarita Xirgú de Buenos Aires en 1998.

[5] En el artículo "Las villas, cada vez más violentas," el párroco de Nuestra Señora de la Cava de San Isidro, afirma que: "El problema de la violencia... está instalado en todos lados... La falta de trabajo, la marginación y la discriminación hacen que la gente adopte actitudes violentas y hostiles" y están en la capital misma, a veinte minutos del Obelisco. Por otra parte en el mismo artículo se señala que la población de las Villas Miseria aumentó de 12.600 personas en 1983 a 140.000 en 1999. "Un mentís al mito de la pertenencia al Primer Mundo."

por una especie de paredes inclinadas a la manera de un casi semicírculo de madera y sólo con un desnivel en la parte posterior, destinado a la aparición de los otros personajes en los momentos en que el Che recuerda episodios pasados, es el único artificio escénico utilizado en la puesta.

La función utópica del discurso en *Conversaciones sobre el "Che" Guevara* se hace aún más clara cuando muestra una añoranza por la utopía del pasado y la defensa que se hace del pasado respecto del presente. En este espectáculo más que ninguno, el lenguaje verbal es el arma política más poderosa. Con un claro predominio de la denuncia de la violencia del momento presente, por sobre un llamado a abrir un futuro distinto, este espectáculo, que desconstruye verbalmente los discursos condenatorios de la revolución fallida de los sesenta, concluye que la Argentina globalizada no es menos violenta que aquella de los setenta. Sin embargo, los guiños que hace el discurso dejan al espectador con la sensación de que Guevara y su discurso siguen vivos. Esta puesta sobredimensiona tanto la crítica al sistema actual como la posibilidad de resistir a la violencia de la globalización. Es en este sentido, fuertemente utópica, en cuanto se afirma un compromiso radical de no aceptación de ningún tipo de reconciliación con lo dado.

Utopía y muerte

El amateur[6] presenta a dos humildes personajes, Lopecito —un exbailarín de tangos, que ahora trabaja con un triciclo de reparto— y el Pájaro, quién animado por su amigo, intenta ganar un lugar en la sociedad batiendo un récord en el ciclismo. El esfuerzo, la transpiración, el agotamiento y las vueltas interminables de las ruedas de la bicicleta, que giran frenéticamente, colocadas sobre una base fija en el escenario, dan al espectador la sensación del inmenso esfuerzo del personaje que, encerrado en una situación existencial sin salida, no quiere aceptar la derrota. El entrenamiento para lograr su meta se convierte en la metáfora escénica de la lucha inútil por la supervivencia en un mundo sin esperanza. Cuando el Pájaro completa su proeza, Lopecito "lo lleva triunfante hacia el carro. Lo sienta en su triciclo y lo traslada hasta el centro del

---

[6] Texto de Mauricio Dayub y dirección de Pepe Romero, estrenada en el Teatro Payró de Buenos Aires en 1997.

espacio" acompañado por los sonidos exaltados de tribunas y relatores deportivos que festejan la llegada a la meta. Cuando "el relato finaliza.... El ciclista, de pronto, se desploma sobre el cuerpo de su mánager." Lopecito "lo levanta como puede para que vea a su público. Empieza a comprender. Su amigo ya no está más. Se le ha muerto." Sin embargo, el giro fantástico que sorpresivamente, da el espectáculo al final, genera ambigüedad en su lectura cuando El Pájaro, ya muerto, empieza a reaccionar lentamente "como en un milagro vulgar." Lopecito lo hace girar en amplios círculos que crecen a medida que El Pájaro levanta la cabeza y vuela, hasta que al final, como Icaro alcanza el sol, desde donde le grita a su amigo: "¡Arrimate flaco... No quema... No quema...."

La puesta transmite y mantiene en el espectador la angustia de encontrarse al borde mismo del desastre. Con los actores que llevan sus cuerpos al límite de sus posibilidades, y el pequeñísimo y cercano escenario en donde, con un aprovechamiento excelente del espacio, el Pájaro y Lopecito dan vueltas riesgosa e interminablemente, provoca en el espectador la sensación de un peligro creciente: la caída de las bicicletas que giran a gran velocidad en los bordes mismos de la escena. A nivel metafórico el espectador experimenta el peligro y el sufrimiento de su propia existencia. El movimiento circular de las bicicletas sobre el escenario y las ruedas que durante los entrenamientos giran interminablemente sobre bases fijas, sin adelantar un centímetro, parecen exhibir una situación que se visualiza como incambiable.

En *El amateur* la utopía se materializa en la esperanza de ganar una competencia de ciclismo, al mismo tiempo que exhibe el alcance del deseo como imposible. Al hacerlo, la puesta de Dayub, al igual que *El pecado*, reconoce la imposibilidad de dejar de soñar, pero al mismo tiempo afirma la impotencia para alcanzar esos sueños. Es en este sentido que *El amateur* habla de la vacuidad de las promesas utópicas.

Contextualizada en la Argentina, la puesta acorta la distancia entre la ficción y la crítica social hasta casi hacerla desaparecer. El espectáculo es la escenificación de la lucha por conseguir el único éxito posible en las condiciones económico-sociales del momento: el triunfo individual, único posible en un mundo donde reina el darwinismo social. La competencia de bicicletas, adquiere fuertes resonancias metafóricas si récordamos que no importan las intenciones, el mercado incita siempre a la competencia, —la conquista de ventajas competitivas—, aunque sabemos de antemano que seres como el Pájaro o Lopecito llevan las de perder.

La única solidaridad posible, que viene del otro marginal, de nada sirve. Paradójicamente cuando el Pájaro logra romper el récord muere de agotamiento físico. La metáfora teatral de *El amateur* materializa la imagen de "esa facultad impiadosa de los mercados de seleccionar la población sobreviviente" (Fitoussi) cuyas consecuencias pertenecen a la falla estructural de la economía de mercado.

El amateur tiene una tensión dialógica que oscila ante la necesidad de afirmar los sueños —alcanzar el récord— y la cercanía de una realidad que impide alcanzarlos y cuya referencia metafórica serían los movimientos circulares no conducentes a ningún nuevo espacio y los límites circulares de la escena de donde los actores no pueden salir y de hecho no salen en toda la puesta. Esta tensión puede originar lecturas diversas del espectáculo, cuya lectura final sólo es posible desde una intencionalidad consciente junto con la relación a un contexto más amplio. Mauricio Dayub expresó sorpresa de que algunos espectadores y críticos hubieran hecho la misma lectura descorazonadora, pues el vuelo final podría ser leído también como la imagen de la llegada al sol (Entrevista). Sin embargo, esta lectura parece la obvia en el contexto argentino actual donde aún la Iglesia hace llamados a la implementación de un "capitalismo más humano" frente al empeoramiento de la situación social y económica de la mayoría. En este sentido, *El amateur* parece quedarse en el momento de la crítica a la realidad de la topía. La metáfora escénica representa una inmovilidad forzada, ante un presente al parecer, insuperable.

"Quiero poblar esta isla de Calibanes"

Otra Tempestad del Teatro Buendía expresa la duda en la posibilidad y la deseabilidad del cumplimiento de la utopía, pues muestra la isla como panacea del abuso de Próspero que reina en ella gracias a su magia. El drama se ubica en una isla lejana imaginaria con vegetación y fauna exhuberantes y tropicales, que inevitablemente, el espectador contemporáneo identifica como Cuba. La puesta ofrece una perspectiva diferente sobre aspectos sociales y políticos problemáticos y parece responder al "aire de crisis" que envuelve a Cuba en este momento. Sin embargo, en ella hay también cierta ambigüedad, que no permite calificarlo sin más de teatro distópico, pues insinúa la posibilidad de un futuro abierto y diferente.

Otra Tempestad parece ser una reacción distópica a la utopía socialista cubana que utiliza elementos y técnicas propias del drama distópico como son la desfamiliarización y la fragmentación. Presenta desarrollos potenciales políticos negativos mediante los lentes de la ficción y despliega en la escena imágenes y diálogos que los sugieren. En "La República o el discurso de la utopía" Ariel, vocero de Próspero, anuncia que "Si en algún lugar del Nuevo Mundo existe una Isla, es ésta y su nombre será: ¡utopía!" Sin embargo, las palabras y las imágenes que siguen despliegan lo que ello realmente significa. Si bien Próspero anuncia que "el trabajo va a ser lo más importante" y Otelo grita "En utopía queda prohibida la guerra," al mismo tiempo escuchamos ruido de ruedas, martillos, gritos, sonidos de marchas y cantos de guerra y vemos imágenes de vasallaje. La escena desdice la utopía, y afirma que ésta no es un paraíso. El contraste entre la realidad y el sueño, se refuerza además por las ocasiones en que los personajes actúan adormecidos o hipnotizados por la magia de Próspero o de alguna de las deidades de la mitología cubana.

El discurso distópico alcanza su clímax con la confesión de Próspero que admite su fracaso. Próspero había hecho de la isla el "sitio ideal para sus experimentos," el laboratorio de la utopía. Había expresado la fe en un cambio que, partiendo de un sueño, haga real lo posible. Sin embargo, en la escena de la muerte de Ofelia/Miranda, reconoce que es él mismo quien la ha provocado y cuya causa ha sido la búsqueda insistente de su utopía: "Mi ambición, mi soberbia... sordo y ciego a todo lo que no fuera mi utopía."

El carácter distópico de *Otra Tempestad* se confirma además por el exceso de ritualización que, si se acepta la hipótesis de Widmer:

...will defeat other ends of utopianizing, and intelligence. Literature heavy in ritualizing will be thin as utopia. Not incidentally the more effective literary use of ritualization, in all its arbitrariness, appears satirically in dystopias. Undoubtedly mystification has its utilities, but they do not include much social criticism or alternative. (24)

Consistentemente con la omnipresencia del mito y su carácter intemporal, el espectáculo intersecta fragmentariamente presente, pasado y futuro. Al hacerlo afirma una idea válida para todo tiempo: la falta de futuro para las utopías que se importan desde más allá del mar y se hacen valiéndose de recursos ajenos. Idea que se subraya hacia el final con la escena de antropofagia en que todos devoran el cuerpo de Miranda —¿la nación cubana?— luego de que Macbeth la llama "la reina de todas las rameras." ¿Se sugiere tal vez, que el mal vino de afuera? Si esto es así, la propuesta final con Calibán como el único sobreviviente y dueño de toda la escena, parece proponer una utopía diferente, construida desde la cubanidad, sin ingerencias que vengan de más allá del mar.

Otra Tempestad es un drama distópico. Sin embargo propone al mismo tiempo una utopía propiamente cubana, representada metafóricamente por el único sobreviviente, Calibán, el oriundo de la isla que, en la última escena se ha adueñado de todas las máscaras, al hacer suyo todo lo que fue antes de otros: la cultura, las ideas, los proyectos. En este contexto, adquieren sentido las palabras finales de Miranda en la escena que sigue al amor con Calibán cuando exclama: "Quiero poblar esta isla de Calibanes."

"Qué extraña manera de estarse muertos..." (Trilce LXXV)

La propuesta del grupo peruano Yuyachkani en *No me toquen ese vals*,[7] presentado en el Festival Iberoamericano de Cádiz 1997, de Rebeca Ralli, Julián Vargas y Miguel Rubio, dirigido por Miguel Rubio Zapata, parece resumir su propuesta en el siguiente parlamento:

La sangre del pueblo tiene rico perfume... Observe la orgía de la corrupción que hay en el país. El hambre que aniquila a uno, el hartazgo que hace reventar a otros. Escuche, no sólo oiga. Observe, no sólo vea. Y así se explicará en la misma medida en que yo me explico esta violencia. Y sino se explica vea el evangelio de San Mateo...

---

[7] "No me toquen ese vals" de Julio Jaramillo (ecuatoriano), afirma en su comienzo "Me estoy acostumbrando a no mirarte,/ me estoy acostumbrando a estar sin ti." Esta aceptación sin embargo se niega hacia el final cuando se dice "¡Qué voy a acostumbrarme a no mirarte!/ ¡Qué voy a acostumbrarme a estar sin ti!" consistente con la metáfora teatral que equipara la vida a la muerte.

Se refiere al Capítulo XXI, versículos 12 y 13 en que Cristo derriba las mesas de los banqueros y las sillas de los que vendían las palomas para sacrificios, a todos los que han convertido su casa en "una cueva de ladrones."

No me toquen ese vals escenifica la realidad que denuncia con una combinación de poesía y música popular, sonidos discordantes, movimientos lentos y forzados, manos que se alzan crispadas como buscando a tientas, cuerpos que se retuercen en el escenario con movimientos estereotipados; con gritos y silencios alternados y voces que suenan a lamentos. Todo ello acompañado por elementos proporcionados por la tecnología de fin de siglo: humos y luces de colores y agudos sonidos de instrumentos electrónicos. Es la angustia latinoamericana del fin del milenio.

Dos músicos, Él y Ella que vuelven, muertos, a la escena y describen lugares infernales: pantanos donde yace el "dios camuflado de la lepra," donde nace la "mosca de la fiebre" y donde "pudo también nacer el hombre." Disfrazándose de burgueses —Él de smoking y corbata de lazo, Ella de abrigo de piel, collares y guantes— entonan el vals "Desdén" de Miguel Paz: "No necesito amar, no necesito/ hoy comprendo que amar es una pena/.../ repetiré el sermón de la montaña/ por eso he de llevarme hasta que muera/ todo el dolor mortal que me acompaña," seguido de un grito que desgarra la escena. Con un discurso apocalíptico, describen un lugar cerrado, donde todo escape —viaje de recreo— es imposible. Todas las puertas están cerradas y los agujeros tapados por letreros que dicen "prohibido escaparse." Afuera del encierro, las calles, "están llenas de orines y vómitos y hay que tumbarse en el estiércol si uno quiere dormir." La escena nos traslada al espacio de la muerte.

La intranquilizante puesta causa estupor y desazón en los espectadores, mediante la desfamiliarización que se alcanza en la puesta por el contraste entre la belleza poética de lo que se recita, la familiar y romántica música popular, y el modo gritón, distorsionado y estertóreo con que están dichas o cantadas las estrofas. La belleza se ha convertido en pesadilla. La pesadilla de una cultura a la que se le ha impuesto una vestimenta barata de luces y humos de colores, de sonidos de guitarras eléctricas y de artificios de luces escénicas, debajo de las cuales yace la muerte y la descomposición.

Con un manejo de oposiciones barroco, se habla de la vida y de la muerte. Él recita las coplas de Manrique, mientras Ella retuerce su cuerpo y su voz que desafina con la poesía que se escucha simultáneamente: "...Cualquiera tiempo pasado fue mejor." Un pasado en el que había celebraciones, donde la gente se reunía, intercambiaba opiniones, se ponía de acuerdo, y conspiraba. La puesta invita a los espectadores a preguntarse por el presente, al mismo tiempo que la escena responde en imágenes de parálisis y descomposición.

La vacuidad, inutilidad y devaluación del lenguaje también pasan a la escena: "Siento esta noche/ heridas de muerte/ las palabras," se repite. Coherentemente con la búsqueda de las manos crispadas del comienzo, se intenta una resistencia que termina una vez más, con la muerte que anuncia el rock/poesía que dice: "Una leona ha parido en medio de la calle.../ haciendo llover sangre sobre el Capitolio/ el clamor de la lucha llena los aires/ y se oye el relinchar de los caballos y el extertor de los heridos/ Y los gritos y los otros/ quedan en las calles los espectros." Espectros que son ellos mismos, en una situación empantanada, sin posible salida. Situación que se remarca con el final, en el que los dos siguen en la misma posición, él frente a las baterías retorciéndose, ella en la silla de ruedas, repitiendo siempre los mismos gestos.

La situación económica se denuncia explícitamente, con la anécdota del cobro de la renta a una mujer que no tiene dinero para pagarla. El poema de León Felipe "Hay dos Españas," del libro *España e Hispanidad,* que sigue a esta denuncia, sugiere la comparación del Perú de fin de siglo, con la España de Franco. La nación que en León Felipe está dividida en la del "soldado y el poeta," se convierte aquí en un Perú dividido por "la pobreza y el dinero":

...tuya es la hacienda
[tuya] la casa,
[tuyo] el caballo,
[tuya] la pistola.
Mía es la voz antigua de la tierra.
Tú te quedas con todo y me dejas desnudo y errante por el mundo...
Mas yo te dejo ...¡mudo!
Y ¿cómo vas a recoger el trigo
y a alimentar el fuego
si yo me llevo la canción? (161)

La esperanza es la recuperación de la palabra. La palabra que vuelve con el regreso de estos dos cantantes muertos, aunque sea en una canción desgarrada y preñada de muerte. La esperanza no muere mientras la gente que los evoca siga yendo al mismo bar con el deseo de encontrarlos y escucharlos. Esta esperanza que a pesar de todo sigue, es la única nota positiva en *No me toquen ese vals* y es en este sentido, lo único que intenta mitigar la fuerte carga de desesperanza, muerte y fragmentación que permea todo el espectáculo, pese a lo cual y acercándose a la propuesta del Sportivo Teatral, se niega a "ponerse de rodillas" y a sumirse en el silencio.

El espectáculo de Yuyachkani ofrece una crítica que llega visceralmente a sus espectadores y lo logra fundamentalmente por la fusión de imágenes, sonidos, la fuerte carga metafórica y la constante sugerencia con que ellos se combinan. Igual que los otros espectáculos analizados *No me toquen ese vals* permea la misma desesperanza y el sentido de que una muerte casi inevitable está a la espera, sensación que parece dominar la producción teatral latinoamericana de fin de siglo y que explica la sobrecarga crítica y el desbalance respecto a la ausencia de propuestas viables alternativas. La utopía apenas aparece en la negación al silencio y la invitación a la resistencia y a no perder la esperanza de un cambio futuro.

La producción teatral latinoamericana de fin de siglo ofrece una mirada descorazonadora a su realidad, mirada que parece afirmar la imposibilidad de las políticas nacionales de integración social, de desarrollo económico y de acrecentamiento de la participación social (Touraine). Sin embargo, esta negatividad no significa la aceptación de la realidad como la única posibilidad, sino el reconocimiento de la imposibilidad de un cambio inmediato. Algunos discursos teatrales dejan abierta la posibilidad de la realización de un futuro cambio, matizando la mirada pesimista con un rayo de esperanza. Conscientes de la problematicidad de esos sueños, los espectáculos analizados muestran tensiones, polifonías y dialogismos que hay que leer desde múltiples perspectivas. La negación de la necesidad, la desconfianza en el pasado y el desenmascaramiento de las totalizaciones, es lo que significa trabajar la categoría de posible/futuro. Se trata de desmontar la "realidad" del momento histórico contemporáneo y de negar su necesidad. De afirmar que la historia no ha terminado y que es lícito el deseo y la esperanza en una sociedad mejor.

Los espectáculos logran desencadenar una tensión moral que evidencia la insatisfacción con la realidad presente y que espera motivar ética-
mente el planteamiento sobre otros futuros posibles. La "crítica reguladora" —exhibición crítica de la realidad— y la "negación del determinismo
legal" —la esperanza del cambio— son aspectos positivos en la producción teatral latinoamericana que, aunque exhiba pesimismo y negatividad
ante una realidad que se rechaza, afirma al mismo tiempo, ser el espacio
para la expresión de las desilusiones, aspiraciones y esperanzas.

Bibliografía

Ainsa, Fernando. *Necesidad de la utopía*. Buenos Aires-Montevideo:
Tupac-ediciones y Nordan-Comunidad, 1990.
Arlt, Roberto. *Los siete locos*. Buenos Aires: Editorial Losada, 1974.
—. *Los Lanzallamas*. Buenos Aires: Compañía General Fabril Editoria,
1968.
Booker, Keith M. *Dystopian Literature*. London: Greenwood Press,
1994.
Cassareto, Jorge. "Qué hacer contra la exclusión." *Clarín* 7 agosto 1998.
Consentino, Olga. "En busca de Roberto Arlt," *Clarín* 28 julio 1998:
Espectáculos.
Dayub, Mauricio. *El amateur*. Manuscrito.
"El estado de la memoria en el teatro actual," encuesta. *Teatro XXI* 7
(1998): 35-45.
Felipe, León. *Antología rota*. Buenos Aires: Editorial Losada, 1957.
Fitoussi, Jean-Paul. "El mercado no garantiza la supervivencia de todos."
Clarín 22 julio 1998: Opinión.
Herren, Alejandra. "Complot desesperado." *La Nación* agosto 20, 1998:
Espectáculos. Online. Enero 10, 1999.
Knight, Diana. *Barthes and Utopia*. Oxford: Clarendon P, 1997.
Kumar, Krishan. *Utopianism*. Buckingham, Open UP, 1991.
"La alianza convoca a empresarios." *La Nación* diciembre 9, 1998:
Política. Online.
"Las villas cada vez más violentas." *La Nación* enero 17, 1999. Online.
Enero 18, 1999.
Link, Daniel. "Siete hombres en pugna." *Página 12* junio 9, 1998: Radar
Ocio Cultura y Estilos. Online. Febrero 5, 1999.
Proaño-Gómez, Lola. "La hibridización cultural: ¿Desaparición del
teatro político-social latinoamericano?" *Del escenario a la mesa de
la crítica*. Ed. Juan Villegas. Irvine: Ediciones de *GESTOS*, 1997. 63-
74.

Roig, Arturo Andrés. *Proceso civilizatorio y ejercicio utópico en nuestra América.* San Juan: Editorial Fundación Universidad Nacional de San Juan, 1995.

Salzman, Isidro. "Cuestiones con Ernesto "Che" Guevara: un ensayo sin textura dramática." *Teatro XXI* 7 (1998): 46-47.

Sánchez, Alfredo. "Se instaló en la Recoleta una zona roja." *La Nación* 23 de agosto 1988: General. Online. Enero 8, 1999.

Touraine, Alan. "La Argentina debe reconstruir su vida política." *Clarín* 5 agosto 1998: Opinión.

Wilde, Oscar. "The Soul of Man Under Socialism." *De Profundis and Other Writings.* Ed. Hesketh Pearson. Harmondsworth: Penguin Books, 1973.

Escena de *El pecado que no se puede nombrar*

Escena de *No me toquen ese vals*

Teatro y postcolonialismo: la construcción ritual de la cubanidad en *Otra Tempestad*

Alicia del Campo

California State University, Long Beach

Este ensayo propone una reflexión sobre la *Otra Tempestad* como ejemplo paradigmático de la emergencia de un discurso postcolonial en el teatro latinoamericano finisecular en la que confluyen productivamente tendencias predominantes en las últimas décadas: la relectura de textos clásicos, el ritual como exploración de la memoria cultural y el énfasis en los elementos espectaculares. En su contexto histórico particular la obra constituye una respuesta lúdica y teatral al llamado 'período especial' en Cuba, tanto al nivel de las restricciones materiales de producción, como en términos políticos e ideológicos, en relación a la crisis del discurso cultural revolucionario y la necesidad de "reinventar" la cubanidad a la luz de estas nuevas condicionantes.

En el marco de una *postmodernidad en vivo* que ha superado toda profecía teórica (de la Campa), de un neoliberalismo globalizante y su consecuente homogeneización cultural *vis a vis* la emergencia de nuevos movimientos sociales que buscan expresar su "diferencia" y sus demandas, el teatro latinoamericano se ha visto abocado a la necesidad de replantearse las temáticas de la identidad y la memoria cultural, tan puestas en cuestión por los discursos de la postmodernidad, como apoyadas por las propuestas de los nuevos movimientos sociales. La respuesta teatral ha sido un teatro de la memoria (Boudet, Rizk) que intenta recuperar un sentido de identidad en el marco del resquebrajamiento y la deslegitimación de las narrativas maestras de la modernidad.

Para ello el teatro se ha vuelto a una exploración de lo popular y lo ritual como las fuentes en las cuales es posible re-encontrarse con antiguos modelos de conocimiento a partir de los cuales elaborar nuevas opciones de futuro basados en la recuperación de sentidos colectivos y olvidados de la memoria cultural. Desde allí se intenta desarticular los discursos de la modernidad para reafirmar sustratos esenciales, secretos, recónditos desde los cuales el sentido último de la identitad sean inasibles a la penetrante homogeneización cultural de la postmodernidad. Estas exploraciones sobre lo ritual han tomado una diversidad de matices, que van desde la mera aplicación de las estrategias rituales a la producción teatral, a la recuperación del valor de la teatralidad de los rituales religioso-populares como formas de para-teatralidad por parte de la crítica (Cozzi).

Este teatro de la memoria ha experimentado por distintas vías y responde a una serie de circunstancias sociopolíticas que van más allá de un rechazo a las apocalípticas renuncias con que nos confronta el discurso de la postmodernidad. Las tendencias distinguibles son por una parte la incorporación de una estética multicultural, multimedia, globalizante reforzando el aspecto espectacular y dialogando con las estéticas de producción cultural masiva (cine, video, comic) y, por otra, una vuelta a lo popular como fuente primigenia de la memoria cultural en los ámbitos no verbales (sensoriales) de la cultura en que el ritual emerge como estrategia clave para el teatro latinoamericano. Aparece, a su vez, un camino híbrido, en que la búsqueda ritual y la re-apropiación del canon hegemónico parece abrirse como fuente de articulación de un contradiscurso canónico que afirma ya no el nativismo de lo popular puro sino el carácter eminentemente híbrido y mestizo de la cultura latinoamericana.

Así la puesta en escena de los clásicos, antes relegada a un teatro de elite, legitimador de los valores universales que validan a las elites criollas como dignas emisarias de su contraparte metropolitana, parece adquirir en los últimos años una funcionalidad distinta: en varias de ellas Shakespeare es retomado desde estéticas, multiculturales, populares, rituales para reapropiarlo en función de nuevas propuestas culturales tanto a nivel del texto dramático como espectacular.

En esta representación de los clásicos en América Latina, Shakespeare ha jugado un rol predominante. Si bien las puestas en escena de sus obras se inician con los movimientos de renovación teatral que emergen en América Latina entre los años cuarenta y los cincuenta, en tanto muestras del teatro clásico, y adquieren distintas funcionalidades en diferentes momentos del teatro latinoamericano, en los últimos años éstas asumen un valor más altamente experimental y contestatario. Renovadoras puestas en escena de las obras de Shakespeare apuntan a develar nuevas y múltiples significaciones en estos textos fundadas predominantemente el discurso de la puesta en escena.

Estas distintas funcionalidades cubren una amplia gama de intereses y propuestas. En el ámbito de los teatros nacionales y universitarios, su puesta en escena apunta a la necesidad de demostrar la capacidad de realizar complejas producciones, con gran aparataje escénico y reconocidos actores como un modo de demostrar la capacidad de los teatros nacionales de estar "a la altura" de las producciones europeas y ser capaces de valorar y transmitir "legítimamente" estas obras "clásicas" y los valores universales que ellas proyectan. Más tarde, un ejemplo de las diversas funcionalidades que adquiere este tipo de teatro es la producción durante los regímenes militares dedicado casi exclusivamente a la producción de estas "obras clásicas de la dramaturgia universal" evitando con ello la interferencia de la crítica sociopolítica latente en las obras de los dramaturgos nacionales contemporáneos. Posteriormente, con la vuelta a la democracia y el regreso de directores auto-exiliados, Shakespeare reaparece desde estéticas multiculturales cuyas lecturas escénicas enfatizan una crítica al poder autoritario.[1] Al mismo tiempo, la predominancia de un teatro de director y el énfasis otorgado a la espectacularidad de la puesta en escena hacia mediados de los ochenta, otorga nuevas razones para re-leer y re-presentar las obras de Shakespeare a la luz de nuevas interrogantes culturales.

En América Latina múltiples formas de articulación de Shakespeare conviven paralelamente: las continuas puestas clásicas, tendientes a leer esta universalidad y "excelencia dramatúrgica" desde medios criollos y las puestas en escena que mantienen el texto original; pero cuyas relecturas se apoyan en la construcción visual del espectáculo. Ejemplo de ello es la puesta de *Hamlet* del Grupo "Teatro Arena" en Cádiz 97 con una estética dirigida a redescubrir tensiones homoeróticas entre los personajes masculinos a partir de una teatralidad de la mirada.[2]

En el contexto de estas re-lecturas postcoloniales de Shakespeare, *Otra Tempestad* propone un modo de entrar en negociación con los discursos coloniales/postcoloniales, a la vez que reafirma una identidad

---

[1] Este es el caso del montaje de *Ricardo III* dirigido por Andrés Pérez hecho a partir de técnicas del teatro Kathakali e influido por la investigación escénica y actoral de carácter multicultural del grupo de Arianne Mnousckine en Francia.

[2] Agradezco esta interpretación a Claudia Villegas-Silva en diálogo con el grupo Teatro Arena.

cultural mestiza en constante proceso de negociación y posicionamiento en el marco de la cultura hegemónica-colonial/neocolonial. Para nuestros efectos entenderemos lo postcolonial como modos de interrelación y resistencia en relación a los discursos coloniales, a las estructuras de poder y las jerarquías sociales asociadas con el colonialismo, el neocolonialismo y el imperialismo (en tanto continuidad del paradigma colonial en su versión contemporánea). Para la crítica teatral, el postcolonialismo comprende tanto la producción dramática que emerge desde lo colonizado como el modelo teórico desde el cual se propone la investigación de estas producciones (Gilbert y Tompkins). La crítica teatral postcolonial se dirige a auscultar los métodos a través de los cuales el "teatro postcolonial" resiste el imperialismo y sus efectos y a la posibilidad de identificar modos de leer y ver textos teatrales del mundo colonial como asimismo poder interpretar las estrategias utilizadas por directores, dramaturgos, actores, músicos, diseñadores para re-elaborar un momento histórico, un personaje o un texto imperial o incluso un edificio teatral (Gilbert, 1). En este marco, el proyecto postcolonial se plantea con doble fin: buscar las similitudes de la experiencia colonial y las diferencias que marcan cada colonia en particular.[3]

Los indicadores del teatro postcolonial comprenden textos que niegan la unidad aparente del imperio, evitan el cierre para reafirmar el carácter provisional de las identidades postcoloniales y reafirman la descolonización como un proceso más que como un punto de llegada. Desde este marco, el sujeto colonizado se autodefine de una manera "recombinada" que impide el cierre del proyecto descolonizador. Este elemento se ve claramente en la puesta de *Otra Tempestad*.

Si bien la aplicación de las terminologías y la teoría postcolonial ha sido puesta en cuestión por algunos críticos latinoamericanistas (Mignolo, de la Campa, Moreira, Richard) el fuerte carácter "colonial" implícito

---

[3] Un planteamiento de lo postcolonial desde los estudios teatrales latinoamericanos exige la incorporación de una multiplicidad de teatralidades, tanto sociales como políticas que pueden ser articuladas en base a estrategias y convenciones dramáticas "coloniales" como instrumentos de descolonización o resistencia postcolonial. En este marco entrarían las formas para-teatrales que comportan las manifestaciones de religiosidad popular, las protestas políticas, y otras manifestaciones rituales cotidianas.

en la canonización de la dramaturgia de Shakespeare, exige apoyarse en un marco teórico que permita apuntar a las estrategias descolonizadoras de estos discursos contracanónicos cuya capacidad de decir se sustenta precisamente en la negación del sujeto colonial como el orden hegemónico desde el cual se 'mira' el sí mismo del sujeto colonizado.

Shakespeare como fenómeno cultural responde a la fase colonialista inglesa que da comienzo a la modernidad y su obra se constituye en un instrumento ideológico legitimador del carácter imperialista inglés. La intelectualidad americana e inglesa ha logrado hacer de Shakespeare la encarnación simbólica de los valores del imperio en su carácter celebratorio de la superioridad de las razas "civilizadas." Su producción ha sido transformada en instrumento de legitimación de relaciones de raza, clase, género para la época al tiempo que se lo ha construido —en las colonias— como el modelo del gran escritor universal. Durante el período colonial Shakespeare encarna tanto el 'ser inglés' como la "condición humana en sí" (Loomba y Orkin, 1), de ahí que sus personajes hayan pasado a adquirir la calidad de arquetipos de condiciones humanas, caracteres psicológicos y formas de relación entre las diferencias de clase y género.[4] De esta manera el sentido asignado a sus obras se deriva de la autoridad colonial en la misma medida en que estas significaciones son utilizadas para validar esta autoridad colonial. Por su parte, la estrategia de relectura postcolonial de *Otra Tempestad* se sustenta en la construcción de un contradiscurso canónico (Tiffin) que toma como referente esta construcción de la dramaturgia de Shakespeare como articuladora de la "condición humana."

Las múltiples lecturas que ofrece *Otra Tempestad* emergen desde el momento inicial, marcado en las acotaciones, con la presentación de un retablo que, en el Viejo Mundo, invita al público "en una plaza cercana al puerto a asistir" (*Otra Tempestad*) a esta representación. A ella van entrando los distintos personajes de Shakespeare a representar lo que Miranda anuncia como una imagen de lo que sucederá en el año 2000.

---

[4] La efectividad de esta propuesta ideológica se hace evidente en la legitimada visión de Shakespeare como el gran autor universal actualizada periódicamente en textos críticos dedicados a su reafirmación. Una muestra de ello y de posturas de resistencia a las lecturas postcoloniales de Shakespeare, es el último libro de Harold Bloom: *Shakespeare: The Making of Humanity*.

Esta escena inicial marca la atmósfera propia del renacimiento y el descubrimiento al tiempo que en ella Europa es signada como el lugar desde el cual emerge la visión del Nuevo Mundo, como *locus* de las grandes utopías. Los términos en los cuales se otorga significación a la representación, en este marco inicial, adquieren sentidos inesperados al contextualizar su estreno en Europa: *Otra Tempestad* fue representada por el Grupo Buendía como parte de las fiestas de inauguración del Globe Theatre en Londres tras un extenso trabajo de reconstrucción de este teatro acorde con su modelo original.

La llegada del Grupo Buendía al 'Globe Theatre' para representar esta "mascarada" sobre los textos de Shakespeare desde Cuba —correlato de la isla en tanto sitio de la utopía y el deseo para el imaginario renacentista— establece desde ya el pacto de relectura del colonizador propuesto por Buendía. Son ahora los habitantes de esta isla los que se desplazan a la metrópoli para representar, en el lugar central del poder colonial que dio origen a la obra (Londres-Europa) su propuesta de relectura invirtiendo los términos del pacto colonial: es ahora el colonizado quien se autoconstruye utilizando como reflejo —"otro"— los arquetipos del imaginario colonial cristalizados en los personajes de Shakespeare. Esta mascarada invierte los términos de la obra shakespeariana para afirmar una propuesta que se propone poner en cuestión las nociones de autor/autoridad, centro/periferia, natural/cultural, colonia/ metrópoli. Así, desde una lectura paródica de los cánones literarios de la época, la obra se presenta como una representación del Retablo-teatro de títeres-mascarada en que el amerindio/afroamericano/salvaje se pone la máscara del colonizador y la "nativa" propia para representar a ambos y para negar todas las utopías que se han cernido sobre él: la Utopía de la Conquista, la capitalista y la revolucionaria. Es ahora esta nave de actores la que viaja a la metrópoli para narrarse teatralmente a sí mismos. Desde esta postura, la articulación postcolonial de la obra radica, precisamente en este apropiarse del lenguaje, personajes, fábulas, deseos y utopías del colonizador y devolvérselas bajo otro lema/tema/estructura: aquí el Colonizador es un ser "encantado" por la isla en la que busca llevar a la práctica sus ensueños de riqueza y poder. La inversión se da en la medida en que es el colonizador el portador de la utopía, y el "otro" y Calibán el sujeto que se autoconstruye en su capacidad de asumir las máscaras disponibles para llevar a cabo su "reinado."

De esta manera, la puesta en escena de *Otra Tempestad* emerge como modelo paradigmático de una nueva manera de trabajar con estos textos clásicos sustentada en la inversión del paradigma colonial: aquí Shakespeare se pone al servicio de la exploración del propio ser cubano frente a cuya mirada los personajes shakespearianos aparecen como meros espejos a través de los cuales se hace posible el reencuentro con lo propio, con lo ancestral. Este trabajo de búsqueda se asienta tanto en la escritura de la obra, como en la espectacularidad de la puesta en escena y el tipo de trabajo actoral inaugurado a lo largo de los dos años de investigación dedicados a la formulación de este espectáculo (Carrió). Nos queda, sin embargo, una interrogante: ¿qué sentido adquiere una pregunta por la "cubanidad" formulada desde un paradigma eminentemente colonial?

La dificultad de análisis y la riqueza de la obra yace en la multiplicidad de niveles desde los cuales se intenta comunicar al lector/espectador los mensajes que construyen y desconstruyen la cubanidad. De esta manera, a la vez que se busca una desestabilización de los sentidos implícitos en el colonialismo de *La Tempestad,* se reafirman, a través de la estética ritual y el trabajo corporal de los actores, una cierta esencia que ha quedado inscrita, más allá de la historia, en los cuerpos de los cubanos, en la danza, en la música y que es posible recuperar a través de este trabajo corporal.

Acorde con los parámetros definitorios de la producción dramática postcolonial, *Otra Tempestad* se articula precisamente en este vértice. A partir de la estética de la "mascarada," *Otra Tempestad* articula el carácter híbrido de la cubanidad y resignifica su hibridez como una ventaja frente a los restringidos modelos del colonizador. Los personajes nativos de la isla tienen la capacidad de reinventarse, reposicionarse y manipular, a través del lenguaje corporal y material, las visiones y miradas que se instalan sobre ellos.

En *Otra Tempestad* Lauten/Carrió no se ciñen sólo a una re-lectura de Shakespeare en tanto símbolo de los valores del imperio hegemónico por sobre ellos cernido, sino que utilizan esta carga hegemónica del texto y los personajes shakespearianos para poner en cuestión todo proyecto que se impone a una comunidad desde fuera, al tiempo que la propia definición de esa comunidad cultural queda permanentemente desdibujada en múltiples mascaradas y juegos rituales. Desde allí el único asiento de la memoria cultural que Carrió/Lauten proponen rescatar y reafirmar es la "memoria del cuerpo" inscrita en el trabajo con elementos rituales afrocubanos por parte de los actores y la memoria material, sensorial —recuperada a través de una estrategia que denomino *arqueología teatral*— en la medida en que inscribe el sustrato de la identidad cubana en la materialidad de la isla como fuente de riquezas naturales: sonidos, conchas, arena, cuernos, hojas, ramas, etc. Así la mirada del colonizador es utilizada como un espejo reflectante en que la "otredad" se articula a sí misma más allá del discurso —lenguaje-texto— dominante, hegemónico, colonizador que se ha ido imponiendo sobre la población humana y el sustrato natural de la isla. Ello apunta tanto a la conquista, impuesta desde un paradigma renacentista, como a la revolución, de manera más velada, vistos como proyectos utópicos impuestos desde "afuera" de esta materialidad y riqueza corporal.

Otra Tempestad inaugura así un nuevo modo de resistencia y afirmación de lo postcolonial: la identidad cultural es vista como una mascarada —un juego de identidades en que las deidades ancestrales pueden ser re-apropiadas en torno a nuevas construcciones identitarias. En ello radica la propuesta liberadora de la obra: la cubanidad como un modo de situarse, y la afirmación del cuerpo, el ritual y el acervo material como los instrumentos desde los cuales es posible articular nuevos posicionamientos desde los cuales resistir la hegemonía que niega ese sustrato y quiere verse blanca, moderna, socialista y republicana.

Por oposición se reafirma lo lúdico y Calibán como el rey, símbolo de lo mestizo, aunque letrado, demoníaco, libidinoso, híbrido capaz de posicionarse estratégicamente en las redes discursivas del colonizador; pero siempre inasible, en último término desde fuera del lenguaje y la lógica lineal, moderna y falocéntrica. Su posición deviene en una articulación que se sitúa más allá del discurso y la palabra como lo hace evidente el final de la obra: son los espíritus de la isla los que claman "Calibán Rex," mientras éste permanece en silencio.

En el marco de esta promesa de la representación como una mirada hacia el futuro, el énfasis dado a los elementos rituales afrocubanos adquiere una doble significación: se inscribe como el punto de tope de esta vuelta a los orígenes y como la base de la "cubanidad" construida en la espectacularidad de la obra. En esta vuelta a los orígenes como estadio pre-contaminación occidental se les asigna a los elementos rituales africanos una existencia pre-conquista. En esta recuperación lo afrocubano pierde su historicidad en tanto producto del proceso colonizador. El carácter sincrético/mestizo como subproducto de la conquista, en que las otredades negras se incorporaron al proyecto colonial como fuerza de trabajo, debe pasar sobre el paradigma histórico para convertirse en el sustrato original que otorga sentido histórico a la Cuba actual.

Paradojalmente, la metáfora de la isla como laberinto, sobre la cual se estructura la obra (Carrió/Lauten) adquiere un sentido más real en relación a la propia historicidad de los esclavos negros importados al Caribe durante el período colonial. La estrategia de los colonizadores para evitar las revueltas y el cimarronaje fue la de mezclar esclavos de distintas naciones evitando así la comunicación entre ellos. La comunicación entre diversos grupos étnicos se va a dar a través de un universo de símbolos compartidos a partir de manifestaciones rituales, de la danza, la música y el canto. El deseo de vuelta a las raíces, a la memoria corporal de que hablan Carrió/Lauten implica necesariamente un salto por sobre la historicidad de la isla que excluye el componente indígena prehispánico para privilegiar lo afrocubano.[5]

Desde este prisma *Otra Tempestad* se presenta como una alegoría fundacional en su intento por borrar lo cultural impuesto por el coloniaje y establecer una refundación mítica de lo cubano cuyo punto de origen sería precisamente el mestizaje, ubicado como previo a la conquista. Invirtiendo los términos lineales de la cronología de la modernidad, *Otra Tempestad* opta por situar el origen de la cultura afrocubana en un estadio precolonización occidental a la vez que como producto de ella.

La elaborada espectacularidad de la puesta en escena, la riqueza y belleza de las máscaras parecen querer mostrar —tanto al cubano como al extranjero— que Cuba, más allá de aparecer como el último reducto de lo revolucionario en América Latina y de las carencias materiales causadas por las presiones económicas del "período especial," posee una enorme riqueza cultural que se esconde y pervive, en el cuerpo afrocubano —la danza, el ritual, la celebración— y en la materialidad de la isla, cristalizada en los múltiples materiales de desecho que componen las máscaras que utilizan los personajes en la obra.

Tras la crisis iniciada con el llamado "período especial," Cuba debe reinventarse económicamente en el marco de una economía mundial

---

[5] En esta reconstrucción de un origen afrocubano se borra el factor de la comercialización de los esclavos por los mismos jefes de sus tribus para reafirmar míticamente otra imagen renacentista: la del buen salvaje.

capitalista y asegurar el ingreso de divisas que permitan importar los productos que Cuba no manufactura. Se inicia así la política de apertura capitalista en base a inversiones españolas con las cuales se busca mantener los beneficios del sistema socialista implantado por la revolución, apoyándose en el turismo como importante fuente de ingresos.

A nivel interno los parámetros discursivos dentro de los cuales se mantenía la hegemonía del modelo cultural comienzan a entrar en crisis en la medida en que los cubanos deben adaptarse a un nuevo sistema. Los parámetros discursivos de la revolución, sustentados en una fuerte ética colectiva, entran en conflicto con la emergencia de nuevos modos de producción que implican reajustes sociales a la vez que enfrentan el desafío de las nuevas necesidades económicas y la gradual disminución de los importantes beneficios otorgados por la revolución dadas las nuevas condiciones económicas que exigen grandes niveles de sacrificio por parte de los cubanos.

A nivel del texto, la obra se constituye en una multiplicidad de fragmentos heterogéneos que desde su inscripción en el imaginario cultural posibilitan la apelación a esa memoria (cubana y americana). La capacidad interpeladora de este imaginario se apoya en la conjunción de fragmentos textuales de narrativas maestras de la cultura occidental (Shakespeare, el Cantar de los Cantares, Tomás Moro) y americana (Martí, Lezama Lima, García Márquez). Esta intertextualidad de *Otra Tempestad* no refiere sólo a *La Tempestad* sino apunta a toda la producción dramática de Shakespeare. Esta estrategia toma como punto central el personaje de Próspero y su utopía para establecer un paralelismo con la revolución como proyecto utópico que puede leerse en diferentes niveles. En el paralelismo entre la utopía de Próspero y la Cuba, revolucionaria, la crítica de *Otra Tempestad* apunta a una revaloración del sustrato cultural inscrito en el acervo afrocubano. Si bien Próspero, como los líderes de la revolución han sido guiados por buenas intenciones ellas se han articulado como una imposición de un modelo creado desde afuera, desde una visión occidental, lineal, discursiva y moderna. *Otra Tempestad* reescribe la obra shakespeariana reemplazando los visitantes perdidos de *La Tempestad* por los personajes de la dramaturgia de Shakespeare elaborados como arquetipos de la cultura occidental. Así, Macbeth emerge como arquetipo de la sed de poder que se cristaliza en la imagen alegórica del banquete pre-revolucionario representado en el acto de canibalismo ritual que se lleva a cabo con el cuerpo de Ofelia. Esta imagen evoca a una Cuba-Ofelia consumida por el insaciable deseo del capitalismo prerevolucionario y postrevolucionario. El cuerpo de Ofelia metaforiza la Cuba pre-revolucionaria siendo devorada —material y sexualmente— por el deseo "colonial" imperialista.

Shylock emerge como arquetipo de la ambición y el poder del dinero que caracteriza al sistema capitalista que en el encuentro con las deidades de la isla queda reducido a un grotesco personaje, blanco y delgado que rueda semidesnudo por el escenario dentro de un tonel de madera. Hamlet es el ojo que acusa al padre, articulando así la voz de la denuncia a la corrupción. La clave de la estrategia de inversión del texto colonial se centra en el personaje de Calibán. Si bien en Shakespeare Calibán es el salvaje, el deseo incontrolado, el híbrido desleal, la amenaza, en *Otra Tempestad* Calibán es recuperado como único Dios/Rey posible dejando inscrita al final una posibilidad abierta. Este rescate de Calibán, también responde a un gesto de intertextualidad con un texto clave de relectura postcolonial de *La Tempestad*: el extenso ensayo de Roberto Fernández Retamar. Éste reclama la figura de Calibán como el símbolo de la identidad mestiza latinoamericana, vital e híbrida, letrada y ritual. Hijo de la bruja Sicorax y educado, a la vez que esclavizado, por Próspero. Calibán es también el arquetipo del mestizo bastardo, cuya herencia ancestral es (como en su madre) una "otredad" para el mundo colonial (mujer y bruja, preñada ilegítimamente).

Esta propuesta refundacional de lo cubano se sustenta a nivel de la puesta en escena en un exhaustivo trabajo con la materialidad de la escena y el cuerpo del actor. Se ponen en juego aquí una conjunción de estéticas: por un lado los personajes "coloniales," las figuras que articulan "lo occidental" aparecen en reelaboraciones de un vestuario típicamente renacentista. En contraste, el cuerpo "afrocubano" aparece articulado en base a un vestuario con el que se busca representar o retomar la materialidad insular prehispánica.

Aquí la construcción visual de la cubanidad se torna auto-reflexiva en la medida en que se hace evidente su carácter de constructo: lo cubano no es lo prehispánico sino lo africano, el producto mismo de la conquista. La representación del universo mestizo exige una construcción mítica de las tradiciones africanas que fueran incorporadas tras la colonización española y la importación de esclavos africanos.

La posibilidad de articular la afrocubanidad como un universo más o menos coherente debe pasar por alto la fragmentación cultural producida por el modo en que las culturas africanas realmente se incorporaron a América. En el contexto revolucionario la incorporación de lo afrocubano como centro identitario viene a reestablecer un paradigma de relaciones raciales que el discurso y las propuestas revolucionarias parecían haber borrado a partir de políticas de incorporación de los sectores afrocubanos al proyecto nacional. Si bien, parte del proyecto revolucionario ha consistido en incorporar a negros y mulatos a un sistema de relaciones más igualitarias, la productividad de ello no se manifiesta tan claramente en la distribución racial de las relaciones de poder.

Hay aquí una *arqueología teatral* que surge como estrategia discursiva contracanónica, descolonizadora: la recuperación de las bases de la cultura cubana, afrocubana, a partir de un trabajo con el cuerpo del actor, con la memoria corporal afro-ritual. Es arqueología de la materialidad insular: el trabajo con las máscaras y toda la materialidad de la puesta en escena; trabajo de rescate de "restos" sobrantes arqueológicos de las playas cubanas para construir desde ellos la exhaltante belleza de las máscaras utilizadas en la puesta en escena. Frente a la falta de materiales —concretos en Cuba— la obra hace un trabajo detallado con la materialidad arqueológica de la playa y bosque cubanos y consigue poner en escena una plétora de riquezas visuales y sonoras (máscaras, gestualidades, cantos, sonidos, música, ropajes). Se rescata, en base a las voces de los actores la sonoridad del monte, de la playa y el bosque cubanos.

El contrapunto de esta arqueología, sin embargo es la mirada o el ojo colonizador que implica el enmarcar la obra dentro de un referente dramático shakespeariano. Queda entonces la pregunta por el sentido que adquiere esta arqueología hecha desde la mirada "alucinada," "encantada" de los personajes shakespearianos que sólo logran ver en las figuras mitológicas afrocaribeñas sus propios complementos culturales.

Frente a los voluminosos trajes renacentistas, la corporalidad afrocubana aparece marcada, tanto en el vestuario, como en el movimiento, por la levedad y el dinamismo. Así como los espíritus adquieren fuerza y movilidad en la escena, la capacidad de aparecerse frente al colonizador como diferentes personajes —producto más del propio delirio del colonizador que de los esfuerzos desplegados por las deidades yorubas y ararás. La isla como objeto del deseo, como ilusión encantadora puede ser leída además como un comentario sobre la Latinoamérica progresista que proyecta su ilusión de transformación social en Cuba como único *locus* revolucionario que sobrevive a las renovaciones del socialismo contemporáneo, "viendo" en Cuba su propio objeto del deseo. Desde esta perspectiva, tanto el proyecto civilizatorio, mercantilista colonial, como el capitalista y el socialista aparecen como imposiciones de sueños y utopías foráneas para las cuales Calibán es el objeto a ser civilizado, explotado, convertido en ciudadano socialista sin que ninguno de estos proyectos reconozca y haga posible para Calibán el asumir su propia agencia histórica, en tanto metáfora de este ser mestizo, ciudadano legítimo.

El final de *Otra Tempestad* deja planteada esta opción calibánica: en la inscripción y la celebración de un Calibán Rey cuya utopía no ha de ser articulada en un discurso, sino enunciada en su monarquía como una posibilidad que queda fuera del texto y con ello fuera del discurso, para afianzarse como promesa en "lo mistérico" de la memoria corporal.

Otra Tempestad adopta una estrategia del discurso postcolonial para llevarla hasta sus últimas consecuencias: la noción de hibridización. Esta estrategia permea todos los modos en que la obra articula significaciones, para constituirse no sólo en la gran metáfora de la identidad afrocubana, en tanto mestiza, sino también en las formas concretas de elaboración de sentidos de la obra.

La obra es un texto híbrido, conformado por una pluralidad de fragmentos e intertextualidades que la cruzan sin llegar a conformar un discurso o una propuesta armónica. Su capacidad propositiva se encuentra en constante negociación no sólo con la canonicidad de *La Tempestad* y su legitimidad colonial, sino con otros contradiscursos canónicos elaborados previamente en pos de la definición de la identidad mestiza caribeña. Ello involucra tanto el texto de Martí, como la obra de Césaire *Une Tempête* que inaugura la reapropiación postcolonial de *La Tempestad* en el contexto caribeño y que se continúa en la resignificación de Calibán hecha por Roberto Fernández Retamar.

A nivel de la puesta en escena la obra articula esta hibridez en constante proceso de resolución a partir de una serie de estrategias que apuntan a una plétora de sensorialidades híbridas. Se retoma así un elemento característico del ritual afrocubano, el juego dialéctico inscrito en el "contrapunteo" para articular desde allí las oposiciones en constante negociación que conforman esta hibridez. Así la música de la obra se articula en un constante vaivén entre la música renacentista asociada al valor colonial de *La Tempestad* y la música, cantos rituales y toques de

tambor afrocubanos. En la construcción visual de la corporalidad se da
un juego constante entre la rigidez y voluminosidad del vestuario renacentista y los cuerpos semidesnudos, apenas cubiertos de fibras naturales
de las deidades de la isla cuyo carácter de proveedor, maternal y fértil se
apoya en los desnudos y voluminosos pechos de las nativas. Esta fertilidad erotizada con que emerge el cuerpo femenino parece poder permear
el cuerpo 'colonial' en la figura de Miranda cuyo traje renacentista, deja
entrever unos pequeños senos tras el velo que cubre la parte superior de
su vestido. El movimiento corporal de los actores en escena construye
una vez más este binarismo que intenta resolverse en hibridez: la agilidad
con que se mueven las deidades nativas contrasta fuertemente con la
rigidez, pesadez y desorientación de los sujetos coloniales.

Finalmente esta estrategia hibridizadora se sustenta en la metateatrali-
dad establecida desde el inicio de la obra: se unen la estética del Retablo,
anunciado al comienzo, con la del Patakin Yoruba (narrativas míticas
moralizantes) y la propia concepción del teatro como espacio eminentemente lúdico, a través del cual esta vuelta sensorial a la memoria secreta
como un gesto incompleto y en permanente recreación como las máscaras que asumen arbitrariamente los actores en sus duales interpretaciones:
Ariel/Eleggua, Oshún/Desdémona, Oshún/Ofelia, Shylock/Romeo.

La obra propone así la identidad como un constante juego dialéctico
de máscaras posibles, de posicionamientos y genealogías recreables que
se abren al cubano como múltiples opciones inscritas en la participación
como público cómplice de este teatro que construye su propio colectivo
en la experiencia carnavalesca de ritual afrocubano.

Bibliografía

Bloom, Harold. *Shakespeare: The Invention of the Human*. New York:
Riverhead Books, 1998.
Boudet, Rosa Ileana. "Teatro de la memoria." *Conjunto* 107 (1997): 3-
12.
Campa, Román de la. "Latinoamérica y sus nuevos cartógrafos: discurso
postcolonial, diásporas intelectuales y enunciación fronteriza." *Revista Iberoamericana* 176-177 (1996): 679-696.
Carrió, Raquel. "Ironías y paradojas del comediante (Notas sobre el
proceso de montaje de *Otra Tempestad*)." *Conjunto* 109 (1998): 1-
16.
— y Flora Lauten. Entrevista grabada. Cádiz: octubre, 1998.

—. *Otra Tempestad. Gestos* 28 (Forthcoming 1999).

Crow, Brian and Chris Banfield. *An Introduction to Postcolonial Theatre*. New York: Cambridge UP, 1996.

Gilbert, Helen and Joanne Tompkins. *Post-colonial Drama: Theory, Practice and Politics*. London: Routledge, 1996.

Kermode, Frank. "Introduction." *The Tempest*. Walton-on-Thames Surrey: Thomas Nelson & Sons Ltd., 1998.

Loomba, Ania. *Colonialism/Postcolonialism*. London: Routledge, 1998.

— and Martin Orkin. *Postcolonial Shakespeares*. London: Routledge, 1998.

Mignolo, Walter. "Posoccidentalismo: las epistemologías fronterizas y el dilema de los estudios (Latinoamericanos) de áreas." *Revista Iberoamericana* 176-177 (1996): 697-717.

Parra, Marco Antonio de la. "Ofelia o la pureza." *Conjunto* 102 (1996): 38-57.

Rizk, Beatriz J. "Post-estructuralismo y discurso teatral en la América Latina." *Conjunto* 102 (1996): 22-27.

Tiffin, H. "Post-colonial Literatures and Counter-discourse." *Kunapipi* 9.3: 17-34.

Escenas de *Otra tempestad*

Teatro y ritualidad
en la escena cubana actual

Raquel Carrió
Casa de las Américas

Por un azar concurrente, la noche habanera del 20 de octubre de 1989 terminó para mí como un extraño pronóstico.[1] Se celebraba el Día de la Cultura cubana. A las nueve de la noche se inició la representación de *Las perlas de tu boca*, un espectáculo del Teatro Buendía que partía de un taller de máscaras, una investigación de textos históricos y literarios, un estudio de la gestualidad y, muy especialmente, de las tradiciones musicales del país. El título del espectáculo es una canción de amor. El tono es triste, melancólico:

Esas perlas que tu guardas con cuidado
en tan lindo estuche de peluche rojo
me provocan, nena mía, el loco antojo
de contarlas beso a beso, enamorado...

Es una balada del deseo. En cierta forma, una incitación al beso. Sin embargo, el espectáculo narraba la historia de una familia cubana desde 1910 (con alusiones a los finales del siglo XIX y la proclamación de la República en los comienzos del XX) hasta la actualidad.

Lo extraño era sin duda la manera de narrar: en la antigua iglesia griego ortodoxa en que se oficiaba la representación las figuras difusas, ingrávidas, casi esperpénticas de los ancestros —la Abuela blanca, la Nodriza negra, el General, el Loco, la Monja, el Mambí, el Jugador, el Inglés, la Prostituta, el Chivo callejero (es decir: el pícaro, el billetero, el pobre diablo) danzaban conformando el Retablo (en realidad los retablos: móviles, delirantes) de una cultura hecha de fragmentos, evocaciones, delirios, cruces y mixturaciones en que lo negro y lo blanco, lo

---

[1] Texto de la conferencia impartida en el congreso "Las miradas del 98," celebrado en la Universidad de Cádiz, octubre 1998, en conjunción con el XIII Festival Iberoamericano de Teatro.

alto y lo bajo, la familia y el parque, lo respetable y lo vulgar, lo culto y lo popular, el canon y sus degradaciones quedaban apresados en un círculo de transgresiones y mutaciones infinito. Nada de cronologías. Nada que pareciera relaciones de causa y efecto. Por el contrario: rupturas continuas de una lógica del acontecer. Y sin embargo, allí estaban: condensadas, mixturadas, cruzadas hasta el delirio, la ironía, el patetismo y la desproporción, las fuentes que integran eso que llamamos —a veces sin demasiada nitidez— una identidad.[2]

En ese espacio único, en esa integración de fragmentos no ordenables, en esas alteraciones, transgresiones y contaminaciones continuas de los referentes, en esa fábula perversa —para decirlo de una vez, tan característica de la teatralidad del cubano—, que engañaba, seducía y atrapaba al espectador en un juego de oficios (o de espejos: cada actante en la ejecución de su fragmento) decididamente encaminado a romper no sólo la linealidad del discurso sino la ilusión reconstructiva, la mirada reflexiva que quiere siempre interpretar, descifrar o valorar en olvido de los sentidos, de la memoria del cuerpo, del universo sensorial y emocional (fragmentos, sensaciones, olores, sonidos, canciones de la infancia), momentos únicos de vida no marcados por la interpretación austera o los códigos de comportamiento.

En realidad el espectador no tenía tiempo de ordenar. Los planos diversos de la narración se intercalaban de tal forma (casi sin texto, sin palabras) que la historia contada por imágenes no sugería la racionalidad sino apelaba al imaginario sumergido, secreto, casi aplastado o mutilado del espectador en la búsqueda de otras asociaciones, otra manera de sentir, o conocer, o re-conocer el mundo, la realidad, nuestro contexto.

En una primera lectura podía decirse que el espectáculo trataba de la doble moral. En definitiva, su rito era sencillo: Año 1988: un joven becario, oculto en su mosquitero, hace un intento de suicidio. Oye las voces de los padres, los amigos, los juegos de la niñez, las consignas, los secretos familiares. Luz sobre un segundo plano: en el fondo, la familia celebra —en 1910— el nacimiento de una hija en la Nueva República (la

---

[2] Para un análisis de *Las perlas de tu boca* y la polémica en torno al espectáculo, cf. Raquel Carrió: "Correr el riesgo de la imperfección." Sobre el movimiento renovador en estos años, R.C.: *Dramaturgia cubana contemporánea.*

"Era republicana"). La escena está presidida por el General Mambí (Héroe de las Guerras de Independencia) y la Bandera cubana. A partir de allí, se incluyen todos los ritos: nacimientos, muertes, bodas, encuentros, desencuentros familiares, cómo se compone la familia cubana desde el siglo pasado —la Guerra del 98 o el período entreguerras— hasta llegar al becado de la Revolución en los 80.

Pero más allá de las rupturas y las alternancias —hoy lo vemos con nitidez— se trataba de un único ritual: un salvaje ritual de la memoria invocado, convocado por un joven en el límite Muerte-Vida, dos opciones (o una?) cargadas de una historicidad que gravita de manera recurrente.

Pese a esta verdad de fondo, el espectáculo contenía zonas de comicidad, de burla e ironía que constituyen por igual esencias de lo cubano. Esas alternancias —ruptura de lo trágico por lo cómico, desacralización de los referentes más serios, burla de lo sagrado, profanaciones como actos de sobrevida— eran precisamente la apoyatura del *agon*, o si se quiere, el costado agónico del personaje. Como anti-héroe era perfecto. Pero lo era básicamente porque no se trataba de una mirada reproductiva de hechos históricos (el discurso sobre la Heroica Herencia Familiar) sino lo contrario: de un sumergimiento, una invocación a la historia secreta, inscrita (más que escrita) en el cuerpo/texto de una cultura histórica. Desde este punto de vista el cuerpo como texto, como cultura histórica, narraba una experiencia única. Sirvieron los libros, las cifras y los documentos; los tratados históricos, las novelas y las biografías; los cuadros de época y las canciones antiguas. Pero todo eso, letras, sonidos e imágenes funcionaron como estímulos a la invocación de un imaginario (del actor, luego del espectador) escondido, dormido u olvidado bajo el peso de las historias admitidas.

Hablar de historia oficial y personal (admitidas y prohibidas, alternativamente) nos puede ser útil, pero no es suficiente para enfatizar el carácter mistérico, ritual, de una experiencia. Porque aún cuando uno quiera recordar, descubrir lo secreto, encontrar lo recóndito, la mayoría de las veces no dispone de los mecanismos certeros. Desde el inicio, desde las primeras lecciones e instrucciones —familiares y escolares— empezamos a acumular informaciones codificadas que nos apartan de lo real. Cuando intentamos descifrar, lo cierto es que contamos con los mismos dispositivos: reproductores, ordenadores (según la misma lógica) que heredamos en el nivel social del aprendizaje. ¿Y no hay otra? O mejor preguntar: ¿No hay otra herencia? Y si la hay: ¿qué nos permite ponernos en contacto?

En la búsqueda de esta respuesta he convocado la experiencia de las máscaras en *Las perlas de tu boca* porque en este caso el uso de máscaras (confeccionadas por los propios actores), un entrenamiento físico destinado a la preparación del espectáculo (del taller a la construcción de la fábula), unidos a una irreverente lectura de la herencia (las tradiciones teatrales y culturales del país) y del contexto inmediato, propiciaron una mirada desde dentro (del Cuerpo, del Texto, de la Historia) que a mi juicio marca una nueva etapa de la teatralidad en Cuba.

De hecho, romper el discurso lineal —y si se quiere oficial o legal o moral de la cultura— significa un quebrantamiento, una vulnerabilidad y un "estar expuesto a las vicisitudes de la sangre" (una expresión de Lezama en *Paradiso*) que es lo esencial en la búsqueda de metáforas secretas, subjetivas, históricas. Pero la Historia como Metáfora, como imagen y posibilidad, como síntesis orgánica de sucesivas y a la vez fragmentarias, discontinuas acumulaciones, no surge sólo de un acto de voluntad creativa. Depende, además, de un conjunto de operaciones.

Lamentablemente, por teatro ritual o teatro y ritualidad o teatralidad ritualizada —los términos son infinitos— se ha entendido en los últimos años cualquier cosa. Supuestamente, se trata de un volver a los orígenes, las funciones primigenias, lo esencial del teatro, el sentido del rito, etc. La explicación, por demás, es sencilla: frente al mundo de los ordenadores, la informática, la globalización, Internet, por una parte, y las confrontaciones (Norte/Sur/Este/Oeste); por otra, la necesidad de un reencuentro (real, orgánico), un *espacio unitario* (Pavis), una humanización (léase *corporización*) de las relaciones, en fin: *un lugar perdido*. Lo cual más o menos significa que el sitio de las Utopías es el *lugar ideal*. Y de allí, desde luego, la visualización del teatro como imagen y posibilidad (o posibilidad por la imagen) de este reencuentro.

No creo en absoluto que estas afirmaciones (referidas al teatro como laboratorio y utopías del ser) constituyan necesariamente una falacia. Antes bien, creo que desde Artaud a nuestros días —pasando por las excepcionales experiencias de Grotowski, Brook, el Living Theatre, el Teatro del oprimido de Boal, las búsquedas de Santiago García y La Candelaria, o la Antropología teatral de Eugenio Barba, las sucesivas aproximaciones a la Idea (y la práctica) de un teatro, llámese *pobre*, *del*

*oprimido, creación colectiva, teatro de fuentes, de investigación antro-
pológica, tercer teatro,* etc.— señalan una ruta que no va a tierra baldía
sino a un lugar en que concurren fuentes vivas, actos creativos de conocimiento a nivel social y personal. Pero creo también que una ritualización
de la experiencia (social, histórica, emocional, en cualquier nivel de
confrontación que se realice) significa no sólo una intención incorporati-
va, liberadora o recuperadora. Creo que significa, en principio, un conjunto de pautas definidas.[3]

Por definición, el rito no significa añoranza o vuelta al pasado, a los
orígenes. Cuando pensamos así estamos extrapolando cosas: quizás
nuestra añoranza de un pasado *otro* (por negación del presente) pero al
mismo tiempo desconociendo el carácter de *aquí-ahora* que supone el
ritual. En cualquier caso, la invocación a los *orígenes* —generalmente los
ancestros, las figuras o dimensiones míticas— tiene siempre propósitos
definidos, reglas y normativas precisas. Desde este punto de vista, el rito
significa un conjunto de reglas —esa palabra odiosa— o principios que
rigen una *práctica* que, en su aplicación continua, no obedece sino crea
un sistema de conceptos, nociones, incluso *intuiciones* de conocimiento.
Son formas prácticas, a veces repetitivas, que en la utilización de una
serie regulada de operaciones (de nuevo utilizo un término de Lezama
y su *sistema poético*), ejecutadas en un área o ámbito (contexto cultural)
específico, generan la posibilidad de una excepción morfológica.[4]

Esa excepción es la que nos interesa. Es la que puede ser útil en la
relación teatro y ritual. Porque el rito es la operatividad (por lo menos así
fue siempre para los antiguos y lo es hoy todavía en las culturas en las
que sobreviven los rituales como formas de vida, acción y conocimiento
de la comunidad). Y a su vez, esta operatividad genera una estructura que
responde a determinadas funciones. Cuando esas funciones se alteran, la
naturaleza del ritual cambia (o desplaza) su sentido.

De hecho, la idea del rito, o del ritual, como forma estética de representación —en las coordenadas de una conceptualización del teatro a la
manera de la cultura occidental contemporánea— implica un riesgo que

---

[3] Cf. Patrice Pavis. *Diccionario del teatro* y *El teatro y su recepción*. Los
referentes de este trabajo pueden encontrarse en *Pedagogía y experimentación en el Teatro latinoamericano.*

[4] José Lezama Lima. *La cantidad hechizada; Paradiso* (novela).

ya señalaba Grotowski cuando afirmaba:

> La gente ahora va a Africa, por ejemplo a la región de los dahomeya-
> nos y cuando regresan dicen haber visto el teatro tradicional; cuando
> se les pregunta más concretamente qué cosa han visto, hablan de una
> especie de vudú regional, de un ritual que es representado para los
> turistas. En verdad es un ritual degradado y transformado en espec-
> táculo; sin embargo, los elementos del ritual son aún mantenidos,
> entonces hay una liturgia que es fiel a la tradición, sólo que esta
> liturgia ya no sirve a lo divino sino a los turistas... ("El montaje...,"
> 57)

Para después concluir:

> Cuando el ritual *está hecho a la faz de lo divino*, es ritual; cuando en
> cambio *está hecho a la faz de los espectadores* es teatro. *¿Cuál es la
> diferencia entre ritual y espectáculo?* La diferencia está en el lugar
> del montaje, y cuando digo lugar me pregunto: *¿está en la percepción
> de los espectadores o está en los actuantes?* Cuando el lugar del
> montaje está en los actuantes eso es el ritual; cuando el lugar del
> montaje está en la percepción de los espectadores eso es el espectácu-
> lo. (57)

Obviamente, se trata de un desplazamiento de funciones que altera la
naturaleza del rito. Y está claro, para el hombre que ejecuta la *regla* de
su comunidad[5] en ningún caso el ritual —la ceremonia regida por pautas
precisas, acumuladas por una ejecutoria y comprobación de siglos—
significa algo que es *para otros*, para que *otros miren* e interpreten las
figuras, los códigos y los signos.

En realidad es para sí, para sí mismo. Sólo que no se ha roto (del
todo) el vínculo que lo identifica —aunque lo singularice— con la
comunidad de personas y valores. En otras palabras, él es responsable,
por las acciones que ejecuta, de un conjunto de valores y funciones de la
comunidad. Incluso cuando *personaliza* (porque ejecuta las acciones de

---

[5] Digamos la *Regla de Ocha*: la santería cubana que constituye un
complejo cultural de prácticas encaminadas a propósitos festivos,
religiosos, funerarios, etc.

un héroe, un dios, un *orisha*: en la mitología afrocubana, por ejemplo: Changó, Oggún, Eleggua: los guerreros; Yemayá, Oshún, Obatalá, u otros) él es siempre un *visitado*, un canal, un *caballo* —porque *se monta* el espíritu sobre él—, es decir, un *receptor*, un cuerpo que se presta al héroe o la divinidad para que, a través de él, se cumplan sus acciones. Pero sus acciones están siempre referidas a una comunidad de intereses y designaciones. Puede ser la lluvia, el mar, el bien, el mal, la cosecha, la enfermedad, el amor o la muerte. En todos los casos se trata de un sentido *mistérico*, algo que es imposible y se hace (o se intenta) posible. De allí el carácter invocatorio, catártico y propiciatorio que sí está en todas las mitologías y expresiones rituales antiguas o contemporáneas. De lo que se trata, entonces, no es de una simple reproducción de la estructura o las formas del rito (que sería banal) sino de un estudio de los rasgos internos del sentido ritual que sobreviven y acompañan la experiencia teatral contemporánea.[6]

Las razones expuestas explican, en parte, que el teatro que aspira a una *condición ritual* enfatice el uso del cuerpo, el sonido y el ritmo (música y danza), las búsquedas de estados aguzados de percepción (los llamados *semitrances*) y frecuentemente destierren la palabra o restrinjan su uso como portadora de núcleos de racionalización o discursos hechos frente a la espontaneidad. Sin embargo, es el caso que los ritos no son propiamente espontáneos. En cambio, he subrayado que se trata de prácticas regidas por propósitos y operaciones fijas, algunas inmutables, repetidas por tradición oral o por mimesis de unas generaciones a otras. Sufren re-adecuaciones pero su núcleo fundamental está indisolublemente ligado a una cultura que lo fija, le establece límites y obligaciones, objetivos y formas de funcionamiento. La pregunta sería, ¿qué hacer, entonces, frente a un imaginario que nos seduce pero que tiene sus propias leyes? Más concretamente: ¿qué rasgos explican la *condición ritual* en la escena cubana de las últimas décadas?

No sólo *Las perlas de tu boca* —que miré en el 89 como un misterioso ritual de la Memoria del cubano— sino otros espectáculos marcaron, en el tránsito de una a otra década, el camino hacia una escena que algunos catalogaron al principio de *vuelta al pasado*, pero que se revela más como recuperación, ruptura y cambio de signo que como un simple

---

[6] Sobre el tema vea Christopher Innes y Felipe Reyes Palacios.

retorno a los orígenes.

Ya en el 88 el estreno de *La cuarta pared* de Víctor Varela y el Teatro del Obstáculo puso en crisis todos los postulados regentes en el movimiento teatral. Sin duda la década había sido fructífera. Un equilibrio relativo en el ámbito social (me refiero al período 80-85) permitió la explosión (similar un poco a aquella *eclosión de los sesenta* de que hablara Rine Leal) de nuevos proyectos y realizaciones teatrales surgidos o nutridos fundamentalmente de las generaciones de graduados de las Escuelas de Arte. En los 80 —con una nueva política de aprobación de proyectos— coexistían los nombres mayores—Teatro Estudio con Raquel y Vicente Revuelta, Bertha Martínez, Abelardo Estorino, Teatro Escambray, Teatro Irrumpe dirigido por Roberto Blanco, entre otros— con grupos formados en la década: Buendía, Teatro del Obstáculo, Ballet Teatro de La Habana, posteriormente El Público, herederos de una tradición, pero con una marcada vocación rupturista con respecto a los lenguajes e intenciones de la escena (Rine Leal).

La cuarta pared (88) fue una señal de alarma: una sociedad, un teatro, o un individuo *protegidos* (utilizo la terminología de Varela) hasta la *inmovilidad* podrían producir una parálisis total. El *acto liberador* de los jóvenes —desnudos en la sala de una casa, rito oficiado para sólo ocho espectadores cada vez— produjo una *iluminación* difícil de descifrar en su momento pero que funcionó como *intuición* (del espectador); como *anticipación* (de la nueva década). Algo pasó, como pasaba frente al suicidio del joven en *Las perlas...*, en la mirada del espectador. Algo que no podía descifrar, interpretar o analizar. Pero algo se movió en el alma. Años después, el llamado *período especial* —sólo dos o tres años después— pondría frente a la misma sensación: desnudos, desprovistos de todo, frente a la *herencia* gravitando en la Memoria y el futuro muy incierto. Desnudo estaba el joven de *Las perlas...* bajo el mosquitero, con una linterna buscando la mirada (¿la ayuda?) de los espectadores. Desnudos los jóvenes fundadores del Teatro del Obstáculo, iluminados desde arriba por algo imposible de saber. Hubo peleas y desastres, apologistas y detractores. Para algunos *La cuarta pared* sólo significaba el reencuentro con la línea de experimentaciones que culminó en *La noche de los asesinos* (66) de José Triana, puesta en escena de Vicente Revuelta. De acuerdo con ellos, dejar atrás el dogmatismo y la rígida ideologización de los 70 significaba sólo eso, volver atrás, a los orígenes de una Modernidad en el teatro que tanto había costado elaborar.[7] Pero otros fueron más sagaces: la escena se volvía sobre sí misma. Buscaba (descubría) un mecanismo —un espacio, una dramaturgia y un actor— en el que pasado, presente y futuro no obedecieran a una dudosa (por triunfalista) progresión lineal. Entre otras cosas, las verdaderas contradicciones de fondo no lo permitían. El cuerpo/alma del actor (y de la escena) se rebelaron, secretamente, contra una fácil noción de *progreso* que de alguna manera intuían vulnerable. Esa *vulnerabilidad*, esa sensación de Vida/Muerte, de estar en los límites de una experiencia extrema, cambiaría el rostro del teatro cubano en los 90. En otras palabras, lo aproximaría a otra manera de narrar y, definitivamente, a establecer otra cualidad de relación con el espectador.

Nótese, sin embargo, que estamos frente a las coordenadas de una (posible) *condición ritual*. A más de los rasgos ya citados (el carácter mistérico, invocatorio, catártico y propiciatorio que definen la funcionalidad del rito), habría que subrayar el núcleo básico que permite la *configuración ritual*.

Ocurre que para que ese mecanismo de pautas y operaciones, con propósitos y objetivos definidos, cumpla sus funciones, es preciso que en el centro se erija la figura del ente sacrificial: hombre, mujer, animal o idea que *muere por nosotros*, es decir, que corporiza (a través de su acción) los anhelos, las necesidades y deseos de la comunidad.

Sin esta figura que encarna la rebeldía y el sacrificio, la fe y el dolor que *sustituye* (porque particulariza) el cuerpo social, el cuerpo de una cultura histórica, la *experiencia ritual* es imposible, toda vez que descansa en un juego de identidades donde *la analogía sustituye lo causal*. Es precisamente este rasgo, inserto en las antinomias Arte/Vida, Vida/Muerte —en los límites de una experiencia histórica— lo que, a mi juicio, explica el carácter fuertemente ritual de algunas expresiones de la escena cubana en la década actual.

Varios son los ejemplos que permitirían fundamentar esta afirmación. En particular, espectáculos como *Las ruinas circulares* o la versión de *La Cándida Eréndira* (ambas del 92) de Teatro Buendía; *Opera ciega*, *Segismundo ex Marqués* y *El Arca*, producciones de los 90 del Teatro

---

[7] Sobre el concepto de modernidad en el teatro cubano, ver Carrió: "Una pelea cubana por la modernidad" y "Teatro y modernidad: 30 años después."

del Obstáculo; *Vagos rumores*, de Abelardo Estorino, así como las realizaciones de otros colectivos como Galeano 108 (*La Virgen Triste, Santa Cecilia*), Teatro Oráculo, Teatro caribeño; las aproximaciones a la *crisis de una identidad* (en *Manteca* y *Delirio Habanero*) de Teatro Mío, a más de las ejercitaciones en la búsqueda de una nueva expresividad en colectivos más recientes como Teatro a Cuestas, Estudio Teatral de Santa Clara, El Ciervo Encantado, Argos, o Teatro de Dos, entre otros.

En todos los casos, más allá de las diferencias de técnicas y lenguajes, es evidente la expresión de un rasgo común: la identidad no es una estampa de época, una foto fija, o la imagen anquilosada de una realización histórica. La identidad, más bien —se lee en estos espectáculos— se ejecuta en un aquí/ahora, suerte de *aleph*, círculo de invocaciones, área donde concurren pasado, presente y futuro, donde los *signos en rotación* sustituyen la idea de la progresión mecanicista o la estatuaria de época. En cierta forma, la identidad no es lo que se sabe (conocido, archivado y rechazado por el espectador), sino lo sumergido, desconocido o mutilado por las *aparentaciones de lo real*. De allí la desconfianza en la reproducción verista, en la perfectibilidad del discurso, o en la simple sucesión de causas y efectos. De allí, por ejemplo, el gusto por lo insólito en el encuentro de tres arquetipos —venidos de la herencia (europea y africana)—: el Quijote, Sancho y el Esclavo negro que los invoca en *Las ruinas circulares*; el poder evocador de las figuras en *Vagos rumores* o *Santa Cecilia*; la "misa negra" en *La Virgen Triste*; el diálogo cruzado entre figuras míticas de la cubanidad (Celia Cruz, Benny Moré y el Cantinero en *Delirio Habanero*) o la mistérica composición de *El Arca*, de Varela, u *Otra Tempestad* (estreno en el 97) de Teatro Buendía.

Más allá incluso de los límites de una ritualidad reconocible, el propio mecanismo desacralizador en las obras de Carlos Díaz y El Público (la Trilogía de Teatro norteamericano, las versiones de *La niñita querida, Escuadra hacia la muerte* o *Calígula*, entre otras) —a veces exploraciones en una suerte de vernáculo postmoderno— apunta hacia la idea de las transgresiones, las profanaciones lúdicas de lo sagrado, lo mítico, lo clásico, donde el núcleo o el *contenido ritualizable* deviene el objeto de una apropiación irónica, carnavalesca, festiva, que a su vez nos proyecta hacia otra manera de concebir lo ritual entre nosotros relacionadas con zonas del *wemilere*, el *guateque* campesino o las festividades populares (las parrandas, charangas y celebraciones callejeras).

Diferentes entre sí, en todas estas prácticas hay un descendimiento, suerte de orfismo en la búsqueda de un Ideal (¿pasado, futuro?) por oposición a un impulso icárico vuelo —anhelo de perfección— que supuestamente debía nutrir las metáforas secretas, subjetivas del ser.[8]

Visto así, el Epílogo de este trabajo corresponde a mi propia experiencia en la escritura del texto *Otra Tempestad* (versión a partir de textos de William Shakespeare y narraciones yoruba y arará de procedencia africana en El Caribe), espectáculo estrenado en marzo del 97, dirección de Flora Lauten y producción del Teatro Buendía.

En cierta forma es una investigación que inicié diez años atrás a propósito del Taller de máscaras que dio lugar a *Las perlas de tu boca*. El relato es el siguiente. Se trata de los encuentros —imaginarios o soñados— entre personajes shakespeareanos (deliberadamente los más reconocibles por el espectador) y figuras de la mitología afrocubana en el espacio de una isla encantada:

> Prófugos del Viejo Mundo, Hamlet, Otelo, Macbeth y el Shylock de El Mercader de Venecia se embarcan en la expedición de Próspero y su hija Miranda al Nuevo Mundo. Yemayá-Sicorax, la diosa de la isla, surge del mar y pare tres hijas (Oshún: diosa de los ríos, del amor, del oro y de la miel; Oyá, dueña del Reino de los Muertos; y Eleggua, niño y viejo, que vive en el monte y abre y cierra los caminos). Sicorax y las hijas desatan La Tempestad por una acción ritual. Los náufragos, perdidos en la naturaleza de la isla, son rescatados y seducidos por las hijas de Sicorax. Pero todo acto de seducción es siempre un intercambio. Los personajes shakespeareanos traen al Nuevo Mundo todas sus obsesiones: el Mago Próspero quiere fundar una República Ideal, realizar su Utopía; Otelo busca la Fuente de la Eterna Juventud; Shylock persigue El Dorado; Macbeth quiere ser Rey. Son alucinaciones, espejismos. Así, Próspero confunde al Eleggua de los montes cubanos con el Ariel de los bosques de su reino; Hamlet ve a Ofelia en la Oshún de los ríos; Otelo descubre a Desdémona; Shylock regresa a los días de su juventud como el joven Romeo y Oyá muta en Lady Macbeth e incita al crimen que acabará con

---

[8] Ver Carrió "La experimentación en el teatro de la mujer" e "Ironías y paradojas del comediante."

la República...[9]

El espectáculo es una *mascarada,* asentada en la legalidad de las mutaciones que permiten la festividad, el carnaval, y en especial, el *toque* o ceremonia ritual en que *bajan los espíritus* —los personajes— y se *posesionan,* esto es, actúan a través del cuerpo del actor. En sí mismo, no pasaría de ser: una mascarada, una *fiesta del cuerpo y del alma,* un carnaval de *signos en rotación* (como diría Octavio Paz). Sin embargo, eso es sólo la envoltura. El lenguaje —verbal y no verbal— funciona como máscara. Porque en realidad la *mascarada* (la Fiesta) sirve sólo para invocar, provocar, revelar lo que está oculto, lo que sólo es visible para una *memoria sumergida.*

En principio, es un juego con el espectador. Es como un *puzzle.* La *historia* no se cuenta nunca. Se ejecuta cada fragmento (pueden ser Las Calles del Viejo Mundo, La llegada del barco, el Nacimiento de la Isla, el Laboratorio de Próspero, el Banquete de Macbeth o el Juicio de Shylock a través de la Balada de Romeo y Julieta) pero cada intertexto responde a una pauta o regla definida. La convención es la siguiente: la isla como laberinto; la realidad como espejismo; la quiebra de los límites entre la ficción y lo real, el actor y el personaje, la historia y la metáfora que encubre la fábula. La estructura se crea a partir de las antinomias: Vida/Muerte; Amor/Odio, Farsa/Verdad, en un juego continuo de citas, alusiones, construcciones y deconstrucciones de los referentes.

Pero por debajo del juego de deconstrucciones, el centro del espectáculo lo constituye *el lugar de la utopía.* No digo *la reflexión sobre (la utopía)* sino el lugar mismo, lo que entraña una terrible contradicción porque, en sus orígenes, *utopía* significa "No hay tal lugar."[10]

Esta contradicción, enraizada en el mito más persistente en la Historia de la Cultura cubana (y americana en general), su sueño de construcción de una República Ideal (Véase el ensayo "Nuestra América," de José Martí, entre otros documentos programáticos), es lo que establece, en el

---

[9] R.C. Notas al Programa de *Otra Tempestad* y R.C. "*Otra Tempestad*: de la investigación de fuentes escritas a la escritura escénica."

[10] Del griego *ou,* no y *topos,* lugar: un lugar que no existe. Ver Roberto Fernández Retamar, *Calibán y otros ensayos,* y Carrió: "Ironías y paradojas del comediante."

centro mismo del espectáculo, su carácter *mistérico*, invocativo y propiciatorio de la acción.

Importa entonces subrayar que el *ente sacrificial* en este caso implica la identidad actor/espectador, arte/vida, texto/contexto, vicisitudes (la palabra de Lezama) compartidas en los niveles de asociación que genera el espectáculo. Visto de esta forma, se trata de una *experiencia ritual* o una *ritualización de la escena* no porque se crucen, se entrelacen los ritos, danzas, cantos y narraciones yoruba con las formas europeas de representación. Se trata, por el contrario, de un teatro que ritualiza la experiencia porque invoca lo desconocido a través de lo conocido, lo secreto e invisible a través de la corporeidad del actor y de la escena en un aquí —ahora que *acerca lo lejano* y particulariza (define) la acción.

De no ser así, la *condición ritual* se pierde en los folklorismos o las reproducciones miméticas. Hallar el sentido de lo oculto, el *alma de la nación* (de la que habló Martí hace más de cien años) o la *Cuba secreta* (que intuyó y vivió la española María Zambrano entre nosotros), supone ese *descendimiento* a las fuerzas vivas, siempre secretas, de la acción.[11]

No es entonces casual que en los últimos años este teatro que privilegia las fuentes vivas de creación y el entrenamiento del actor haya encontrado en Cuba un *lugar irradiante*. Las condiciones de precariedad —lo que Martí llamaba la *pobreza irradiante*—, las energías pulsadas hasta el límite de una experiencia extrema de *resistencia* (Vida/muerte; realidad e ideal; pasado/futuro; parálisis y acción; posibilidad e imposibilidad) crean una *necesidad*, una urgencia, que dinamita convenciones, cronologías y estructuras. Pasado y futuro se entrelazan; lo real y lo irreal se funden en una *extraña imagen*; la acción desde la parálisis o la imposibilidad *se carga* con una expresividad que por sus rasgos internos concurre en la dimensión de lo mítico, lo sagrado o lo ritual, es decir, un anhelo, un deseo de sobrevida que remite a los actos iniciales de fecundación y fertilidad de la tierra. La idea de muerte y resurrección, sumergimiento y luz (el *ciclo mágico de los días* presente en todas las culturas) se actualiza en una dimensión que sobrepasa las medidas de lo real.

No se me escapa que este teatro tiene sus riesgos. En la medida en que no es demostrativo puede volverse críptico. En la medida en que crea su propio espacio, su dramaturgia y su público, puede descentrarse o

---

[11] Sobre la importancia de esta expresión, ver María Zambrano y Cintio Vitier.

desfigurarse en los traslados. Pero, es el riesgo que hay que correr en la afirmación de una propia identidad. A cien años del 98, el otro —y en vísperas del tercer milenio— Cuba no pudiera renunciar a todos y cada uno de los fragmentos que componen su historia. No se trata de resucitar el Areíto o la Fiesta del Día de Reyes. Pero es extraño que al invocarlos crucen —literalmente crucen— nuestros cuerpos y el cuerpo de la escena. De esa condición ritual, evocativa de una Memoria histórica y propiciatoria de que el sacrificio nos salve una y otra vez, es que se alimenta (en las alternancias de lo trágico y lo cómico, lo sagrado y lo profano, lo lejano y cercano), en mi criterio, lo más representativo de la escena cubana en los noventa.

El extraño pronóstico de la noche del 20 de octubre del 89 para mí se ha cumplido: un teatro que resurge, una y otra vez, renovándose siempre, sobre las ruinas y deconstrucciones de la época.

La Habana, octubre de 1998.

Bibliografía

Carrió, Raquel. "La experimentación en el teatro de la mujer." Ponencia presentada en el Congreso "La mujer y el teatro experimental." El Cairo, septiembre 1997. *Unión* 31 (1998).
—. "Ironías y paradojas del comediante." *Conjunto* 109 (1998).
—. "Notas al Programa de *Otra Tempestad*." La Habana, marzo 97.
—. "*Otra Tempestad*: de la investigación de fuentes a la escritura escénica." *Tablas* 3-4 (1997).
—. "Teatro y modernidad: 30 años después." *Teatro y modernidad: siete ensayos de ficción*. La Habana: 1998 (en prensa).
Fernández Retamar, Roberto. *Calibán y otros ensayos*. La Habana: Ed. Casa de las Américas, 1971.
Grotowski, Gerzy. "El montaje en el trabajo del director." *Máscara*, No. Especial de Homenaje a G.G. 11-12 (1992-93): 56-61.
Innes, Christopher. *El teatro sagrado. El ritual y la vanguardia*. México: Fondo de Cultura Económica, 1992.
Pavis, Patrice. *Diccionario del teatro. Dramaturgia, estética, semiología*. La Habana: Editorial Pueblo y Educación, 1988.
—. *El teatro y su recepción. Semiología, cruce de culturas y postmodernismo*. Trad. de Desiderio Navarro. La Habana: Col. Criterios. UNEAC, Casa de las Américas, Embajada de Francia en Cuba, 1994.
Reyes Palacios, Felipe. "Artaud y Grotowski: El teatro dionisíaco de

nuestro tiempo?" *Pedagogía y experimentación en el teatro latinoamericano*. Ed. Edgar Ceballos. México: Col. Escenología, 1991.

Vitier, Cintio. *Ese sol del mundo moral. Para una historia de la eticidad cubana*. La Habana: Eds. Unión, 1995.

Zambrano, María. "La Cuba secreta." *Orígenes* 20 (1848).

Escenas de *Una de cal y una de arena*

Teatro ecológico y las nuevas construcciones del ambiente nacional en *Una de cal y una de arena*

Grace Dávila-López

Pomona College

E l Festival Iberoamericano de Teatro de Cádiz provee nuevamente la oportunidad de apreciar una diversidad de lenguajes escénicos de la teatralidad viva. En este espacio de heterogéneas manifestaciones y percepciones teatrales, negocian un arriesgado equilibrio la organización de un muestrario significativo que cumpla las expectativas de un público internacional y que, además, muestre diversidad teatral en términos de representaciones nacionales y de innovadoras propuestas escénicas. En este contexto centro mi atención en *Una de cal y una de arena*, la propuesta ambientalista del grupo puertorriqueño Agua, Sol y Sereno. La favorable acogida de su montaje en el marco del Festival, paralela a la obtenida en escenarios de la isla, invita a explorar la compleja interrelación entre el tema ecológico, los ágiles recursos teatrales empleados para lograr un complejo sistema de comunicación escénica multisígnica y la mostración de nuevas construcciones de la identidad nacional en el "ambiente" teatral puertorriqueño finisecular.

La puesta en el contexto del FIT-98

El programa del festival describe *Una de cal* como "obra de teatro experimental acerca de los cambios que ha traído el desarrollo acelerado en Puerto Rico durante los últimos cuarenta años" (40). Por su empleo de los materiales de construcción para producir nuevos ritmos se continúa su descripción como "una rítmica denuncia sobre el modo en que se está destruyendo la naturaleza a favor de un desarrollismo apabullante" (40). El *Diario de Cádiz* describió la puesta como "un entusiasta alegato contra el crecimiento urbanístico indiscriminado que en los últimos diez años viene sufriendo su país." En esta favorable reseña se reconoce el espectáculo como "un soplo de aire fresco" en el festival, ya que "contiene la valiente ingenuidad de los que creen en el teatro como un medio de reinvindicación y no sólo como mera propuesta estética" (51). Es interesante notar que estas descripciones ofrecen una lectura de la puesta como de ideología predominantemente ambientalista en contraposición con lo que se reconoce como tendencias más estetizantes. La crisis ecológica globalizante, ejemplificada en el caso específico de Puerto Rico, parece reemplazar a nivel de contenido la denuncia político-social que caracterizaba un teatro anterior. La dimensión estética de esta "rítmica denuncia," que ha sido percibida como funcional al contenido, logra con su energía y múltiples recursos un atractivo equilibrio escénico.

La lectura que propone el *Diario de Cádiz* da una clave de las razones por las que el texto apela a un público muy diverso. El ecologismo es una preocupación social relativamente nueva en la historia del hombre, sobre todo en el ambiente teatral, pero su presencia es cada vez mayor en la vida diaria. A partir de los sesenta, el estudio biológico de las interrelaciones entre organismos vivientes y sus correspondientes ambientes naturales delataron la compleja interdependencia e interrelación entre individuo, comunidad y ambiente físico. El ecologismo ha pasado a ser una disciplina interdisciplinaria que recorre las ciencias naturales y las sociales, y cuya divulgación y movimientos concientizadores responsabilizan al individuo y los sistemas sociales del futuro de la humanidad. Con el interés que han puesto en él las nuevas generaciones, se puede considerar un tema joven, políticamente sensato y de relevancia global.

Los movimientos ecologistas penetran en los programas escolares proclamando el énfasis en la protección del ambiente, en las disciplinas académicas con una nueva visión del capitalismo progresista y tecnocrático y en la vida diaria en general con exigencias en cambios en los estilos de vida y las tendencias consumidoras. *Una de cal*, mediante la mostración del mundo de la construcción, la incorporación de materiales inorgánicos invasivos, ritmos y acrobacias surgidas de esa economía, y el carácter informativo de ciertas secciones, en que se revelan cifras estadísticas que delatan el abuso del ambiente, crea un espacio abierto y popular de teatralidad educativa y concientizadora. Por su "rítmica denuncia" de la crisis ecológica, el montaje logró favorable acogida. Su estilo ameno y asequible, de intervenciones humorísticas, y de, en casos, caricaturescos personajes justifican, en alguna medida, su clasificación como "espectáculo infantil y juvenil" en el programa del Festival, pero llevan a cuestionar las implicaciones de tal clasificación.

Los integrantes del grupo, investigadores teatrales y el público asistente al Foro que discutió la puesta reconocieron que dicha clasificación desvalora la propuesta escénica como exenta de una teatralidad seria o trascendental, por sobre su fin de denuncia educativa o de entretenimiento familiar. Más aún, la exploración de la crisis ambiental aparentemente se considera un tema más elemental y más apto para menores que propuestas "dramáticas" o de temas de relaciones humanas más difíciles en el contexto del festival. Si bien es positivo notar el aprecio e interés del público joven hacia este montaje, la percepción de la propuesta escénica como "infantil/juvenil" contrarresta la importancia del tema ambiental y limita la complejidad y sentido de la puesta como teatro alternativo puertorriqueño en el marco específico del FIT-98.

Al considerar las múltiples lecturas de la propuesta ecologista de *Una de cal*, es preciso recordar que esta edición del Festival le fue dedicada a Cuba y Puerto Rico, "de un pájaro las dos alas." Pepe Bablé explica la sospechosa coincidencia entre el decimotercer FIT, con su 13 de mal agüero en el que, "festejamos no sé qué efemérides de no sé qué catástrofe relacionada con hechos que ocurrieron en 1898" (9). La representación de Puerto Rico cumple el compromiso de dar visibilidad a esa coyuntura histórica que une y separa al pájaro y las alas. La presencia de Puerto Rico, en este marco, cobra particular peso político e ideológico, con lo que la propuesta de Agua, Sol y Sereno supera estética e ideológicamente, la "valiente ingenuidad" denunciatoria del problema ecológico, para exponer con audacia el problema del "ambiente" nacional de un país sin soberanía. Al considerar la integración de la muestra puertorriqueña a las tendencias teatrales de fin de siglo es fundamental considerar esta dimensión histórico cultural de la propuesta.

La puesta en el contexto teatral puertorriqueño

La elección específica de *Una de cal y una de arena*, única muestra de Puerto Rico en el Festival, no parece fortuita. Más bien responde al debate de las pasadas dos décadas en torno a lo que algunos han visto como estancamiento temático y estético del teatro nacional, y la competencia entre nuevas formas teatrales por abrirse espacio en ese escenario. La investigadora cubana Vivian Martínez Tabares, en "La escena puertorriqueña vista desde fuera/dentro," observa que los teatros textuales de años recientes reiteran la mostración de los problemas sociales nacionales sin superar el lenguaje teatral anterior: "...no representan ninguna propuesta de transgresión, conceden al verbalismo y a la seudopoesía en detrimento de los otros lenguajes de la escena" (7).

Para Martínez Tabares el grupo Agua, Sol y Sereno forma parte de "la nueva dramaturgia del cuerpo, el espacio y también ¿por qué no? la palabra" (7). Explica que en esta tendencia alternativa finisecular:

> ...el actor es el centro y también el cerebro, explora diversos lenguajes expresivos y reta a la imaginación y al intelecto del espectador por múltiples vías y desde infinitas referencias. Y también indaga en lo sociopolítico nacional pero desde un discurso nuevo, sin complacencias ni idealizaciones, consciente de la complejidad del contexto y con una clara conciencia de sí. (7)

Rosa Luisa Márquez, la directora e investigadora puertorriqueña, confirma este planteamiento en "Teatros en Puerto Rico," uno de los artículos compendiados en el programa conmemorativo del FIT-98. Allí traza la historia de los autores y formas teatrales que han moldeado el presente escénico de la isla. A pesar de la producción de algunos autores independientes, encuentra que "la tradición del teatro del movimiento y del espectáculo, ha surgido como la opción más rica y significativa del teatro de los noventa" (169). Susan Homar, en la misma publicación, proclama la danza como "la forma más original, arriesgada y de frontera, la que más elocuentemente expresa al Puerto Rico finisecular" (175). Reconoce la existencia de la dispersa historia de las nuevas expresiones de teatro, danza-teatro y danza experimental, y su énfasis en el movimiento corporal para expresar una variedad de situaciones y dilemas contemporáneos en la nación puertorriqueña (175-6). Según ella, montajes como *Una de cal* son el resultado de esa tradición, "lugar de resistencia ante la cultura dominante homogeneizante, la autoridad y normatividad del teatro convencional" (176).

El trazado de estas tres respetables investigadoras tiene en común la construcción de una historia teatral que reconozca como formas espectaculares válidas, expresiones antes silenciadas. Sus observaciones y experiencias, negocian un espacio para las nuevas tendencias escénicas que compiten con el teatro textual. En este marco, la selección de la propuesta escénica del grupo Agua, Sol y Sereno confirma la fuerza artística de las expresiones teatrales alternativas, cuya visibilidad es esencial al proceso valorativo dentro del teatro nacional. En ese sentido,

Una de cal supera la denuncia del problema ambiental, y se inserta, como muestra de teatro alternativo, en la competencia de discursos teatrales nacionales que buscan nuevas formas de construir y expresar la identidad nacional en la evolutiva ecología de la cultura finisecular.

Ello no contrarresta la doble importancia de la propuesta ecológica en el marco de los teatros locales e internacionales, como tendencia teatral propia del fin de siglo y como ágil metáfora de las nuevas construcciones de la identidad nacional. El teatro ecológico o ecoteatro, como expresión escénica conciente de las relaciones entre individuo y ambiente, aún no ha logrado el impacto esperado. Erika Munk denuncia el silenciamiento de los dramaturgos y críticos norteamericanos ante la importancia política del tema ambiental en un mundo cada vez más dominado por la tecnología.

En su breve introducción al número de *Theater* dedicado al teatro ecológico, revela que en comparación con otros países desarrollados, los Estados Unidos es el que menos preocupación guarda con respecto a los problemas ambientales. Según ella: "Americans... —our national audience!— see all the world's crises from the perspective of a masked, diminished, personalized anxiety about race and gender" (5). Para Munk, como para los activistas medio ambientalistas, la relación entre los problemas individuales y la visión del ambiente como recurso inagotable y objeto de producción capitalista se halla en la raíz de un empobrecido estado social y ambiental.

Si se considera la influencia político-cultural que ha ejercido ese país sobre Puerto Rico, se podría adivinar una afinidad con respecto a la indiferente actitud hacia el ambiente. Aunque los problemas ecológicos continúan creciendo, la conciencia de ellos sí tiene una posición alta en la escala de preocupaciones, en especial debido a su alta visibilidad. Como tema teatral se notan algunas piezas que delatan específicos eventos de negativas consecuencias ambientales. Sin embargo, esos textos o representaciones, más que una preocupación por el ambiente van ligados a las preocupaciones ideológicas de sectores que aspiran a la independencia de Puerto Rico, y no representan una denuncia exclusiva de la descontrolada contaminación ambiental sino una protesta contra la falta de autodeterminación política.[1] *Una de cal*, en cambio, demuestra un alto nivel de autoconciencia e intencionalidad en la selección de su propuesta ambientalista. Esto la hace co-partícipe de una tendencia común que ha echado raíces en la escena nacional: la conexión entre las expresiones espectaculares multisensoriales y el ecologismo temático-escénico, inherentemente político.

Los co-directores de Agua, Sol y Sereno (1993), Pedro Adorno y Cathy Vigo, aúnan al hacer teatral sus destrezas como "actores, músicos, zanqueros, bailarines y mascareros experimentados" (*XIII FIT*, 100), así como el entrenamiento en ballet clásico y danza para crear una experiencia estética total. La mayor parte de los integrantes del grupo se formó con los Teatreros de Cayey, grupo dirigido por la misma Rosa Luisa Márquez, y de ella adoptan una actitud directoral que integra lo estético a lo ideológico. La experiencia de Adorno y Vigo como residentes del Bread and Puppet Theater, refuerza y amplía, la fuerte tendencia ecologista del grupo, ya que Márquez también se formó en los talleres de Peter Schumann y Augusto Boal. Los espectáculos teatrales de Márquez, por ejemplo, emplean elementos escenográficos hechos a base de materiales desechables. La herencia de Peter Schumann y el Bread and Puppet Theater, así como la tradición que ha establecido Márquez en la isla, es relevante para entender la base ideológica de Agua, Sol y Sereno, que aspira a incorporar en sus montajes divergentes elementos artísticos de base popular que amplían la comunicación teatral, a la vez que aspiran a concientizar al público sobre la relación actor-individuo-ambiente, entiéndase ambiente en su sentido amplio de naturaleza y entorno político-cultural. La relación con Schumann, además, ayuda a entender

---

[1] Como ejemplo de teatro que trata problemas ecológicos como pretexto para explorar la situación política de la isla y su efecto en los individuos podemos mencionar *La carreta* (1950) de René Marqués, en que el individuo pierde su contacto vital con la tierra en un mundo de máquinas, *Bahía sucia, bahía negra* (1975) del grupo Anamú que denuncia el efecto de los derrames de petróleo en la pesca, y *Miénteme más* (1992) y *Callando amores* (1997), ambas de Roberto Ramos-Perea, una explora los efectos de las pruebas experimentales de contraceptivos en las prostitutas puertorriqueñas, y la segunda la venta de tierras a compañías desarrollistas que no toman en cuenta los estudios ambientalistas al invertir en proyectos.

la diferencia entre teatro político y lo político ecológico. Según John Bell:

> While the political theater of Bertolt Brecht and many who followed him, including the Living Theater, Augusto Boal, the Odin Theater, and the San Francisco Mime Troupe, generally centers on social, economic, and political themes, Schumann's puppet theater (equally a descendant of Brecht) has, at its formal and thematic centers, the connections between humans and the natural world. (32)

Esta conexión se logra mediante la relación del actor con el objeto, que en su caso son las enormes marionetas, y en el montaje de *Una de cal* se encuentra en la interacción con los materiales del escenario. Si la escuela de Schuman enfatiza "the performer's effort to put 'life' (movement) into the object, or in more spiritual terms, to 'allow' the life of the object to emerge" (32), en *Una de cal* esa dinámica se descubre en los ritmos que emergen de la relación del individuo/actor con el objeto/materia. Aunque muy influido por el ecologismo utópico del Bread and Puppet, el análisis de *Una de cal*, revela la elaboración de un montaje que se interrelaciona a los parámetros de las nuevas propuestas escénicas con énfasis en técnicas y recursos multisensoriales que amplían la experiencia cognoscitiva teatral.

La puesta como propuesta escénica

La estructura escénica de *Una de cal y una de arena* intercala episodios construidos en torno a una mujer desahuciada-naturaleza, protagonizada en esta puesta por la actriz Kisha Burgos. Silla en mano, busca su mítico punto de origen para asentarse. Su aparición escénica parece coincidir con la interrogante que propone: "¿Podrá la humanidad resolver sus problemas esenciales y al mismo tiempo sobrevivir el siglo XXI?"[2] La incansable y ruidosa labor de unos constructores (Pedro Adorno, Israel Lugo, Cathy Vigo y Miguel Zayas) interrumpen su búsqueda, silenciando, sin mayores consecuencias, sus denuncias y reclamos.

El texto se estructura a base de los contrastes visuales y auditivos

---

[2] Agradezco a Lola Proaño-Gómez, quien me facilitó una copia de la puesta teatral de Cádiz filmada por ella.

producidos por los objetivos disímiles de los personajes. La mujer busca verbalmente un pasado de naturaleza armónica mientras los constructores alteran la geografía física sin conciencia del poder destructor de su incesante labor. Irónicamente, los constructores y la mujer nunca proyectan una polarización conflictiva entre el bien y el mal. Por el contrario, la asidua labor de los trabajadores produce ritmos que contagian a los espectadores e, inclusive, a la mujer-naturaleza que, en ocasiones, mece su cuerpo al son musical. En la escena final, la mujer comparte su paraguas unificador para proteger a todos de una lluvia de botellas plásticas.

Una de cal y una de arena, estrenada en marzo de 1996, se construyó a base de la experimentación individual y colectiva, con la palabra, la voz, los sonidos que producen los materiales de construcción y el trabajo corporal. A lo largo de los montajes de *Una de cal*, y el ingreso al grupo de nuevos miembros, la propuesta escénica se ha ido modificando en elaborado maridaje de signos visuales, sonoros, corporales y de expresión verbal. Este trabajo colectivo, de elaboración de conceptos y experimentación a nivel individual y de grupo, hace de la propuesta escénica un teatro fluido, moldeable y vivo.

De particular interés es cómo los elementos técnicos y juegos corporales sustentan contrastes temáticos y estéticos fundamentales a la propuesta. Esto se nota en primera instancia en la marcada contraposición de elementos visuales en escena. Por ejemplo, los instrumentos y herramientas de construcción, estéticamente feos, se contraponen a la visión verbal idealizada de un Puerto Rico primordial, ausente/invisible del escenario. El vestuario de los constructores, así como el de los ejecutivos, a manera de uniformes, sugiere cierta normalidad en la posición de los individuos en este mundo en constante construcción y transformación de lugares e identidades. La mujer-naturaleza, en cambio, viste un vestido hecho de pobres retazos, propio de su condición de desahucio.

En cuanto a los elementos auditivos, los ruidos, ritmos y cantos de los constructores, así como su lenguaje coloquial, contrastan con la expresión íntima, de tono mítico y testimonial, de la mujer. Los movimientos mecanizados, las llantas gigantes giratorias y las acrobacias refuerzan la imagen de los personajes como "fuerza bruta" al servicio de un progreso sin sentido. La imagen del obrero constructor representa el promedio de la diversidad social, racial e ideológica, no limitada a la clase trabajadora obrera, que labora incesantemente. La mujer, sujetando al aire una silla, busca con desconcierto un espacio donde asentarse. Estos contrastes sugieren desde lo visual la disyuntiva histórica entre un mundo perdido y el mundo en fluida construcción. Irónicamente, el énfasis contrastante y contradictorio, no porta la intención implícita de denunciar una oposición conflictiva entre las aspiraciones de los personajes. Más bien trazan el marco complejo y fragmentario de la evolutiva identidad nacional. Si para Vivian Martínez Tabares "la contradicción es el sustrato permanente de un hombre que no encuentra su espacio vital" (10), es también el espacio fluido e infijable donde se dan cita el hombre y el presente en construcción. La elaboración escénica de contrastes y contradicciones también parece sustituir la denuncia lacerante y las respuestas regenerativas de formas anteriores. En ese sentido, este montaje recuerda la actitud que Peter Schumann propone en sus propios espectáculos: "...since they don't propose a program, not even an analysis, they can't be regarded as something that wants to achieve something political... The shows are unconsciously working on peoples unconscious. They are not pounding, they are not talking sense in that way" (Bell, 38). Es esta similar actitud en *Una de cal* la que permite la conexión con nuevos públicos y espacios teatrales.

El espectáculo muestra con gestos, ritmos y onomatopeya la autodestrucción ambiental que representa el obsesivo crecimiento urbano de esta "¡ISLA! ...el país con más asfalto por metro cuadrado..." dominado, además, por el mal del consumismo. En una escena, unos agrónomos estudian un mapa de carreteras por construir, mientras la mujer desahuciada se contorsiona bajo el mapa. Su delicada resistencia, entre silbidos de pájaros, va achatándose ante la fuerza exterminadora de la máquina del progreso. Ulrich Beck denomina como *risk society* (sociedad de riesgo) esta etapa de descontrol antiecológico: "It arises through the automatic operation of autonomous modernisation processes which are blind and deaf to consequences and dangers" (28). Para este sociólogo, esta es una etapa inevitable que lleva a la reevaluación del aparato industrial. En *Una de cal*, la falta de conciencia ecológica de los personajes revela además la falta de visión, poder y liderazgo de la "fuerza bruta" en la construcción de la nación.

En una escena, un trabajador da instrucciones en inglés a un camión de juguete, a manera de perrito. Con tono fuerte y aeróbico ritmo exige: "Sit! Sit! Sit down! Oh, yeah! You're really a good dog!" Esto sugiere la existencia de una autoridad foránea, que controla el proyecto progresista, y refuerza la distancia entre individuo y "ambiente" en construcción. En una escena inicial un constructor pregunta, "¿La 65 de Infantería, la Carretera número dos, ah, quién la hizo?" Se le explica que "Todo eso vino de afuera, de los Estados Unidos." Los de aquí sólo pusieron: "¡lo bruto, la fuerza bruta!" Los constructores expresan sorna y orgullo de su participación física en un proceso sobre el que nunca ejercieron poder. En otra escena, el trabajador de clase profesional, mediador entre la fuerza de trabajo y los forjadores foráneos del proyecto progresista, sufre un ataque cardíaco. El importe de las exigencias, metas y obligaciones necesarias para lograr "el éxito" según los parámetros antinaturales adoptados, tienen sus consecuencias negativas en el "cuerpo" social. En un episodio clave, en que unos constructores excavan, la actividad destructiva lleva al descubrimiento de un yacimiento de artefactos indígenas. Irónicamente, esta consecuencia positiva de la fuerza destructora se ve como una amenaza al proyecto en construcción. Aunque se sugiere que el descubrimiento de yacimientos arqueológicos conectados a una conciencia histórica nacional detendrá los planes de las grandes empresas de crear nuevos cimientos, el espectáculo no desarrolla esa dimensión esperanzadora. Los constructores celebran frívolamente el hallazgo como pretexto para un día libre y la posibilidad de aparecer en las noticias. De igual forma, los nuevos ritmos surgidos del trabajo y de "la fuerza bruta" que sugieren al espectador dimensiones regenerativas de la nueva realidad, quedan al nivel de una surgiente cultura de sobrevivencia para los trabajadores. El progreso lleva a nuevos descubrimientos e invenciones, yacimientos taínos y nuevas formas de hacer música, pero sin conciencia y sin visión, se traducen a eventos accidentales.

Por otra parte, la marcha autodestructiva hacia el progreso no genera en los personajes pesimismo alguno. Más bien revela una soterrada energía creativa que desafía las actitudes derrotistas del pasado y que se niega a polarizarse en una reacción pendular que perpetúa los opuestos. Después de todo, como anota Beck, "negative pessimism is twin brother to the belief in progress" (39). Por esto, los personajes de *Una de cal*, indiferentes a su entorno, son capaces de crear nuevos instrumentos musicales y nuevos ritmos. La escenografía teatral, compuesta de planchas de acero, materiales de construcción, metal, goma, botellones plásticos desechables, se transforma en la materia prima de una cultura alternativa de sobrevivencia. Los ritmos afrocaribeños creados por los constructores portan gran carga ideológica y reafirman lo que Frances Aparicio describe como "the central role of popular music as a site for the formation and definition of national identity, a process that assumes serious consequences because of the island's complex, lagging colonial conditions within an assumed post-colonial world" (Aparicio, 66).

La labor conjunta crea, además, nuevas solidaridades entre los trabajadores. Para lograr sus metas constructivas los obreros trabajan juntos acrobáticamente, deslizando sus cuerpos sobre las llantas gigantes, o engranándose a una viga para extraer unas gotas de la riqueza de la tierra. Así el mundo crea su propia coherencia, su propia cultura, y de él emergen nuevas imágenes: las grandes llantas se transforman en apretadas viviendas, la lluvia de botellas de agua alude al problema de la sequía. Estas imágenes, que en un nivel de interpretación pudieran parecer códigos estéticos configurados para entretener con recursos novedosos, pasan a ser portadores de los contradictorios valores y realidades configuradores de una sociedad en transición. Las imágenes y ritmos amplificadores de la disyuntiva mundo natural/país en construcción portan substancia a la experiencia teatral y muestran sin pesimismo un proceso de transformación y adaptación al que se somete toda una sociedad, desde el constructor hasta el teatrero.

Sin lugar a dudas, este espectáculo "ambientalista" muestra el lamentable estado ecológico del país. A la vez, confronta temáticamente la identidad nacional pero desde una dimensión alternativa. La destrucción del ambiente en pos del progreso remite al tradicional tema de la pérdida de la tierra ante intereses foráneos. A pesar de que Una Chaudhuri advierte contra la tendencia nociva de la interpretación metafórica de los elementos naturales en escena,[3] la propuesta de *Una de cal* muestra la interrelación ecológica entre individuos, comunidad y el ambiente nacional físico y cultural. Mientras que para un público internacional el problema ambiental puede representar el eje temático de la propuesta, con su válida preocupación ecológica, en su contexto ecohistórico la puesta conversa con una larga tradición temática. La puesta remite a la encrucijada nacional que marcan los acontecimientos de 1898 pero desde una propuesta escénica alternativa. El estilo fragmentario, aparentemente

---

[3] Esta investigadora teatral en "'There Must Be a Lot of Fish in that Lake': Toward an Ecological Theater," llama a reliteraturizar los elementos naturales para llegar a una necesaria ecología del teatro: "The theater, which has long supported humanism's tendency to obscure [the power of nature], can also become the site of its revelation" (30).

descomprometido en lo político, renuncia a una tradición nacionalista de advertencias y denuncia política, a favor de una mostración multisígnica y ambivalente. La incorporación de ritmos, gestualidad y elementos contrastantes en un contexto internacional se pueden leer como atractivas "experimentaciones" escénicas. Sin embargo, en el contexto del presente puertorriqueño, la puesta supone un poderoso espacio que muestra la adaptación, solidaridad y energía cultural de una identidad nacional que aspira a sobrevivir el siglo XXI.

Una construcción alternativa de la nacionalidad

Así como *Una de cal y una de arena* participa a nivel nacional e internacional de tendencias que experimentan con nuevas formas de expresión visual, sonora y corporal, portadoras de nuevas percepciones estéticas y preocupaciones sociales, hay temas de época, que le son comunes. Específicamente el tema de la memoria ocupa un lugar clave en su propuesta. La memoria y el recuerdo se tornan en procesos subversivos de construcción de realidades e identidades, en este caso, nacionales. El anacrónico discurso poético de la mujer naturaleza construye el utópico sitio de la identidad nacional perdida, muy buscada, pero irrecuperable. La silla que no encuentra apoyo revela la imposibilidad de alojar la identidad en un plano inmutable. La reconstrucción verbal de la memoria, reflejada en el personaje de la mujer naturaleza, se contrapone al plano de la realidad vida/olvido como espacio configurador de nuevas identidades. La memoria nacional desahuciada de los ideales colectivos, incomoda pero no amenaza la marcha del progreso. La mujer, mientras se limpia el rostro, expresa la configuración de una identidad diluida en un presente construido y en construcción:

> Yo soy negra. No, yo soy india. ¡Qué india ni que india, yo soy árabe! No, yo no soy árabe, yo soy, yo soy española... española. No, no ¡qué española, yo soy puertorriqueña! (*Tras esquivar un golpe*) Invisible, soy invisible... No soy... Era... ¡Voy a ser... voy a ser!

La actitud alternativa de *Una de cal* coquetea inversamente con esquemas tradicionales del teatro nacional. Invita a contratextualizar la propuesta que hace medio siglo presentaba *La carreta* de René Marqués. El forzado éxodo del campo a la ciudad, y de la ciudad a Nueva York, se sustituye en esta puesta por el viaje entre niveles de construcción nacional dentro del mismo país.

En un mismo suelo se hallan diversos estratos a los que se alude: lo indio, lo español, lo negro, lo híbrido. En el nivel superior del presente se gestan descontrolados planes progresistas para el futuro. Es un piso de ritmos rápidos en que la máquina del progreso hace del individuo un obrero. El sueño de la máquina, sin embargo, no mata como lo hiciera el texto de Marqués.[4] En *Una de cal* la mujer-naturaleza, como las personajes marquesianas, busca recuperar el edén perdido de viejos valores nacionales. Sin embargo, contrario a Doña Gabriela y Juanita, la mujer-naturaleza en su condición de desahucio no logra detener la máquina progresista, ni retornar a la tierra. La carreta de juguete, ícono de la ilusión del retorno, se sustituye en *Una de cal* por el camión de juguete, que no transporta individuos sino materiales. Las ruedas de la carreta que marcaban la circularidad del viaje de ida y vuelta, ahora se reemplazan con las gigantescas llantas de goma cuyo giratorio movimiento liga hombre y trabajo en la labor incesante del progreso y de "la fuerza bruta."

El concepto nostálgico de "estampas" con que Marqués dividía sus actos, en *Una de cal* se transforman en episodios ágiles que culminan en instantes fotográficos de autoconciencia. La primera aparición de los trabajadores cierra en una pose de grupo que segrega la presencia de la mujer. La escena final cierra con otra pose de grupo que sí la incluye en un mundo amoldado por la contradicción histórica. El acto en que la mujer acoge a los constructores bajo el paraguas protector parece proponer que la nacionalidad se hace de elementos diversos en continua competencia y negociación. Los cambiantes valores y achatada geografía continúan siendo el sitio de transformaciones culturales en que conviven, bajo el paraguas de la nacionalidad, pasadas y presentes construcciones históricas en tregua de sobrevivencia.

Una de cal y una de arena expresa así el compromiso histórico de responder estética e ideológicamente a los retos nacionales específicos del "ambiente" puertorriqueño finisecular. Se ha requerido y se requiere una de cal y una de arena para construir el complejo edificio de la identidad nacional, sugiere el título de la pieza. Y con *Una de cal y una de*

---

[4] Esta idea de pisos de identidad recuerda la tesis elaborada por José Luis González en *Visita al país de cuatro pisos*

arena, el grupo Agua, Sol y Sereno aglutina bajo el paraguas ecologista su enérgica mostración de imágenes, ritmos y lenguajes configuradores de las nuevas identidades que marcan la escena puertorriqueña de fin de siglo.

Bibliografía

Agua, Sol y Sereno. *Una de cal y una de arena.* Puesta en el Instituto "La Caleta," Cádiz. 6 de octubre de 1998.

Aparicio, Frances R. *Listening to Salsa. Gender, Latin Popular Music, and Puerto Rican Cultures.* Hanover: Wesleyan UP, 1998.

Bablé, Pepe. Sin título. *XIII Festival Iberoamericano de Teatro.* Cádiz, 1998.

Beck, Ulrich. "Risk Society and the Provident State." *Risk, Environment & Modernity.* Ed. Scott Lash, Bronislaw Szerszynski and Brian Wynne. London: Sage, 1996. 27-43.

Bell, John. "Uprising of the Beast: An Interview with Peter Schumann." *Theater* 25.1 (1994): 32-43.

Chaudhuri, Una. "'There Must Be a Lot of Fish in That Lake': Toward an Ecological Theater." *Theater* 25.1 (1994): 23-31.

González, José Luis. *Visita al país de cuatro pisos.* Río Piedras, Puerto Rico: Huracán, 1980.

Homar, Susan. "Un decir diferente: el 98 Cádiz-Puerto Rico, teatro-danza." *XIII Festival Iberoamericano de Teatro.* Cádiz, 1998. 175-76.

Márquez, Rosa Luisa. "Teatros en Puerto Rico." *XIII Festival Iberoamericano de Teatro.* Cádiz, 1998. 167-69.

Martínez Tabares, Vivian. "La escena puertorriqueña vista desde fuera/dentro." *Conjunto* 106 (1997): 3-12.

Munk, Erika. "Green Thoughts." *Theater* 25.1 (1994): 5-6.

Programa XIII Festival Iberoamericano de Teatro. Cádiz, 1998.

Proaño-Gómez, Lola. Video de la puesta escénica de *Una de cal y una de arena.*

"Teatro fresco." *Diario de Cádiz.* 19 octubre (1998): 51.

Teatro y multimedia

Claudia Villegas-Silva

University of California, Los Angeles

Una de las grandes transformaciones experimentadas por el teatro actual es la inclusión y utilización de procedimientos, técnicas, imágenes y elementos visuales que se asocian con los medios de comunicación masiva, especialmente el cine, la televisión, los videos musicales y técnicas de "marketing." Estas transformaciones corresponden a un nuevo tipo de productor y que aspira a satisfacer o utilizar la competencia de un nuevo tipo de espectador teatral. Los cambios, a la vez, fuerzan a los críticos e intérpretes a ampliar su perspectiva o a modificar el sistema estético con el cual evalúan o enjuician las producciones teatrales. El productor artístico dilata su fuente de materiales y técnicas para comunicar su mensaje. Los códigos utilizados pueden provenir del cine, sistemas publicitarios, televisión, teléfonos, fax, música, libros, revistas, correo electrónico, Internet, etc. El supuesto pareciera ser que la globalización cultural y tecnológica, haciendo uso de todos los medios de comunicación transnacional (cultura e información), con pocas excepciones, han llegado a ser accesibles a todos, sin distinción de fronteras o clases sociales. Como sugiere García Canclini, el ciudadano de la postmodernidad se identifica con el consumo. En este caso, el consumo de las imágenes electrónicas y de los medios de consumo masivo. Al productor artístico de la posmodernidad corresponde un espectador potencial que está inmerso en la misma cultura y, por consiguiente, con la competencia para descifrar y disfrutar los códigos de la cultura electrónica y de comunicación masiva. Aún más, podríamos pensar que el productor teatral se ve obligado a utilizar estos procedimientos porque su espectador ha transformado su percepción y concepción del arte.

El crítico o intérprete de espectáculos teatrales, por su parte, se encuentra con que la antigua división de "alta" o "baja" cultura ya carece de sentido y que, aún más, en muchos espectáculos lo dominante no es lo que en el pasado se consideraba alta cultura. Sus criterios de valoración, por lo tanto, tienden a cambiar. La función del crítico sería interpretar el objeto artístico a través de las culturas y medios que la influyen. En el caso del teatro contemporáneo, una de las tendencias obliga a interpretar el objeto por medio de estudios multi-disciplinarios, multi-culturales y finalmente multimedia porque, el uso de comunicaciones masivas cancela las diferencias culturales, de modo que es imposible verlo como creación "pura," sólo de expresión individual y no mediatizada por los medios de comunicación. La televisión y el cine son dos de las influencias más grandes en los sistemas de comunicación contemporánea, transformando el "goce" individual del arte en una experiencia colectiva, masiva.

En este ensayo me propongo comentar y destacar el uso de algunos aspectos de procedimientos de multimedia en el teatro actual. De este destacaré que el en teatro de hoy se usan "tomas" del cine, se fragmenta el escenario, se bombardea con imágenes que imitan técnicas cinematográficas, juegos de videos y otras manifestaciones visuales contemporáneas. Mostraré cómo estos procedimientos han pasado a formar parte tanto del teatro de calle como de aquél que se lleva a cabo en salas.

Aunque la utilización de procedimientos de multimedia se encuentran en numerosos casos de teatro hispanoamericano, español o latino de los Estados Unidos, en este ensayo me centraré, a modo de ejemplo, en los siguientes espectáculos que participaron en el FIT-98: *Oh! SOS* del grupo Scura Splats, *No sólo de Máquinas vive el hombre* y *Mammálíturki* de Anima Sur, *Vampyria* del Teatro Corsario y *Un poeta en Nueva York* de Producciones Imperdibles.

Sobre el concepto

Es indudable que la tecnología ha tenido siempre un impacto enorme en el teatro. El uso de música, de aparatos, luces, parlantes sonoros, escenarios giratorios, son algunos de los aspectos relacionados con la tecnología. El momento histórico define lo que es "tecnología" en el teatro. La evolución de tecnología en el teatro depende de qué nuevas tendencias e invenciones surgen en su momento. El usar todos los medios disponibles para la puesta en escena es lo que Patrice Pavis denomina "teatro total":

> Estilo de representación que busca utilizar todos los medios artísticos disponibles para producir un espectáculo que apele a todos los sentidos y produzca de este modo la impresión de una totalidad y de una riqueza de significaciones que subyugue al público. Todos los medios

técnicos (de los géneros existentes y futuros), en particular los medios modernos mecánicos, de escenas movibles y de la tecnología audiovisual, están a disposición de este teatro. (*Diccionario del teatro*, 492)

Pavis distingue el *teatro total* del *teatro multimedia* y a este último lo define como:

Le spectacle multimédia n'est pas simplement une représentation recourant aux moyens audio visuels et multipliant les sources d'information; c'est un spectacle qui introduit une tout autre dimension dans le spectacle vivant habituellement défini par la rencontre d'n acteur et d'un spectateur. (*Dictionnaire du Théâtre*, 222)

En realidad no hay grandes discusiones con respecto a la existencia de un teatro multimedia y sus características más generales. Parte de las discusiones, sin embargo, se refieren a la extensión e historicidad del mismo. Erika Fischer-Lichte, en *The Semiotics of Theater*, por ejemplo, apunta que todo teatro puede ser considerado un producto de multi-media:

However, the theatrical text cannot be construed simply as an artistic text, but must also be considered a multimedia text. In this connection it can be compared with other multimedial texts of both an aesthetic and a non-aesthetic nature, such as comics, film, shows, happenings, performances, circus, etc. (180)

At a quite general level, multimedia texts can be defined as thoses texts which are communicated by means of more than one medium, such as film images and sound, the written word and pictures, actors, stage space, and sound, etc. Each medium involved may convey signs from one or more sign systems. (180)

En este ensayo, lo entenderé como el uso de técnicas utilitarias de medios de comunicación, intertextualidad con imágenes que vienen del cine, juegos de videos, la televisión y otros de comunicaciones masivas. El supuesto es que esta forma de teatro implica un nuevo tipo de espectador, familiarizado con la cultura visual y musical contemporáneas.

El espectador de la postmodernidad

El espectador potencial en la actualidad es uno habituado a una realidad visual postmoderna. Cualquiera persona que vea televisión está condicionada a mirar a través de la fragmentación que le entregan las comunicaciones masivas. La temática y la dramaturgia tradicional continúan. En los temas aún recurren: la identidad nacional, la recuperación de la memoria histórica, la reivindicación de la tradición o de la cultura popular. La forma de comunicar al espectador varía. Estamos en la nueva globalización —el consumismo— que plantea al final nuevas fórmulas para la relación espectador-espectáculo teatral. Estamos en la época en la cual el texto verbal ya no es el centro de atención. Lo que domina es el texto visual.

Desde esta perspectiva, el teatro multimedia surge como parte de la postmodernidad El contexto histórico y las propuestas sociales, políticas del tiempo ya no son las mismas. El marco de las puestas en escena de antes (Brecht, Boal, Pirandello, Commedia del Arte, etc.) es en algunos casos completamente reformulada y muy parecida en otros, pero muchas veces lo visual es lo que comunica el mensaje. La dinámica entre el espectador y la *mise en scéne* se basa en la herencia televisiva de códigos, signos y referentes basados en la vida multimedia cotidiana. Las corrientes y tradiciones externas de todos los días llegan a ser parte del bagaje cultural de todo espectador. Esta realidad implica también el borrar las líneas de edad, ideología y alta o baja cultura por el hecho de que todo forma parte, a través de la nueva edad visual, de los nuevos referentes. La juventud, además, no busca a sus ídolos culturales en el teatro sino en el cine, las noticias, las revistas y en la televisión. Hoy no se habla mucho del teatro y sus estrellas. Por lo tanto, la técnica cinematográfica es imprescindible para lograr la popularidad de la obra teatral, en especial, para el espectador del momento.

El teatro de calle y el teatro multimedia

La conexión entre el teatro de calle y multimedia es muy importante ya que ambos plantean una realidad alternativa a la vida diaria. El teatro de la calle es un teatro que confronta la vida cotidiana. Uno se "encuentra" con el teatro callejero, no "asiste" al teatro de calle. El teatro de calle es vital ya que transforma realidades a mundos fantásticos y mágicos.

Como nota Cohen-Cruz, es como "temporary suspension of the status quo" (168).

El teatro callejero crea una dinámica entre el espectador y el espectáculo que es muy diferente a otros teatros. Como dice Cohen-Cruz: "The usual street performance configures the street as the gateway to the masses, directly or through the media. But the impulse to perform in the street reflects more the desire for popular access than its sure manifestation" (2-3). Agrega: "Street performance has an altruistic side, too offering one's own body for some common goal, without the safety of an impermeable frame" (2-3). El teatro de calle, naturalmente, se ha transformado con los cambios sociales y culturales. La inserción del teatro de calle en la postmodernidad, el público del teatro de calle —juventud, niños— determinan la utilización de medios visuales y musicales que forman parte de la cultura cotidiana de estos nuevos espectadores.

En las páginas siguientes mostraremos cómo en el espectáculo *Oh! SOS* se recurre a la cultura rock y en *Mammálíturki* se usan las imágenes de programas infantiles de la televisión, juegos de videos y una intertextualidad de imágenes de antihéroes del cine.

Ritualidad de ayer, visión de videos de música de hoy: Scura Splats: Oh! SOS

En el espectáculo pirotécnico del grupo español Scura Splats lo que se reconoce inmediatamente es la ritualidad e historia de la Danza de la Muerte. El propio grupo anuncia que *Oh! SOS* es un espectáculo basado en la "La danza de la muerte medieval." Agregan que han modernizado el mito con ritmo de música funky y rap. Los personajes son esqueletos que escapan de sus tumbas para entablar un juego con los seres vivos recordándoles que todo tiene un final. "Pero la sensación final es totalmente contradictoria" (*XIII Festival*, 81). Esta "contradicción" es producto de su época, del momento: la yuxtaposición entre la vida y la muerte.

La "Danza de la muerte" es un acontecimiento artístico que tiene sus raíces en los siglos XI y XII. En aquellos siglos la "Danza de la muerte" era un baile, pero no fue hasta el siglo XV que la danza se hizo más conocida.

En el siglo XIV en Alemania, surgió como teatro moral: "The *Totentanz*, a danced drama with the character of Death seizing people one after the other without distinctions of class privilege" (961). El tema de la danza de la muerte se dio en toda Europa y en varias formas artísticas.[1] Tanto en los grabados como en los espectáculos teatrales y la danza existe un tema moral muy fuerte. Todos son portadores de un mensaje ético. En el caso de la presentación en el FIT-98 frente la Catedral de Cádiz el espectáculo consistió en juegos pirotécnicos, música *techno* y *Scaw*. La música *techno*, con su son repetitivo e hipnótico le da el ritmo a la obra. Los actores, vestidos de esqueletos (la Muerte) llevan palos con fuego, caminan y bailan al ritmo de la música *techno*. Los espectadores participan en cualquier momento saltando y metiéndose bajo "arbolitos" de fuego, siempre conscientes del peligro potencial. Se escuchan gritos, mientras algunos espectadores tratan de escapar de las chispas, otros bailan con el ritmo de la música y aún hay quienes se acercan a las chispas desafiando el peligro.

En el pasado, la Danza indicaba la oportunidad de recibir el mensaje moral de la Iglesia. En el espectáculo de Scura Splats, el mensaje es la idea de vivir la vida a su máximo, correr riesgos y sinmás meta que la de sentirse "vivo" en la ritualidad del desafío a la muerte. Lo que sí se mantiene en el espectáculo es que frente la muerte las diferencias de clases sociales se anulan.

La propuesta básica del espectáculo —el desafío— es la idea de sentir miedo para sentirse vivo. El desafío, para las generaciones de hoy , es un modo de vida. Los avisos comerciales, Pepsi y Mountain Dew, invitan a los jóvenes, a enfrentar el miedo y plantear el desafío como un estilo de vida, el que se define por medio de la música. Este es el caso con el espectáculo mismo. Desde el punto de vista auditivo, dominan las guitarras eléctricas, la voz chillona del parlante, como voz producida por computador, que se escucha pero no necesariamente se entiende. Esto no importa porque al final, en este espectáculo lo que une y enmarca el espectáculo es la música, sólo la borrachera musical puede llevar el lenguaje y el mensaje a la juventud.

Los participantes de la Danza seducidos por su participación en la

---

[1] En el arte una de las representaciones más completas son los grabados de Hans Holbein. Estas son las más famosas y consisten de 58 grabados en que describe la Muerte llevándose a personajes de diferentes clases o grupos sociales, por ejemplo: la duquesa, el viejo, el médico, el hombre rico, el mercader. También describe la creación, Adán y Eva en el Paraíso Terrenal, el Juicio Final.

ritualidad participan sin cuestionar. No hay propuesta histórica, ni cuestionamientos políticos o éticos. Se trata sólo de disfrutar el momento. La idea de temporalidad también desaparece. Es sólo un momento de muchos en el cual el nuevo espectador (y en este caso también participante/actor) vive. El ayer y el futuro no existen, es sólo un escape. El público se plantea el nuevo sistema que entrega las comunicaciones masivas. A punto de terminar el espectáculo, el grupo da un mini concierto Rock, y concluye con las palabras:

Bienvenidos a la estrella —Bienvenidos a la discoteca de la muerte— aquí está. Bienvenidos allá —sí señores— a la fiesta de la vida, Bienvenidos de la muerte. 1-2-3-4- Y Ahora a bailar Scaw porque estamos escasos. OH SOS, OH SOS —somos los enemigos... En la vida hay dos formas de morir: una es elegir la muerte o que la muerte te elija a ti. (*Risa*) No importa lo que tengas, sabemos lo que vales. Y aquí no vales nada. Todos sois iguales —sin casa, sin dinero... Sin vida no hay pasado, sin muerte no hay futuro... A bailar... Oh SOS. La vida mata más que la muerte —*Carpe diem*— Aprovecha el momento —Revienta.

La música continúa con *Scaw,* el baile que se asocia con los Scaw de los años ochentas, signo de la anarquía de la juventud desde ese entonces. A través de muchos elementos y códigos conocidos por una generación específica, el espectáculo de Scura Splats logra comunicarse con la juventud. La música, el baile y la ritualidad se vincula y es conocida por su referente, el cual es MTV o los videos de música. En la actualidad, estos videos de música son comunes en la televisión y son frecuentes en las discotecas. En estos casos, el mensaje es logrado a través de la ritualidad y la estética que trasmiten los videos musicales. El mensaje, tal como lo plantea muchas veces la juventud, es un *carpe diem* contemporáneo: es preciso vivir el momento.

Juegos de video, cine y el apocalipsis: Mammálíturki *de Animasur*

En el FIT-98 el grupo Animasur presentó dos espectáculos callejeros que evidencian la utilización de imágenes y materiales de la música y la cultura contemporánea para un espectador contemporáneo.

Mammálíturki comienza con personajes, bailando en zancos, con formas pájaros, amarillos y azules. Se escucha música "primitiva," de repente entran dos carros negros con personajes oscuros. El contraste entre las máquinas que entran con fuego al espacio de los pájaros delicados es violento. Los dos carros llevan a seres, que parecen Ninjas, siniestros y oscuros los cuales interrumpen violentamente con el vuelo delicado de los pájaros zancudos. Los personajes siniestros aparecen en carros como en la película *Thunderdome*. Tal como en la película, los personajes entran con violencia en su carros ruidosos, interrumpiendo el silencio del desierto (y en el espectáculo, el silencio de los espectadores que esperan su comienzo). Esta intertextualidad de imágenes señala un tipo de héroe y comunidad específica —la nomádica—, desposeída, desplazada y un héroe que viene de la nada y lucha pese al apocalipsis.

La música narra y da el marco a la obra. Empieza con música ritual de un pasado no remoto, y termina con Reggae, Bob Marley y su canción "Movement of the People." A través de la música, se marca el comienzo temporal, el fin y el mensaje de la obra.

El mensaje es utópico. La canción "Movimiento de la Gente" implica un idealismo ausente en las obras postmodernas, el del triunfo de la colectividad humana: juntos los seres humanos pueden lograr ir más allá y sobrevivir el fin del mundo. En cuanto al espectáculo, el mensaje humanístico señala una búsqueda de una utopía la cual se rescata a través del pueblo. Este discurso humanista y utópico es muy común en el teatro de calle. Dentro de los cinco tipos de teatro callejero que describe Cohen-Cruz —"Agit-prop, Witness, Integration, Utopia, Tradition" (5)—, Animasur vendría a corresponder al cuarto, el de la Utopía. Por definición es el "enactment of another vision of social organization, temporarily replacing life as it is, and often performed with public participation" (5). El planteamiento utópico en la obra es importante porque se contrasta con el medio de comunicación postmoderno. Sin embargo, la necesidad de recurrir a estos medios de comunicación es esencial para comunicarse hoy en día. De ésta manera, la calle y el espectáculo vienen a ser un espacio donde se negocian los planteamientos utópicos (de un paradigma perdido) en una obra visualmente abundante de imágenes postmodernas. Existe la lucha entre el bien y el mal, la negociación de ambos localizado en el espacio de la calle y la tradición del teatro callejero.

Animasur, sin embargo, también recurre a elementos o imágenes de la tradición cultural dominante de occidente.[2] De este modo, también refuncionaliza una propuesta estética fundada en el surrealismo, con la cual "se trata de conectar, dar vida, interpretar, hacer sentir e intentar que la gente conecte con tu idea y tu personaje. Montajes con fuerte impacto visual que buscan la reacción instintiva de los espectadores" (*XIII Festival*, 90). Animasur utiliza la idea de la belleza "clásica." Sus raíces estarán en el surrealismo, en cuanto se cuestiona la realidad y se plantean realidades alternas, pero para llegar al espectador de hoy necesita irse más allá de lo bello ya que la armonía y la denuncia no forman parte de la estética actual. Los personajes de la obra recuerdan los pájaros de Miró y el surrealismo. El empleo de imágenes de multimedia sirve para atraer y mantener la atención de los espectadores.

El otro espectáculo presentado por el grupo en Cádiz fue *No sólo de máquinas vive el hombre*, en el cual se reiteran conceptos y procedimientos. Su objetivo es crear conciencia de la condición de los pueblos que han perdido su tierra: "Los nómadas, hombres y mujeres cercanos al aire y el pueblo tuareg, que representa un claro ejemplo de estos pájaros del tiempo" (*XIII Festival*, 90). El espectáculo se funda en:

> Una extraña estructura a motor, a modo de pulpo metálico y rodeada de extraños personajes, transformará el ambiente con música y pirotécnica. Una estructura animada y seis zancudos, conformarán una coreografía con los pirotécnicos, creando un ambiente casi extraterrestre." (*XIII Festival*, 87)

El mismo título señala una actitud frente la sociedad de hoy —una de máquinas—, frente a la cual el grupo responde con una obra alegre y carnavalesca. Según el grupo, la obra mantiene: "el ritmo trepidante, contagia el público, haciendo del teatro de calle una fiesta popular" (*XIII Festival*, 87). Propone suspender la realidad y plantear el baile.

Los personajes corresponden a los personajes de películas como *Star Wars* y *Star Trek* en cuanto a su vestuario, sus colores. El nivel artístico es recurrir a una especie de meta-imagen. Tal como en estas películas,

---

[2] Aunque vale señalar la enorme destreza y habilidad de los miembros del grupo para llevar a cabo ejercicios y movimientos acrobáticos en los zancos.

existe una creación de seres que no existen en el mundo "real," no son seres humanos y hasta, quizás, de otras especies. Al recurrir a imágenes de "tipos" extraterrestres, el espectador inmediatamente es transportado a estos otros mundos y planetas. La música carnavalesca ayuda al espectador a realizar un viaje fuera de la tierra y transformar su realidad. Este mundo del extraterrestre es el mundo del cine, y figuras de juegos de videos. Los códigos de productos de multimedia de hoy buscan comunicar al productor con unos espectadores habituados a estas formas de arte popular contemporáneo.

Teatro-cine: Teatro Corsario y Vampyria

Vampyria de Teatro Corsario, según el *Diario de Cádiz*, fue un "terrorífico montaje protagonizado por la mujer-vampiro que tras enamorarse, se convierte en una mantis devoradora de hombres que únicamente se puede alimentar de la sangre de su enamorado" (21 de octubre de 1998, 43). La descripción que el grupo hace de *Vampyria* resume bien su argumento. La historia representada es:

> Una noche, hace casi un siglo, en un campo de batalla, el soldado Sergei intenta librar de la muerte a una mujer hermosa. Sdenka muere, resucita y se enamora de él. Desde entonces no puede alimentarse de otra sangre que la suya y lo persigue. (*XIII FIT*, 76)

El grupo inserta también la historia dentro de la tradición: "*Vampyria* es un espectáculo sobre la mujer-vampiro, monstruo mítico como las sirenas aladas que sedujeron a Ulises; mujer-mantis, devoradora de sus amantes." (*XIII FIT*, 76). El espectáculo está dirigido hacia adultos en los cuales busca producir shock, horrorizar y causar risa. No tiene mensaje moral, político. Su intención no es más que entretener. *Vampyria* tiene como propuesta escandalizar y por lo tanto, recurre a imágenes comunes e intertextualidades de referentes conocidos. No sólo usa personajes literarios conocidos como el de la vampira, también acude a "tomas" de películas muy populares y fáciles de reconocer. Por ejemplo, existe una evidente intertextualidad entre la película de horror *Bride of Chucky* y la obra *Vampyria*. Si uno compara las "protagonistas" de las obras las similitudes son obvias: ambas son rubias, son muñecas/títeres, son novias o se visten de novias. La sexualidad perversa y oscura predomina. La sexualidad es sinónima con la violencia y la muerte-siempre sangrienta. Al final, la construcción de *Vampyria*, satisface lo que el espectador de este tipo de película busca y le es familiar. Lo interesante no es la trama de la obra, ya que es un cuento clásico de la mujer "la terrible muerta enamorada" (*XIII FIT*, 25), sino la forma en que se desarrolla el espectáculo. Es importante señalar que la obra tiene mucha popularidad y éxito entre sus espectadores y ha recibido numerosos elogios.

Es un espectáculo de títeres que plantea numerosos aspectos significativos para nuestro tiempo. De estos interesa, en este ensayo, lo que Beatriz Sarlo denomina una mirada "televisada." Esta mirada registra todas las imágenes del cine y la televisión. El grupo tiene como una de sus metas utilizar la mirada cinematográfica. Por lo tanto, a través de esta mirada o técnica se enmarca la puesta en escena.

Una de las claves está en el hecho de que cuando el espectador entra a la sala, se siente transportado a un cine, ya que se encuentra con que en el escenario hay una pantalla en blanco en que parece que se proyectará una película. Esto da la muy intencional impresión de que el espectador no está en una sala de teatro, sino en una sala de cine ya que los códigos visuales están armados para reconstruir el espacio del teatro. Aún más, la primera escena se centra en una escena de un close-up de un hermoso caballo blanco, de largas crines, casi humanizado, muy parecida a películas de romance de Hollywood.

La obra parece televisada, o como señala Klaver "*broadcast* a representation of the teleplay in the theatre space" (309-321). Esta mirada televisiva, lleva con ella la posibilidad de ver la obra dentro de un marco que es verosímil para un espectador de televisión. Implica también la mirada pasiva de un espectador de televisión. Al mostrar el marco de la televisión, el espectador es trasladado a su sala, complaciente y fascinado por la pantalla. Esta pasividad y mirada televisa, lleva a una pluralidad interpretativa por parte del espectador. En cuanto a la obra, la cultura mediática condiciona la forma de producir el objeto cultural, en el cual los medios de comunicación constituyen un sistema cultural, con sus códigos, símbolos y referentes internos.

Esta mirada televisiva o cinematográfica explica también la apropiación de imágenes clásicas de películas populares. La imagen final es muy parecida en construcción visual a la de *Alien 3*. Fuera del mensaje de siglos —la mujer devoradora— la obra no propone más que imágenes chistosas, una manipulación de títeres preciosos y la habilidad de hacer un teatro para el nuevo consumidor.

Como sistema cultural, los medios de comunicación producen "significado," y por lo tanto el espectador o participante del sistema tiene el conocimiento previo para interpretar los signos del sistema. *Vampyria* utiliza el sistema y se involucra dentro de él.

En busca de nuevas cartografías escénicas: Poeta en Nueva York *de Producciones Imperdibles*

Otra modalidad de utilización de procedimientos de multimedia puede observarse en el espectáculo presentado en el Teatro Falla sobre la base de textos de *Poeta en Nueva York* de Federico García Lorca por el grupo Producciones Imperdibles. Este grupo se auto identifica como de modalidad de teatro de multimedia: "realiza también espectáculos e intervenciones multimedia en espacios no convencionales: monumentos, edificios, recorridos..." (*XIII Festival*, 74). Desde su perspectiva:

Los espectáculos de la compañía están definidos por la investigación y creación de "nuevas cartografías escénicas." En esta búsqueda, la utilización del espacio, el impacto visual, la música, la luz, el movimiento, la inclusión de lenguajes multimedia, se combinan y se transforman creando una estética propia. (*XIII Festival*, 74)

El espectáculo es nuestro particular viaje por este libro de poemas, elaborando a través del diálogo escénico entre la imagen, la música, el texto, la interpretación y el movimiento. Con un lenguaje propio y siempre en continua experimentación. En este sentido, *Un Poeta en Nueva York* reúne los elementos que son comunes en nuestros espectáculos y vienen definiendo la línea estética de la compañía: los recursos multimedia, interacción con las imágenes, creación de máquinas y de efectos teatrales, música original. (*XIII Festival*, 72)

También explican la selección del texto de Lorca: "Nos acercamos a la figura de Lorca eligiendo la obra que nos resulta más cercana por su contenido y su estilo: *Poeta en Nueva York*" (73). El grupo dice del libro de Lorca: "No vamos a contar lo que es N.Y. para él, para eso está su palabra escrita, sino lo que su poesía ha generado en nosotros" (72).

En este proceso de exteriorizar su reacción, el grupo logra comunicar el espíritu de denuncia de Lorca aunque no sigue fielmente sus textos. Es su poesía llevada al escenario, y, por medio de las imágenes que evocan en los participantes del grupo, buscan comunicar lo que significaba Lorca y su producción artística en su momento histórico. Para ello utilizan las formas y códigos de las artes de su contexto cultural.

La *mise en scéne* consiste de 10 poemas de Federico García Lorca y sus poemas en *Poeta de Nueva York*. Estos poemas constituyen cuadros o pequeños espectáculos. Los poemas representados son "Vuelta de paseo," "1910," "Do you like me?," "Negros," "Yes, yes and you?," "Wall Street-calles y sueños," "Oración," "Luna y panorama de los insectos," "Fábula y rueda de los tres amigos," "Vaca" y "Nueva York, oficina y denuncia."

En este ensayo destacaremos sólo algunos de los procedimientos de multimedia utilizados en este espectáculo. Su rasgo definidor es la integración de proyecciones de cine, noticiarios cinematográficos, diapositivas, elementos musicales, con las proyecciones de versos de Lorca a modo de avisos luminosos vivos, el recitado de esos versos y los actores que se integran a las proyecciones. El texto original de Lorca, las interpretaciones de su poesía y su vida y la reacción de los productores de este *Un poeta en Nueva York* se integran en sus contenidos y procedimientos comunicativos. El espectáculo de Producciones Imperdibles utiliza una variedad de técnicas multimediáticas, algunas de las cuales actualizan las posiciones del propio García Lorca.

El segundo cuadro, por ejemplo, empieza con música "Ragtime" y con clips cinematográficos de los años veinte. En el fondo del escenario, hay una proyección de máquinas (una transparencia), con un dibujo (parecidos a los de Lorca) con un corazón, una Virgen, una Iglesia, un bote y una estrella. Mientras la imagen empieza en blanco y negro, a través del cuadro, se pinta con colores las figuras. En el tercero, la transición es del juego de pinturas un actor saltando solo, salto-tras salto. Desde aquí se escucha música violenta. Un hombre semi-desnudo, baila de forma ritual y "primitiva" y parece tratar de captar o representar lo afroamericano. Mientras el hombre danza, el fondo está en blanco y las palabras "sangre que viene" aparecen en la pantalla, una y otra vez, como aviso de carteles luminosos. De repente sale alguien y viste al bailarín de "tap dancer." La pantalla proyecta una selva y el hombre baila claqueta. Parece un video musical, pero la referencia cultural tiene la intención de marcar un momento histórico específico. Este momento y referente cultural es de la cultura afroamericana de los años veinte y pone de manifiesto el comentario crítico social de Lorca y su poema "Negros."

Otro nivel existe en cuanto lo visual que enmarca la "intención" artística del momento histórico de Lorca y lo traduce a la visibilidad o mirada/del espectador contemporáneo. Por lo tanto, se enmarca la dinámica de lo que fue el objeto cultural en su momento. En el espectáculo se manifiesta en varias dimensiones. Por una parte los numerosos elementos surrealistas, ya sea en las imágenes que se asocian con pinturas o técnicas surrealistas. En algunos casos estas imágenes son dibujos que evocan los dibujos del propio Lorca, en otros están vinculados con la pinturas de Dalí.

Es una impresión surrealista en cuanto a su estética. El espectáculo en sí podría ser caracterizado con los términos de Apollinaire al describir al surrealismo:

> "translated reality" into a coherent ensemble of painting, dance, mime, and plastic art —a total theatre piece. Instead of seeking to imitate reality, it suggested it by a kind of synthesis-analysis embracing all the visible elements and something more, if possible, an integral schematization which seeks to harmonize contradictions while at times deliberately renouncing the immediate aspect of the object. (*Theories of Theatre*, 343)

Un importante elemento del espectáculo es lo musical. En el caso de Lorca, se ha destacado la musicalidad y el ritmo de su poesía. Como señala Antonio F. Cao, García Lorca tenía conciencia de estas relaciones:

> Lorca, en carta a su familia fechada enero, 1930 desde Nueva York afirma: "Yo trabajo bastante. Escribo un libro de poemas de interpretaciones de Nueva York que produce enorme impresión a estos amigos por su fuerza. Yo creo que lo mío resulta pálido al lado de estas cosas que son en cierta manera sinfónicas, como el ruido y la complejidad neoyorquinas" (II, 1397-1398). (30)

Cao apunta que "Mas no se trata de música externa, a la manera verlaineana o modernista, o de rimas más o menos sonoras, sino de concebir el poema sinfónicamente: es música interna, en la que incluso Lorca da cabida a la cacofonía, al ruido" (30).

En el espectáculo de Producciones Imperdibles, el último cuadro termina en un canto al estilo rapero, cantando "Yo denuncio." El "rap" para el espectador contemporáneo tiene muchas connotaciones sociales y culturales. En principio, empezó como un símbolo de la cultura afroamericana en los Estados Unidos, representante de un status socio económico más bien bajo. Involucra formas específicas de vestir, moverse y, al nivel simbólico, comunica un mensaje de resistencia cultural abierta y agresiva. También, tiene elementos de testimonio en cuanto comunica las historias personales, muchas veces dándole voz a una minoría colectiva. En cuanto a los medios de comunicación, el rap ha recorrido el mundo entero a través de videos musicales de gran divulgación, el cine y la televisión. También, se utiliza como música de fondo en muchos avisos comerciales dirigidos a los jóvenes. Compañías como Coca-Cola, Gap y Pepsi, recurren a la música y a las estrellas del rap porque buscan crear la imagen de resistencia a lo tradicional y a los sistemas impuestos a la cultura joven.

Todo el simbolismo y experiencia de Lorca se sintetiza en el rap de "Yo denuncio," en el cual la distinción entre el negro y el blanco, el rechazo de sistemas establecidos y la musicalidad de la poesía, culminan en un mensaje de denuncia y furia frente al momento histórico.

Otro importante aspecto del espectáculo es el uso de lo cinematográfico. Se busca traducir o comunicar a los espectadores del presente, la experiencia histórica de Lorca a través de cortes cinematográficos, en los que se incluyen fragmentos cinematográficos y noticiarios de la época, los que evocan el período en que Lorca estuvo en Nueva York. Una de las escenas es de la película *King Kong,* y su famosa escena del rascacielos y los aviones que atacan. Todos comunican un espacio de agresividad, violencia y disminución del ser humano.

Se ve claramente la función del uso de un teatro multimediático: recurrir a los recursos visuales familiares a un espectador de hoy con el propósito de comunicar un mensaje crítico del pasado.

En muchas de las obras, pese a sus metas estéticas, el espectador es el consumidor. Esto conlleva la necesidad de vender el producto a través de los medios que son familiares. El mundo de multimedia ofrece lo familiar, ya que acompaña a la familia por las noches en casa (el televisor), entretiene a los hijos (los juegos de videos), plantea formas de expresión, de comportamiento y modas para los jóvenes, y para todos ofrece (el cine, el Internet, la televisión) realidades alternativas y otros mundos posibles.

La necesidad de recurrir a la imagen, y no la palabra en la cual se encuentra el teatro, no es diferente a otras épocas, los tiempos cambian, los medios de comunicación se transforman, la estética se hace eco de los nuevos intereses de los grupos productores. La inclusión de procedimientos de multimedia en el teatro es el resultado natural de la transformación de los medios de comunicación con los cuales conviven los productores y espectadores teatrales de nuestro tiempo.

Bibliografía

Cao, Antonio F. *Federico García Lorca y las vanguardias: hacia el teatro.* London: Tamesis Books, 1984.
Carson, Marvin. *Theories of Theatre: A Historical and Critical Survey, from the Greeks to the Present.* New York: Cornell UP, 1984.
Birringer, Johannes H. *Media and Performance: Along the Border.* Baltimore: Johns Hopkins UP, 1998.
—. *Theatre, Theory and Postmodernism.* Bloomington: Indiana UP, 1991.
Blau, Herbert. "The Reversed Lens." *To all Appearences: Ideology and Performance.* New York: Routledge, 1992.
Bourdieu, Pierre. *Distinction: A Social Critique of the Judgement of Taste.* Trans. Richard Nice. New York: Routledge, 1984.
Cohen-Cruz, Jan, ed. *Radical Street Performance.* New York: Routledge, 1998.
Finter, Helga. "La camara-ojo del teatro postmoderno." *Criterios* 31 (1994): 25-47.
Fiske, John. "Video Pleasures." *Reading the Popular.* Boston: Unwin Hyman, 1988.
—. *Media Matters: Everyday Culture and Political Change.* Minneapolis: University of Minnesota Press, 1994.
—. *Television and Culture.* New York: Metheun, 1987.
García Canclini, Nestor. *Consumidores y ciudadanos: Conflictos multiculturales de la globalización.* México: Grijalbo, 1995.
Klaver, Elizabeth. "Pictorial Theory in the Age of Media Culture." *NTQ* 44 (1995): 309-21.
Pavis, Patrice. *Diccionario de teatro.* Barcelona: Editorial Paidós, 1984.
—. *Dictionnaire du Théâtre.* París: Dunod, 1996.
Sarlo, Beatriz. *Escenas de la vida posmoderna: Intelectuales, arte, video-cultura en la Argentina.* Buenos Aires: Ariel, 1994.
Shobat, Ella y Robert Stam. *Unthinking Eurocentrism: Multiculturalism and the Media.* New York: Routledge, 1994.

OH! SOS

ROMEO
E JULIETA

'ANIVERSARIO
ANIMAL"

UN POETA
EN NUEVA YORK

Escena de *No sólo de máquinas vive el hombre*
(Foto Juan Villegas)

Escena de *Vampyria*

El teatro y la intertextualidad

Polly J. Hodge
Chapman University

L a tendencia en el teatro de valorar la literatura mundial se mani-fiesta en una variedad de esferas culturales. Esta tendencia se evidencia al examinar un festival internacional de teatro. Una ojeada por la programación de las obras teatrales presentadas en los últimos años en el FIT revela un fuerte componente intertextual de obras literarias mundiales como base de las propuestas dramáticas. Como ejemplos del año 1996 podemos citar: *La bella Remedios*, representación basada en el famoso personaje novelesco garcíamarquesiano, del grupo Danza Teatro de Colombia; *Carta al artista adolescente*, versión escénica de la obra de James Joyce presentada por Teatro de Arena de México; y *Crápula Mácula*, actuación teatral del cuento, "En un bosquecillo" de Riunosuke Akutagawa, ofrecida por otro grupo de Colombia, Barco Ebrio. En 1997 destacaron las obras españolas: *Barataria* del grupo Te-Atroz, cómica improvisación inspirada en el Quijote; *Miguel Will*, la escenificación de un ficticio encuentro entre Miguel de Cervantes y William Shakespeare, co-producción de la INAEM, la CNTC y FOCUS; y *Madre Caballo*, versión andaluza de la obra brechtiana, *Madre Coraje* presentada por el Centro Andaluz de Teatro.[1]

Las obras presentadas en la cartelera del FIT siguieron esta misma tendencia; unas aludían a ciertas obras literarias al incorporar citas poéticas (de Darío y otros poetas conocidos) dentro de la producción, tal como *La edad de la ciruela* de Corporación Teatral del Ecuador. Otras, por ejemplo *El pecado que no se puede nombrar* de Sportivo Teatral de Argentina, se basaban en la cosmovisión creada por las obras de un autor en particular, en este caso, *Los siete locos* y *Los lanzallamas* dos novelas

---

[1] En ese año también fue notable la participación de Proyecto Caldas de Colombia con la obra, *Amores difíciles* basada en seis textos de diferentes autores de Colombia, Argentina y España, entre ellos *Dos balcones* de Erik Leyton y *Bitter* de Valeria Bergalli.

de Robert Arlt.

En las obras que se seleccionan para la muestra de teatro del FIT se manifiesta consistentemente el interés por la tradición literaria. El propósito del presente estudio es la investigación de la intertextualidad literaria y su papel en el teatro. El intertexto puede funcionar en varios niveles en la esfera dramática: primero, se concibe como un pretexto para jugar con un discurso literario/cultural con el fin de rendir homenaje a un autor, una obra, o una cultura y su época en particular; segundo, se puede ver cómo un mecanismo metateatral para ejemplificar la capacidad escénica de cualquier texto literario; el intertexto también sirve como modo de transmisión de un comentario social o cultural desde una perspectiva histriónica. Así, el FIT se configura como un espacio literario tanto como un espacio teatral, un verdadero "festival intertextual" que estimula la colaboración cultural y dramática entre los países de Iberoamérica y la valoración de la literatura mundial.

Dos de las obras presentadas en los últimos años en la muestra del festival ponen de relieve las diferentes ramificaciones de la intertextualidad y su integración escénica. Son éstas las que figuran como la base práctica de esta investigación: *Dos personas diferentes dicen hace buen tiempo*, obra teatral basada en varios cuentos del escritor norteamericano Raymond Carver, presentada por Patrón Vázquez de Argentina y *Noús in perfecta harmonya*, ofrecida por el grupo Q Teatro de España, en la que se juega con una variedad de textos literarios, incluyendo una lectura exagerada del *Génesis* de la Biblia y una narración fragmentada del cuento de Franz Kafka, "Informe para una academia."

La intertextualidad y el teatro: consideraciones teóricas

Se considera a Julia Kristeva haber acuñado el término *intertextualidad* en los años cincuenta. Kristeva concibe la noción del texto como una práctica semiótica que presupone la existencia de otros discursos. Según ella, "se crea, así, en torno al significado poético, un espacio textual múltiple cuyos elementos son susceptibles de ser aplicados en el texto poético concreto" (67). Desde la propuesta inicial de la teoría, se ha desplegado una variedad de interpretaciones del concepto, incluyendo caracterizaciones formuladas por Roland Barthes, Harold Bloom, Jonathan Culler y otros. La idea de la intertextualidad se abre a una multiplicidad de conceptos y formulaciones, tales como la concepción del texto a la luz de un "mosaico" o un "collage" formulada por Barthes o la propuesta de la "ansiedad por la influencia" diseñada por Bloom. Estas teorías tratan de explicar la relación entre un texto y los textos que lo inspiran o lo guían, sus intertextos. La intención en general de los estudios semióticos sobre la intertextualidad es descubrir las convenciones y los códigos que hacen posible el significado y la comunicación literaria. En el caso del teatro, al considerar la intertextualidad y la puesta en escena, se tiene que preguntar: ¿Por qué seleccionó el grupo o el director tal obra o tales fragmentos para representar? ¿Cómo se manifiesta el texto en la representación escénica? ¿Es reconocible fácilmente o más bien se puede decir que está enmascarado? ¿Cuáles son las técnicas teatrales que se incorporan para llevar a cabo la puesta en escena? ¿Cómo se comunica el intertexto con la puesta en escena y cuáles son los mensajes emergentes? Para el propósito de esta investigación, encuentro particularmente pertinentes las propuestas de Owen Miller y Richard Hillman sobre la intertextualidad literaria y teatral.

Owen Miller entiende el intertexto metafóricamente como una cita mediante la cual un discurso pasado es acomodado o asimilado por un texto en el presente, en este caso, un texto teatral. En sus estudios, que giran alrededor de lo que él denomina "identidad intertextual," Miller encuentra dos identidades separadas implícitas en el intertexto: primero, un texto independiente que funciona por derecho propio y que puede ser un texto desconocido, olvidado o perdido; segundo, una versión asimilada o acomodada del texto que está imbricada de alguna manera en el texto "presente."[2] El texto presente, para el drama en este caso, se refiere a la puesta en escena y, por consiguiente, las técnicas que se emplean para incorporar los textos independientes, es decir, los intertextos. Así, la puesta en escena se puede concebir como una amalgama en la que consciente o inconscientemente se acomodan unos textos anteriores que, de alguna manera, se despliegan en el momento presente.

Según Richard Hillman en su estudio sobre la intertextualidad y el drama renacentista, los intertextos se configuran como parte de la repre-

---

[2] Miller y Owen usan el término, "focused text" para hacer referencia al texto presente en cuestión y para diferenciar entre éste y el "inter-texto." Para evitar confusiones, he seleccionado el término "texto presente" para referirme a los nuevos textos, en este caso las obras teatrales del FIT que incorporan intertextos literarios.

sentación en el momento presente. Dentro de este esquema, Hillman ve el texto presente como un eje, el centro de un tipo de universo sobre el cual giran los diferentes intertextos en órbitas que infinitamente se intersecan. Así, según Hillman, los intertextos se matizan en el presente entretejiéndose de tal manera que se combinan para formar un texto alterado, un texto nuevo. Sin embargo, Jonathan Culler recuerda la naturaleza paradójica envuelta en el concepto de intertextualidad dentro de los sistemas discursivos. Por un lado, apunta que la intertextualidad llama la atención a la importancia de los textos anteriores en la formulación de significado para los textos "presentes," descalificando la noción de un texto autónomo, de un texto "nuevo." A la vez, la intertextualidad hace considerar los textos anteriores como simples contribuciones a los varios efectos de significación. Así, según Culler, la intertextualidad se hace menos un término para referirse a la relación entre el texto y sus intertextos; se concibe más como un término para designar la relación entre el texto y su "participación en el espacio discursivo de una cultura" (103). Yo agregaría que, para poder determinar esta relación entre el texto y su papel dentro de una cultura, hay que considerar la siguiente pregunta: ¿Cómo se comunica el texto presente con los textos anteriores, los intertextos, y qué significado lleva este diálogo en la esfera cultural del momento presente?

En el caso de la intertextualidad literaria y la puesta en escena, podríamos decir que en cualquier experiencia teatral el intertexto está "enmascarado," no porque sea irreconocible, sino porque se presenta en la esfera pública bajo una rúbrica diferente y en un contexto nuevo. Puede cargar cierta energía del pasado que, al combinarse con la energía del presente, crea un diálogo único, pertinente al contexto socio-cultural de la puesta en escena en cuestión, el texto presente. Es importante tener en cuenta que nuestra propuesta gira alrededor del texto teatral en su representación viva y visual. Podríamos decir, entonces, que en el proceso de esta investigación se tratará de "desenmascarar" o "desvestir" los intertextos literarios en el escenario para ver cómo figuran en el proceso de comunicación de significado.

Dos personas diferentes dicen hace buen tiempo: *entre el texto narrativo y la manifestación teatral*

La obra de Patrón Vázquez, *Dos personas diferentes dicen hace buen tiempo* puede ser considerada, en la terminología de Miller y Owen, como un texto presente sobre el cual giran e intersectan los intertextos carverianos. Si se atiende simplemente al título, se nota la presencia insinuada de Carver y, a la vez, la intención de enmascararla. Ningún cuento de Carver lleva el título, *Dos personas diferentes dicen hace buen tiempo*, sin embargo, la cosmovisión de su obra está implícita ahí: el azar juega un papel importante en la vida cotidiana de los seres humanos; sería tan fácil que dos personas dijeran en el mismo momento, "hace buen tiempo," o que un grupo de hombres fuera al río un fin de semana para pescar y se encontrara con un cadáver flotando en el agua. Este es el nudo narrativo de un cuento de Raymond Carver, "Tanta agua tan cerca de casa" ("So Much Water So Close to Home") y el enfoque principal del primer acto de la obra.

La historia es aparentemente simple: Stuart y sus amigos van de pesca, encuentran un cadáver femenino en el río y deciden no hacer nada hasta el próximo día. Claire, su mujer, no puede entender cómo han podido hacer tal cosa: esperar hasta el día siguiente para informar a la policía. Ella no puede dejar en paz el asunto, Stuart no tiene explicaciones y pronto un ambiente siniestro invade la casa. La "realidad sucia" carveriana de los años sesenta y setenta se entreteje con alusiones a la "guerra sucia" argentina de los mismos años al repetir desesperadamente Claire: "¿Qué pasó con esa persona y por qué esperaron tanto tiempo para llamar?"

La historia se lleva a cabo durante varias escenas, temporalmente no lineales, en las que Claire y Stuart se encuentran en situaciones cotidianas, pero extremadamente intensas a partir del descubrimiento del cadáver. Las situaciones se basan en "Tanta agua tan cerca de casa" y en los relatos de la colección "De qué hablamos cuando hablamos del amor?," también de Carver. En éste se retrata una pareja en crisis envuelta en un mundo donde la comunicación se descompone, la violencia es inminente y la verdad figura como un ente desconocido e imposible de descifrar.

Lo que llama la atención desde el principio en esta obra es la técnica empleada para llevar a cabo la puesta en escena: la utilería es mínima (mesas, sillas) y los personajes son a la vez personajes y narradores. Sin embargo, no narran eventos ni acciones. En cambio, hacen comentarios rápidos sobre el estado de ánimo del otro o comentan sobre sus gestos. El espectador se convierte en lector: uno se siente como si estuviera leyendo a la vez que está mirando. Por ejemplo, al comienzo de la obra el personaje femenino comenta, "Mi marido come, pero no creo que tenga hambre... Fija la mirada en algo que está al otro lado de la cocina. Después me mira a mí, desvía la vista...." Mientras ella narra, el personaje masculino hace lo que se dice. En ese mismo segmento, después de la narración Stuart le pregunta a Claire, "¿Por qué me miras?" y ella responde, "¿Te miraba?"

En otra secuencia es el personaje masculino quien comenta, "Ella pasa a la heladera. Intenta abrirla y súbitamente busca llamar la atención." Al mismo tiempo se ve a Claire ante la heladera, golpeándola con una cuchara de madera; se vuelve y dirigiéndose hacia el público dice, "Sé que lo ha oído." Stuart no se mueve. Simplemente comenta como narrador, "Los silencios suelen ser muy significativos." Estas escenas sugieren la implementación de la técnica de distanciamiento brechtiano; de cierta manera, al narrar los personajes se alivia la tensión dramática, impidiendo que el espectador se entregue completamente a la historia. Pero, a la vez, estas "interrupciones" sirven como una parte íntegra en la evolución de la acción dramática; más allá de la interrupción, estas pequeñas pausas rápidas son "intervenciones" que enfatizan la gran conexión entre el género teatral y el género narrativo, entre el proceso de leer un cuento y mirar una puesta en escena.

En cierto modo, entonces, la esfera literaria, en este caso la obra de Carver, sirve como un pretexto para jugar con las técnicas teatrales: el teatro se sirve de la literatura y el texto literario se encuentra resucitado y homenajeado por la representación teatral. Javier Miranda, crítico teatral español, afirma en su reseña sobre la obra, "El dúo argentino El Patrón Vázquez ofreció su *Short Cuts*[3] particular al basar su espectáculo en relatos del gran Raymond Carver. Pero no hicieron una versión ortodoxa de ellos, sino que más bien usaron los textos como pretextos para desarrollar su juego teatral" (40). Sin embargo, más allá del simple juego teatral, los textos de Carver participan en un juego paradójico intertextual: la obra de Carver y la obra de Patrón Vázquez se ven en un espacio de mutuo enmascaramiento donde el teatro enmascara a unos textos literarios y la esfera literaria se manifiesta sólo en la máscara del teatro. Así se encuentran en una relación de afirmación y negación a la vez.

Kristeva confirma esta función paradójica del texto en su *Semiótica:* "...el texto poético es producido en el movimiento complejo de una

---

[3] *Short cuts* es una película dirigida por Robert Altman basada en las escrituras de Raymond Carver.

afirmación y de una negación simultáneas de otro texto" (69). Lo que se comunica como resultado de este proceso es lo importante. Al afirmar el texto de Carver, se hace un homenaje a un gran escritor norteamericano diez años después de su muerte y se manifiesta cierta concordancia con la cosmovisión plasmada en su obra narrativa: la "realidad sucia" lleva a los seres humanos, con su lado oscuro expuesto, a vivir descontrolados en un mundo caótico; al enmascarar el texto carveriano, el Patrón Vázquez ejemplifica su capacidad dramática y su destreza actoral al incorporar técnicas narrativas en su espectáculo. En el intercambio de energía entre los dos textos, la producción, llevada a cabo al fin del siglo XX por un grupo argentino, ofrece una reflexión sobre la guerra sucia de los años setenta en la Argentina: la vida cambia drástica y siniestramente cuando se descubre un cuerpo "desaparecido." Las dudas y las sospechas encuentran su lugar en un mundo oscuro donde cualquier intento de llegar a la verdad se vuelve inútil y se convierte en un ejercicio de frustración y auto-destrucción.

La segunda parte de la producción, significativamente más corta que la primera, refuerza esta concepción del mundo y revela el típico tono lúdico de Carver: los personajes se han perdido en un laberinto de juegos de palabras y se ven estancados en una discusión animada, muy cómica sobre la gramática y su implicación en lo que se están tratando de comunicar. Se meten en un sin fin de rodeos verbales para evitar tocar el nudo del asunto: Ralph quiere saber si su esposa Mariana tuvo o no un *affaire* con el amigo de la familia. Una vez que la verdad surge abruptamente, (Mariana admite su pecado) la pareja se encuentra en un vacío sin salida, en una crisis de identidad que deja a Ralph preguntándose, "¿Y ahora qué?" La verdad trastorna el orden dando lugar a la emergencia de la "realidad sucia."

El intertexto carveriano sirve como una chispa que se enciende y se apaga a la vez en el proceso de creación de *Dos personas diferentes dicen hace buen tiempo*. El resultado es una producción teatral única y viva que capta la energía del pasado, de otro texto y otra esfera cultural para enmascararlo y desenmascararlo en un escenario argentino e iberoamericano de fines del siglo XX.

Noús in perfecta harmonya: *fragmentos literarios/carnaval teatral e intertextual*

La obra de Q Teatro, *Noús in perfecta harmonya*, se incluyó en la programación de la muestra de teatro del FIT 1997. Su exposición lúdica de textos literarios, como la bíblica del *Génesis* y el cuento, "Informe para una academia" de Franz Kafka, ejemplifica uno de los propósitos básicos de la intertextualidad y su función en el teatro: la utilización de los intertextos se concibe como un mecanismo meta-teatral. En otras palabras, cualquier texto es teatro dadas las circunstancias adecuadas. Es más, los intertextos expuestos teatralmente en el escenario sirven como un vehículo para crear el diálogo con el texto presente y en este intercambio, un comentario sobre la sociedad contemporánea se pone de relieve.

Q Teatro caracteriza su obra como "work in progress... una producción intencionada de situaciones improbables" (*XII Festival,* 19). En *Noús in Perfecta Harmonya* la intención es "exorcisar la confusión y poner en marcha el pensamiento" (*XII Festival,* 19). En una de las primeras escenas, o "experimentos" como los llama el grupo, uno de los actores, a la manera de un cuentacuentos, se acerca a un micrófono que se encuentra al lado derecho del escenario. Empieza simple y sencillamente a recitar la historia de la creación según el *Génesis* en la Biblia. Poco a poco la velocidad de su narración aumenta y los gestos de sus manos se van exagerando hasta que se le ve saltando por el espacio alrededor del micrófono, gritando repetidamente ciertos versos bíblicos. El público se ríe; la lectura de un texto sagrado hecha de una manera absurda choca con las expectativas de los espectadores.[4] Esta presentación del mito de la creación, desde el principio mismo de la obra, pone en marcha una de las premisas de la producción y a la vez, una de las propuestas importantes implícitas en la concepción de la intertextualidad y el teatro: "La fuerza de lo antiguo es lo que empuja hacia lo nuevo..." (*Nous...,* 1). Un texto antiguo es vestido de una manera distinta y presentado con una cara diferente en el escenario contemporáneo: *Noús in perfecta harmonya* trata el tema de los orígenes o los nuevos comienzos con sarcasmo, ironía y

---

[4] De hecho, unos espectadores deben de haberse sentido ofendidos ya que muchos se levantaron y se marcharon del teatro durante la función.

escepticismo al ofrecer su perspectiva sobre la sociedad actual al horizonte de un nuevo milenio.

La obra, de una manera fragmentada, reflexiona sobre el estado de la civilización al borde del año 2000; es una ensalada de ideas y situaciones ilógicas o absurdas presentadas simultáneamente en el escenario. Sus comentarios tocan temas como los avances tecnológicos relacionados con la exploración espacial, ejemplificados con la figura del astronauta; así como la cultura popular televisiva, puesta en ridículo en la escena de la entrevista con un cadáver. En una de las últimas escenas se reinventa "la última cena" bíblica, un evento que en los tiempos de Cristo señalaba una transformación en la civilización y dentro del contexto de la obra también apunta hacia un momento clave en la historia: el fin del milenio (y por cierto, el fin de la representación teatral).

Las citas literarias incluidas en el programa para la obra apoyan la visión del mundo que se retrata en *Noús in perfecta harmonya*: en momentos cruciales de la historia es imprescindible volver a examinar el pasado, con un ojo crítico, para poder proyectarse hacia el futuro. Estas citas incluidas dentro del programa son otro tipo de intertextualidad: figuran como un elemento paralelo a la puesta en escena. Tanto el programa como la producción teatral hacen resaltar fragmentos y citas de textos. Las ideas giran alrededor del estado de la humanidad, la cultura popular y la producción cultural y teatral, siendo ésta la mayor preocupación de Q Teatro. En el programa se cita la *Teoría estética* de T. W. Adorno al hablar del segundo experimento de la obra: "El único espacio que les queda entre la barbarie discursiva y el disimulo poético apenas es mayor que esa indiferencia en la que se ha movido Beckett" (*XII Festival,* 65). El espacio cultural/teatral es un lugar para manifestar las ideas envueltas en los diferentes tipos de discurso y, en el proceso, examinar los mecanismos de expresión y comunicación teatrales.

En otro "experimento" tres actores diferentes leen fragmentos del cuento de Kafka "Informe para una academia." Es la historia de un simio que se convierte en ser humano y tiene la tarea de explicarle a la academia el proceso de su conversión. Sin anunciar que lo que se lee viene de un cuento kafkiano, el primer narrador comienza con el fragmento en primera persona y relata el origen y luego la captura del mono. El narrador dramatiza la experiencia del mono contando los detalles del sonido del disparo y la herida que le hizo una bala en la pierna. Sus gestos son enfáticos, el tono de su voz comunica la angustia. Después aparece una mujer, vestida formalmente con un vestido rojo, quien continúa con la historia leyendo tranquilamente sobre el encarcelamiento del mono en una jaula. El tercer hablante se encuentra dentro de una cámara con cortinas. A su lado se ve una figura sentada que lleva una máscara de esqueleto, representante de la muerte. El narrador sigue leyendo y comunicando la falta de esperanza que siente el mono en esos momentos, pues se da cuenta de que no va a poder escapar y que una transformación en su vida es inevitable. Sabe que va a experimentar una muerte metafórica.

La juxtaposición del cuento de Kafka con el mito de la creación en *Génesis* dentro del mismo texto teatral expone, de alguna manera, el debate entre la evolución y la creación: un discurso sin fin, sin resolución. El objetivo es simplemente esto: teatralizar, exponer, exhibir y "exorcizar la confusión." Los dos textos están enmascarados, vestidos de nuevo y expuestos para el examen en un contexto experimental y teatral.

La obra de Q Teatro recuerda el concepto del texto como mosaico o *collage* propuesto por Roland Barthes. El texto, según él, se compone principalmente de fragmentos lingüísticos de fuentes anónimas. Estos fragmentos se juntan en el mismo espacio dándole al lector la oportunidad de buscar patrones y de experimentar la fusión de su energía interactiva. En el caso del teatro y la intertextualidad, los fragmentos son lingüísticos y a la vez, actuados visualmente en un espacio libre. La fusión de energía entre el intertexto y el texto presente se ve precisamente en el diálogo entre el pasado y un momento presente. La obra plantea, de una manera cómica y cínica, con una pregunta: ¿hacia dónde se dirige la civilización dado su curso en los últimos dos mil años? En el caso de *Noús in perfecta harmonya*, la fusión de energía entre los textos muchas veces causa más bien la confusión: en su afán de encontrar respuestas o significado a lo largo de la obra, muchos espectadores se enfrentan con la imposibilidad de llegar a conclusiones.

En el foro de discusión sobre la obra después de su presentación en Cádiz, algunos participantes mostraron su frustración y hasta disgusto ante la propuesta escénica de Q Teatro. Criticaron lo que vieron como una falta de coherencia en la representación y encontraron debilidades en la comunicación de un mensaje concreto. El equipo teatral se defendió de tales comentarios reiterando la premisa básica tras la obra: despertar el pensamiento. Otros participantes alabaron el espectáculo precisamente por su lenguaje escénico que llevaba el nivel de comunicación más allá de una simple anécdota: la obra cuenta con un ritmo musical y gestual que se entreteje en el despliegue de los intertextos literarios.

El punto principal es que los intertextos sirven a manera de fundación para la obra y, al mismo tiempo, como el motivo para "hacer teatro," para jugar en el escenario. La literatura es drama y el teatro dramatiza la literatura en un juego intertextual y metateatral. Hasta podríamos agregar, un juego mental o cerebral; los fragmentos de textos seleccionados por Q Teatro vienen de fuentes intelectuales, filosóficas y teóricas además de literarias.

Andrés Molinari caracteriza la obra de Q Teatro como una mezcla de "movimientos más o menos coordinados con briosas parrafadas de texto" (14). Lo que hace Q Teatro es experimentar con el teatro y jugar con el discurso haciendo desplegar un carnaval intertextual que de una manera fragmentada y a veces confusa o críptica, hace resaltar su perspectiva sobre la sociedad actual.

La intertextualidad y el teatro: reflexiones finales

Como resumen de sus ideas sobre el texto, el placer y la intertextualidad, Barthes afirma que el intertexto es "la imposibilidad de vivir fuera del texto infinito —ya sea Proust, el periódico o la televisión este texto: el libro crea el significado, el significado crea la vida" (mi traducción, 36). Respecto al teatro y la intertextualidad, podríamos adaptar esta fórmula para señalar que el intertexto literario crea el significado, el significado crea la vida teatral y guía la puesta en escena. El texto infinito en nuestro caso es la esfera teatral en su capacidad de abrazar otros mundos culturales, en especial el mundo literario. Tanto en *Dos personas diferentes dicen hace buen tiempo* como *Noús in perfecta harmonya*, el intertexto literario juega un papel importante desde una perspectiva teatral, histórico y social.

La tendencia en el teatro a incorporar intertextos literarios en la propuesta escénica es una práctica reveladora: señala la cooperación entre dos esferas culturales en diferentes espacios culturales y a la vez indica una búsqueda de nuevas formas de expresión en el proceso de creación teatral.[5]

[5] Agradezco a Israel Franco, CITRU, por sus comentarios y sugerencias en la primera versión de este trabajo.

Bibliografía

Barthes, Roland. *Image, Music, Text.* Trans. Steven Heath. New York: Hill and Wang, 1977.

—. *The Pleasure of the Text.* New York: Hill & Wang, 1975.

Carver, Raymond. *Short Cuts.* New York: Vintage Books, 1993.

Culler, Jonathan. *The Pursuit of Signs.* New York: Cornell UP, 1981.

Hillman, Richard. *Intertextuality and Romance in Renaissance Drama.* London: MacMillan Academic and Prof, Ltd., 1992.

Kristeva, Julia. *Semiótica 2.* Trad. José Martín Arancibia. Madrid: Julián Benita, 1978.

Miller, Owen. "Intertextual Identity." *Identity of the Literary Text.* Ed. Mario Valdés and Owen Miller. Toronto: U of Toronto P, 1985.

Miranda, Javier. "Segundas partes son buenas." *Diario de Cádiz* 22 oct. (1998): 40.

Molinari, Andrés. "La severidad de Kafka." *Ideal de Granada* 16 feb. (1998): 14.

Noús in perfecta harmonya. Programa de mano.

Robles, M. Angeles. "Patrón Vázquez homenaje al escritor Raymond Carver." *Diario de Cádiz* 20 oct. (1998): 41.

NOÚS, IN PERFECTA HARMONYA
de Sara Molina

ELENCO
ENRIQUE TORRES
ANTONIO OSORIO
JOSÉ LÓPEZ VILLALBA
ÁGUEDA TORAL
MARÍA NAVARRO

Dirección:
MOLINA

COPRODUCE:
DELEGACIÓN DE CULTURA.
JUNTA DE ANDALUCÍA.

S XXI. 1997: la cuenta atrás ha empezado...
Fin del milenio año 2000.- "Lo nuevo es una mancha ciega, vacía como el perfecto estar ahí"... "La fuerza de lo antiguo es lo que empuja hacia lo nuevo porque necesita de ello para realizarse como antiguo": somos invitados y ustedes están invitados: Experimento I: **NOÚS. IN PERFECTA HARMONYA**: "El arte nuevo es tan abstracto como lo han llegado a ser las relaciones entre los hombres".

Mil novecientos noventa y siete: el trabajo que presentamos en el escenario lo denominamos con mayor fidelidad "work in progress". Los elementos son el humor: la melancolía, lo poético, lo abstracto, lo trascendente, lo inmediato.

Experimento II Noús:... y eso que llamamos creatividad: "producción intencionada de situaciones improbables" nos reconduce, nos conduce, nos corrige constantemente.

"El único espacio que les queda entre la barbarie discursiva y el disimulo poético apenas es mayor que esa indiferencia en la que se ha movido Beckett"... (T.W. Adorno, Teoría estética). Por medio de estas imágenes intentar exorcisar la confusión y poner en marcha el pensamiento...
Tú ya me entiendes... (¡?)

PALACIO DE CONGRESOS
23 y 24 de Octubre a las 21.00 h.
Precio: 700 ptas. • Duración: 1 h. 30 min.

Escena de LaTía Norica

Teatros de marionetas:
Sueñan los replicantes con ovejas mecánicas

Desirée Ortega Cerpa

Cuando el Todopoderoso contempló la obra de la Creación, decidió crear el hombre a su imagen y semejanza: tomó barro, modeló una figura y la dotó de movimiento. A su vez, el hombre, cuando quiso recrear la imagen del Creador, ideó a su imagen y semejanza figuras de dioses de todos los tamaños y formas, mecanismos, resortes y articulaciones y los situó en el escenario de los altares. Así, con este juego de eterno retorno, comenzó la historia del teatro de marionetas. Desde la Antigüedad, no hay metáfora más apropiada que la del títere para hablar del hombre dominado por los hilos del destino. Igualmente, en títeres y marionetas se refleja mejor que en cualquier otro arte, el viejo sueño del hombre de emular a Dios, en el intento de crear otro ser humano a través de medios no naturales. Por ello, el mito de *El Golem,* el monstruo de Frankenstein, el avance de la robótica, los replicantes de *Blade Runner* o incluso la oveja *Dolly* y otras elucubraciones clónicas, no son más que formas literarias y futuristas de títeres, autómatas, sombras, fantoches, guiñoles y marionetas.

Sin embargo, la evolución del teatro de marionetas a lo largo del tiempo, desde su función como objeto sagrado hasta convertirse en elemento artístico es poco conocida a pesar de ser parte esencial de la historia del teatro mundial.[1] Las causas están por un lado, en una equivocada percepción del público y las instituciones que, partiendo del desconocimiento e ideas preconcebidas, considera el teatro de títeres sólo como teatro infantil en su sentido peyorativo o como un espectáculo simplón de muñecos que se atizan garrotazos. Por otro lado, es culpable de esta situación una parte importante de los propios profesionales del teatro de

---

[1] Fue Charles Magnin con *Histoire des Marionettes en Europe* (1852) el primero en tratar los títeres como arte teatral, creativo y digno de la investigación histórica, empleando para ello métodos de estudio sorprendentemente modernos.

marionetas, con una cierta actitud "acomplejada" frente al resto de la profesión teatral.

A pesar de ello, títeres y marionetas ofrecen unas posibilidades estéticas, dramáticas y técnicas —imposibles en el teatro con actores— que han sufrido múltiples transformaciones a lo largo del tiempo y el espacio. En primer lugar, hay muñecos accionados con hilos (*marionetas*); otros con la mano enfundada en el vestido (*de guante* o *guiñol*); también manejados con varillas, o con varilla y la mano del titiritero (*marote*), etc. Éstas serían algunas de las técnicas occidentales más comunes, pero en otras culturas encontramos formas muy originales como los títeres acuáticos de Vietnam o complejas como el *bunraku* japonés.[2] Las dimensiones de los muñecos pueden ir desde los diez centímetros, a medidas gigantescas como los del Bread and Puppet. Los materiales han pasado desde las pieles de animales, la madera, el bambú, el cuero, la pasta de papel, hasta llegar a los metales, plásticos, objetos de desecho, pasando por materias que permiten acabados detallistas y grandes volúmenes de poco peso como látex, fibra de vidrio, resina, silicona y gomaespuma.[3]

También las nuevas técnicas han contribuido a enriquecer la gama a emplear, por ejemplo, el fosforescente. El Teatro Negro de marionetas de Praga utiliza materias de objetos cotidianos (Philipe Genty), siluetas mecánicas abstractas y los elementos más dispares. Por otro lado, los sonidos en un espectáculo de títeres pueden ser articulados o no y suelen estar al servicio de un personaje concreto, desde el recitado de un poema épico hasta textos, música y canciones interpretadas por los manipuladores o actores. En este apartado, los micrófonos y altavoces han sustituido

---

[2] Sus orígenes se remontan al siglo XVII. El escenario consiste en un corredor de escasa profundidad, provisto de una barandilla, por encima de la cual asoman los títeres, que manejan tres titiriteros a la vista del público, cada uno de ellos con categorías y funciones distintas: el maestro con traje de "samurai" mueve la cabeza y el brazo derecho; el primer ayudante, mueve el brazo izquierdo y el segundo los pies. Los ayudantes visten de negro, con lo que pasan inadvertidos. Esta técnica, simplificada, es hoy en día empleada por un gran numero de compañías occidentales.

[3] La gomaespuma se ha empleado frecuentemente en el títere para televisión, a la hora de realizar caricaturas de políticos, artistas y personajes públicos en general.

a la antigua *lengüeta* que distorsionaba la voz del titiritero, a la vez que la proyectaba y producía hilaridad entre el público. Por último, de la misma manera que en el teatro con actores, la introducción de la luz eléctrica abrió nuevos caminos y hoy en día los teatros de marionetas están dotados de su propia parrilla de focos, adaptados claro está, a las dimensiones de los muñecos. Pero la evolución de la técnica y la estética provocó en los años 50 el debate sobre lo que era y no era teatro de títeres. Los más tradicionales sintieron la amenaza de la ruptura de fronteras que provocaba la aparición de nuevos medios de comunicación, especialmente la televisión. Finalmente, la Unión Internacional de la Marioneta (U.N.I.M.A.) —institución fundada en Praga en 1928— en la reunión de Estocolmo (1972), adoptó un manifiesto por el cual aceptó como teatro de títeres, todo tipo de teatro de figuras, incluso el que sólo tiene una relación periférica con aquél. A partir de ese momento los márgenes se dilataron. Nació el afán de experimentar y el manipulador abandonó su tradicional posición oculta. Se ampliaron las posibilidades con el titiritero a la vista, actuando como antagonista del títere y como compañero de aventuras, o bien oculto pero intuido, en espectáculos que mezclan la presencia de actores con muñecos.

En el espacio hispanoamericano se pueden contabilizar más de quinientas compañías, según se desprende de los datos recogidos en el último censo realizado en 1995 por el Centro de Documentación de Títeres de Bilbao. Existe además un número considerable de salas, festivales y publicaciones especializadas en el tema. También, algunos festivales de teatro de carácter internacional incluyen en sus programaciones representaciones de este género. Un buen ejemplo es el Festival Iberoamericano de Teatro de Cádiz, donde se han mostrado espectáculos con una visión muy particular del teatro de títeres, elaborados por auténticos creadores escénicos que no se conforman con ser sólo artesanos de la construcción de muñecos, ni simples mantenedores de un arte teatral considerado como menor; por el contrario, asumen el compromiso histórico revitalizando una tradición secular, pero adaptándose a los nuevos tiempos empleando todos los recursos de la puesta en escena en favor de la seducción y la emoción. Por ello, un recorrido por los espectáculos presentados en Cádiz, es fundamental para pulsar qué está ocurriendo en el teatro de muñecos actual e imaginar cuáles son las tendencias que se seguirán en el próximo siglo. La apuesta del FIT por éste género teatral no es casual. Precisamente la ciudad de Cádiz es sede de la compañía de marionetas más antigua de España, la Tía Norica, abuela legendaria de los teatristas de la Comunidad Iberoamericana, en torno a la cual el Ayuntamiento de Cádiz celebra el Festival Internacional del Títere.

Las compañías de títeres que han participado en el FIT de Cádiz son: Papalote, Cuba (1986); la Parrala-Axioma Títeres, España (1987); Libélula, España (1988); Periférico de Objetos, Argentina (1993 y 1997); el Espejo Negro, España (1994); la Fanfarria, Colombia (1996). Junto a éstas, también tenemos que citar otras formaciones que en principio el público no las relacionaría con las marionetas pero que en sus espectáculos utilizan diferentes tipos, tamaños y formas de muñecos, objetos, elementos etc, con intenciones dramáticas y estéticas como son Saltamiedo, Colombia (1986 y 1992); X.P.T.O., Brasil (1986 y 1994); Guirigay, España (1987); Palo que sea, Colombia (1990 y 1992); Xarxa, España (1991 y 1992); La Troppa, Chile (1993 y 1995); La vie bel, España (1993). Un último grupo lo constituyen aquellas compañías que combinan la producción de espectáculos de marionetas en alternancia con puestas en escena con actores como son Matacandelas, Colombia (1993) y Teatro Corsario, España (1998). Por supuesto, no hay que olvidar a La Tía Norica que, a modo de anfitriona, ha estado presente en todas las ediciones del FIT, a veces en la programación oficial y otras con representaciones especiales para los participantes. Y como la veteranía es un grado se hablará de ella en primer lugar.

Según la *Guía Rosetty de Cádiz para 1871*,[4] en 1815 se construyó un teatro en la calle Compañía[5] para las representaciones del "antiguo nacimiento de figuras corpóreas[6] conocido por el de la Tía Norica," que funcionó sin interrupción durante 55 años, a cargo de la familia Montenegro. Las representaciones tenían lugar durante la "Feria del Frío," del 8

---

[4] *La Guía Rosetty*, publicada de 1855 a 1902, era una crónica anual detallada de todo lo acontecido en la ciudad de Cádiz. Los apartados dedicados a "Teatros" y "Diversiones públicas" constituyen fuentes documentales básicas para comprender la historia teatral local y también nacional.

[5] Céntrica calle comercial de Cádiz. El nombre hace referencia a la existencia de un colegio-convento de la Compañía de Jesús.

[6] "Figuras corpóreas" es uno de los nombres que se daba a las marionetas en el siglo XIX.

de diciembre —festividad de la Inmaculada Concepción— hasta el 2 de febrero, fiesta de la Candelaria. El repertorio se centraba en los *Autos de Navidad* —continuadores de la tradición europea medieval de representaciones religiosas de "misterios," con su mezcla de sagrado y profano, sublime y grotesco, cotidiano y universal— y el *Sainete de la Tía Norica* que recoge la aventura de la Tía Norica y su travieso sobrino-nieto Batillo con un toro. Tras un intento de lidia por parte de Batillo o de la Tía Norica, según la versión empleada, el toro embiste a la Tía Norica. Es tal la gravedad de la cogida que tras la visita del médico, Dª Norica decide llamar al escribano para redactar un estrafalario e hilarante testamento.

Tras el derribo del teatro de la calle Compañía, denominado durante un tiempo *Isabel II* (1834-1867) y más tarde *Libertad* (1868-1870), continuaron las funciones en diversos locales de la ciudad. A partir de 1897 se hizo cargo de la compañía Luis Eximeno Chaves, quien construirá una barraca desmontable con cabida para 200 personas. En su interior se encontraba el "retablo" —espacio de representación propio de La Tía Norica desde entonces— cuya estructura es la copia exacta de un escenario a la italiana con todos sus elementos, adaptado a las dimensiones de un títere. Tras la muerte de Chaves en 1918, le sucedió su yerno Manuel Martínez Couto. Éste realizó varias innovaciones, afianzando las diversas técnicas de construcción y manipulación que todavía se utilizan: títeres de hilo, con cruceta vertical en forma de "T" —cuyo centro sostiene los hilos de la cabeza y los extremos los brazos, teniendo las piernas mando independiente— manipulados desde los puentes del teatrillo: títeres de "peana" (soporte de madera) y varillas, que el manipulador maneja sentado en el "foso"; por último, títeres planos de madera, recurso fácil para escenas de multitudes, Couto además, realizó giras por diversas localidades de Cádiz y Sevilla; amplió el período de representación, introduciendo nuevos temas en el repertorio, con obras de autores y temas locales como *La Virgen de la Palma*, o parodias del teatro español como *El Tenorio de Astracán*; incluso concedió la mayoría de edad a Batillo, convirtiéndolo en protagonista exclusivo de dos espectáculos, *Batillo Cicerone* y *El sueño de Batillo*.

Después de la guerra civil española (1936-1939) continuó con las representaciones Joaquín Rivas. A partir de 1959 se produjo un período de inactividad, reapareciendo en 1974. En 1976, se publicó el libro de Carlos Aladros, *La Tía Norica de Cádiz*, gracias al cual las autoridades comenzaron a interesarse por ella. Por fin, en 1978, el Ministerio de

Cultura adquirió el legado de muñecos, decorados y manuscritos depositándolos en el Museo de Cádiz. Una vez restaurados, se exhibieron en la II Fiesta Internacional del Títere de Sevilla (1982). Los organizadores pidieron a los antiguos componentes una representación excepcional. Ésta tuvo tal éxito que el Ayuntamiento de Cádiz decidió recuperar la compañía en 1984, realizándose reproducciones exactas de los títeres originales. Pepe Bablé asume la dirección a partir de 1985 y desde entonces la Tía Norica, además de las funciones anuales en Cádiz en diciembre, ha participado con gran éxito en varios festivales de renombre, como Festival Internacional de Madrid (1991) o Festival de las Naciones de Chile (1993). En la actualidad la compañía Tía Norica ocupa una sede estable, aunque provisional, en el Baluarte de Candelaria, a la espera de la reconstrucción del Teatro Cómico de Cádiz, que se convertirá en el futuro en su residencia definitiva.

La compañía Tía Norica es una prueba palpable de la posibilidad de aunar tradición y modernidad. Su supervivencia se basa fundamentalmente en la capacidad de adaptación a cada generación, manteniendo unas constantes básicas que se van amoldando a los cambios históricos sociales y artísticos. Así, ocurre por ejemplo con el tratamiento especial que se hace de los textos: existen unos guiones básicos sobre los que se improvisa continuamente, introduciendo todo tipo de comentarios, chismes y anécdotas sobre la actualidad (las denominadas "morcillas"), resultando un tipo de espectáculo que se renueva constantemente. Por otro lado, los avances técnicos ofrecen nuevas dimensiones de los textos más antiguos del repertorio. Por ejemplo, en la IV edición del FIT (1989) se recuperaron dos cuadros correspondientes a los *Autos de Navidad*: "La gruta infernal" y "Paso de reyes." En el primero, los efectos especiales junto con el empleo de focos y música provocaban en el espectador la ilusión de una auténtica lucha San Miguel y Luzbel. El segundo cuadro había sido eliminado hacía muchísimo tiempo del repertorio por considerarse poco interesante. Pepe Bablé resolvió el problema a través de una propuesta plástica basada en la iluminación y grabaciones musicales, resultando un cuadro de gran delicadeza estética.

Estas puestas en escena que guardan especial fidelidad a la antigua tradición, se alternan con otras que recuperan sainetes como *Batillo Cicerone*, que introduce nuevas formas teatrales, mezclando el títere con la proyección cinematográfica, conservando del original sólo su línea argumental. Entre los próximos proyectos de la compañía se encuentran una nueva versión del *Sainete de la Tía Norica* y *El sueño de Batillo*. Con éste último espectáculo, en fase de montaje, La Tía Norica empieza a crear un tipo de puesta en escena más en la línea del teatro actual de marionetas, pero conservando su genuina técnica de manipulación y sus señas de identidad, que no hacen sino reflejar la particular idiosincrasia de la ciudad de Cádiz.

Papalote, "grupo de teatro para niños y jóvenes" fundado en Matanzas, Cuba, en 1962, basa su línea artística y método de trabajo en una preocupación por la expresión física del actor gestualidad y el manejo de las más diversas técnicas de manipulación de títeres. Todos sus trabajos están precedidos por un trabajo de investigación que ahonda en las diferentes culturas que conforman la nacionalidad cubana. De esta manera, recuperan tradiciones folklóricas volcadas en montajes escénicos que reflejan una preocupación por la didáctica, dirigida hacia el compromiso social. *Nokan y el maíz,* espectáculo presentado en FIT (1986), partía de una leyenda de origen congo bantú que se integró en la cultura cubana hacia el siglo XVII. Adaptada por Dania Rodríguez García, cuenta la historia de un campesino egoísta, Nokan, que no quiere compartir sus tierras y cosechas con cuatro simpáticos animales, dispuestos a ayudarle en las labores agrícolas. La propuesta escénica del director René Fernández Santana era de carácter colorista, musical y bailable. Se animaba con los muñecos diseñados por Zenén Calero, a modo de coro que representaban campesinos negros de tamaño natural, vestidos a la usanza afrocubana y manejados por bailarines, siguiendo la técnica de *bunraku*. También las marionetas que representan los diversos animales de la fábula iban atados a sus respectivos actores, mostrándose su manipulación a la vista del público. Pero además, en la puesta en escena, no sólo se exponían los valores de contenido de la leyenda sino también, valores éticos y de concepción del colectivo teatral. En este caso, el derecho de todas las especies a subsistir y compartir con el hombre los bienes de la Naturaleza.

La Parrala fue creado por el grupo afincado en Almería Axioma trece años después de su fundación, para cubrir el apartado del teatro de marionetas. Con su primer montaje *Azul, bleu, blue*, consiguen un gran éxito y se presentan en la segunda edición del Festival de Cádiz en 1987. El espectáculo había nacido en el verano del 85. Los componentes del grupo escucharon por la radio una carta escrita por una niña gitana de seis años, dirigida a su padre en prisión. El texto provocó una sucesión de imágenes. Carlos Góngora, el director del grupo, propuso que esta carta fuera el punto de partida de un espectáculo de marionetas que denunciara la marginación a la que, a veces, son sometidos niños inocentes por parte de una sociedad racista. Para la elaboración de textos, el grupo contó con la colaboración de José Heredia Maya, profesor de literatura de la Universidad de Granada, autor teatral y una de las figuras más sobresalientes del Movimiento Gitano. La estructura del espectáculo jugaba con el recurso del teatro dentro del teatro. Un actor interpretaba el papel de un viejo titiritero al que le falla la imaginación; sus historias ya no son tan bellas como antes, ni sus manos ni su mente le responden. De repente recuerda un cuento que es verdad, la historia de María una niña gitana de seis años que no puede, no se sabe por qué, jugar con todo el mundo. El viejo titiritero aparece de nuevo en la historia —esta vez bajo forma de títere— y le regala a María un amigo inseparable, una marioneta. Es día de fiesta, pero las sombras de la tragedia se ceban sobre la pequeña. El resultado fue un espectáculo conmovedor sin detrimento de la denuncia social; fresco e ingenuo sin caer en la sensiblería; pleno de efectos, como el lírico amanecer en el pueblo, el bullicio de las fiestas o los tensos momentos en que la niña gitana es humillada y golpeada; una puesta en escena que por el camino de la emoción y la ternura sacudió la conciencia de los espectadores.

Libélula, grupo español aunque fundado en París en 1975 por Lola Atance y Julio Michel, llega a las marionetas a través del estudio de la relación actor-objeto y el descubrimiento de las posibilidades dramáticas de los objetos animados. Esta línea de trabajo vino en parte inducida por el impacto que causó en los componentes del grupo los espectáculos del Bread and Puppet y de Ives Joly, lo que les ha llevado a discurrir por la senda de las técnicas clásicas y de la experimentación. Sin embargo, el espectáculo con el que participaron en el FIT en 1988, *Buscando a don Cristóbal,* era un retorno a uno de los personajes más tradicionales de la titerería española y su técnica más popular: los títeres de cachiporra. Don Cristóbal es la versión hispana del Polichinela italiano, el Guiñol francés, el Punch de Inglaterra, el Kasperl alemán y tantos otros. El grupo Libélula montó su tenderete por las calles de Cádiz para recontar a las nuevas generaciones las antiguas andanzas de don Cristóbal y su compañera la garrota en las tabernas, en las plazas de toros o en el castillo embrujado que guardaba prisionera a una bella cautiva. Pero la más memorable función fue una noche de fiesta en la Residencia de Tiempo Libre, en que los titiriteros montaron su teatrillo sin avisar en el bar y al momento todos acudieron a ayudar a don Cristóbal. Hay cosas que nunca cambian. Periférico de Objetos fue fundado en 1989 por Daniel Veronese y Emilio García Wehbi. Ambos formaban parte del grupo de titiriteros, que dirige Ariel Bufano, en el teatro San Martín de Buenos Aires. Con la creación de Periférico buscaban nuevos caminos para el títere. Al poco tiempo se convierten en uno de los grupos más sólidos en lo que respecta a nuevas tendencias en Argentina, siendo los primeros artistas en introducir los presupuestos del minimalismo en el universo de la marioneta. Basan sus trabajos en nuevas técnicas de manipulación e interpretación, ya que los propios titiriteros intervienen en juegos de actuación, aportando de esta manera, originalidad y profundidad en la narración escénica de las obras que eligen. Realizan además en sus talleres el diseño y la fabricación de las escenografías y objetos. En _Variaciones sobre Beckett_ (FIT 1993) se mostró un trabajo minucioso y cargado de sensibilidad de los actores titiriteros, siempre independientes en su relación con los muñecos asumiendo un _rol_ de observadores y acompañados por una banda sonora que ocupaba un espacio protagónico. En 1993 se presentó también _El hombre de arena_. En este espectáculo el público se enfrentaba cara a cara con los manipuladores, puesto que al entrar en la sala de representación los encontraba sentados alrededor del cajón de arena sobre el que se iba a desarrollar la acción. Una vez que los espectadores ocupaban sus asientos, la luz se concentraba sobre el cajón de arena y desde las sombras las manos enfundadas en negro de los titiriteros iniciaban un ritual animista, que tenía como elemento primario la repetición de mínimos sucesos que se desarrollaban sobre la arena. Las manos desenterraban una serie de pequeños objetos de diseño decimonónico: cuatro sillas —una de ellas de ruedas— un cofre, una soga y cuatro muñecos de caritas de porcelana. Los manipuladores los manejaban sin ningún tipo de hilo o varilla sino que trabajaban sobre ellos directamente con las manos, desarrollando un juego inquietante en torno a un asesinato, digno de cualquier historia de terror gótico.

Pero, es en _Máquina Hamlet_ de Heiner Müller —presentado en el FIT de 1997— donde el grupo encuentra el verdadero lugar para el pánico. Con traducción y dramaturgia de Dieter Welke, se enfrentaron a uno de los textos más herméticos del teatro europeo contemporáneo para poner en pie un espectáculo contradictorio y revolucionario de actores y marionetas. Esta vez no había separación entre el espacio del manipulador y el del títere, sino que ambos transmutados en actores comparten el mismo plano, resultando un ambiente inquietante propio de un universo dominado por la violencia y la opresión. Entre las escenas más impactantes están las del cajón con las muñecas *Barbie* sin cabeza, la de la tortura sobre una marioneta de tamaño natural con visos de un naturalismo espeluznante o las de la rifa de una paliza entre los espectadores en la que fue agraciado afortunadamente otro muñeco —o al menos fue lo que nos hicieron creer—. En definitiva, una puesta en escena que conducía al desosiego, al despertar de recuerdos amargos en parte del público asistente, a la desorientación y a la sensación de estar en el lugar equivocado.

El Espejo Negro, grupo creado en 1989 en Málaga por Ángel Calvente y Carmen Ledesma, con la intención de crear un estilo de teatro de marionetas destinado al público adulto, fundamentado en el cabaret, bebiendo en las fuentes del esperpento, el *gore,* la estética *underground* y un humor negro de raíz hispana. Sus creaciones constituyen un cortejo de grotescas caricaturas animadas de personajes famosos de la cultura popular, monigotes descarnados y fantoches desinhibidos de portentosos atributos sexuales. El segundo espectáculo producido por esta compañía, *Tos de pecho-Cabaret de marionetas,* fue mostrado en el Festival de Cádiz en 1994 y consistía en un *music-hall* irreverente de marionetas ardientes, donde tenían cabida el *strip-tease*, la parodia, la desvergüenza y hasta la eyaculación de muñecos de trapo. Esta noche de locura fue conducida por una exhuberante maestra de ceremonias, "Carmela Amargura," que siguiendo las reglas básicas del más puro café teatro y aprovechando la complicidad del público —que llegó a dudar de su verdadera naturaleza— iba introduciendo cada uno de los números. Parodias de cantantes como Michael Jackson o Tina Turner, que servían como excusa para exhibir la habilidad de los manipuladores, alternadas con otro tipo de escenas como la del falo charlatán persiguiendo a los óvulos. Las marionetas eran de diversa construcción: de gomaespuma, de trapo, de guante clásico, para *bunraku,* incluso algunas con el rostro de un actor y cuerpo de muñeco, etc. Al final del espectáculo, a modo de bis, repitieron uno de los números pero mostrando las técnicas de manipulación, con la intención de difundir y acercar al público este género teatral. Una muestra más de transgresión.

La Fanfarria inició su trabajo en 1972 en un pequeño garaje de la ciudad de Medellín. Veinte años después, en 1992, fue declarado patrimonio cultural de su comunidad y consiguió abrir una sala estable con cabida para 200 personas. Sus componentes se plantean una exploración minuciosa y mágica del mundo de los muñecos. Cada obra tiene su dramaturgia original con transformaciones de la dimensión del escenario, el tamaño y el material de las marionetas, lo que convierte cada creación en una sorpresa para el espectador. Un ejemplo fue el espectáculo *Un domingo*, de Jorge Luis Pérez Valencia. Fue una puesta en escena de muñecos gigantes con articulaciones, muñecos pequeños de hilo y objetos diversos, que tenía como tema el fanatismo y la pasión desmesurada por el fútbol. Del mismo autor y director fue el espectáculo presentado en 1996 *Los sueños de Dios*, viaje a través del tiempo desde el momento en que Dios crea el cosmos. El espectáculo se iniciaba en el espacio exterior de donde surgía el "rostro" de Dios: una cabeza gigantesca con un estética muy particular. Como por arte de magia aparecían los ángeles y por supuesto las luchas por el poder. Adán y Eva, el diluvio, el conocimiento, la guerra etc., hasta llegar a nuestros días en que el hombre parece perdido en el caos de la civilización. Al final toda la Creación parece ser un sueño de Dios. Y ya se sabe, los sueños sueños son.

Teatro Corsario de Valladolid comenzó su andadura en 1982. Tras una primera etapa, caracterizada por la variedad de autores elegidos para sus espectáculos, la compañía decide centrarse en el Siglo de Oro español. Poco después, el grupo da un giro a su trayectoria y afronta un camino diferente con un espectáculo de teatro de muñecos, *La maldición de Poe* (1994) de Jesús Peña. Es la historia de unos personajes que sufren un destino terrorífico, principalmente, una pareja de adolescentes que tratan de escapar de los juegos que la Muerte inventa. El espectáculo presentado en 1998 en el FIT, *Vampyria,* continúa en la misma línea, partiendo también de un relato —concebido desde el principio para ser representado por marionetas— de Jesús Peña, que afronta también la dirección. La puesta en escena fue de impresionante espectacularidad, con voluminosos decorados y marionetas, amplitud de escenario y música original. Los manipuladores emplearon la técnica *bunraku,* pero ocultándose a la vista del público con ropa y fondo negros, con la intención de crear al máximo la ilusión de unos muñecos con vida propia. En todo momento los titiriteros hicieron gala de su virtuosismo técnico, como en la escena del caballo galopando, aunque a veces el afán de ocultar su presencia provocaba algunos movimientos poco naturales de las marionetas. Por otra parte la intencionalidad del grupo de enfocar el espectáculo a público adulto, provocó una reiteración en las escenas de violencia y sexo, que a veces resultaron gratuitas y no añadían nada al desarrollo dramático. Pero a pesar de resultar un espectáculo duro, fuerte, terrorífico también estuvo cargado de poesía, amor y lirismo, recibiendo una de las grandes ovaciones del FIT-98.

Los otros grupos citados utilizan los títeres como complemento de la puesta en escena. Así Saltamiedo, de narración oral escénica, usa muñecos y objetos como apoyo al relato. Las formaciones teatrales que se dedican al teatro de calle tales como Guirigay, Palo que sea o Xarxa, despliegan por lo general una gran aparato escénico donde tiene cabida la utilización de muñecos y objetos de gran tamaño, que contribuyen al efectismo y a la espectacularidad. Por supuesto, las compañías dedicadas al teatro infantil, caso de La vie bel, utilizan constantemente las marionetas como parte importante del desarrollo de la trama.

El caso de X.P.T.O. y La Troppa merecen una atención especial por la originalidad, la imaginación vertidas en sus propuestas escénicas y el modo en que integran las marionetas en su quehacer teatral. X.P.T.O, fue fundado en Sao Paulo en 1984 por un grupo de actores heterogéneos, provenientes de distintos campos del quehacer teatral, que deciden dejar de lado la palabra y se lanzan al juego estético de luces, muñecos, plásticos y metales. Como muestra de su trabajo, los dos espectáculos presentados en el FIT en 1986, *Buster Keaton contra la infección sentimental* y *La infección sentimental contraataca*. En el primero se partía de los arquetipos creados por el cine mudo. Un enredo clásico de final feliz servía como excusa para una representación donde se mezclaban las luces, poemas, cantos, una banda sonora de pulsaciones electroacústicas y la magia del títere. La eterna disputa entre el bueno y el villano por la hermosa muchacha adquiría nuevos matices mediante la contraescenificación de actores con muñecos sin rostro que simbolizaban sentimientos humanos primarios. En el segundo espectáculo, la infección se expandía por las ciudades. Partiendo de los presupuestos dadaístas, cubistas, futuristas y surrealistas, los objetos se transformaban en personajes: muñecos, sombras chinescas, máscaras, androides, bolsas de basura y tubos de pvc entran en acción en una sinfonía del absurdo, para llegar a un apocalipsis plástico.

Por su parte La Troppa, creado en 1987 asombró con las dos propuestas presentadas en Festival de Cádiz, en primer lugar con *Pinocchio* en 1993, versión libre y modernizada del relato de Collodi cuya escenografía central consistía en una gran pinza roja de colgar ropa de proporciones gigantescas. La pinza, desarmable y que podía girar sobre su eje, poseía una gran potencialidad dramática en sí. Sobre, tras, dentro, fuera, arriba de ella, se desarrollaba la historia, recreando los espacios pertinentes donde intervenían actores, muñecos y artefactos.

El presentado en Cádiz en 1995 era una adaptación del relato de Julio Verne *Viaje al centro de la Tierra* y partía del mismo esquema estético. En este caso el motivo central era una fiel réplica de una locomotora decimonónica, que en el transcurso de la obra se transformaba en oscuros y tenebrosos túneles, laberínticas cavernas y terribles volcanes, recorridos por actores y muñecos de diversos tamaños. En ambos casos se podría decir que tanto la pinza como la locomotora tenían impronta y naturaleza de auténticas marionetas gulliverescas manipuladas por titiriteros liliputienses.

En este descriptivo recorrido se han mostrado diversos caminos y rumbos del teatro de títeres actual, que demuestra todas su maravillosas posibilidades. Este arte antiquísimo se encuentra en un momento muy particular de su historia, en el que se cuestiona su propia naturaleza y esencia, lo que lleva a los artistas por los caminos de la experimentación. Sus resultados demuestran que la marioneta es un género teatral menor sólo en sus proporciones físicas, pero grandioso y majestuoso en sus dimensiones artísticas.

Escena de *Veles e vents*

Teatro y pirotecnia

Nel Diago
Universitat de València

A lo largo de la década de los 90 el FIT de Cádiz ha incluido en su programación, por lo general a modo de inauguración o clausura, espectáculos al aire libre que han contado con la pirotecnia como uno de los elementos primordiales de su estructura. El último, por ahora, ha sido en 1998 *Oh! Sos,* del grupo Scura Splats. El primero en el tiempo: *Nit màgica* ("Noche mágica"), de Xarxa Teatre, en 1991. Entre uno y otro: *El foc del mar* ("El fuego del mar"), de Xarxa, en 1992; *Fam de foc* ("Hambre de fuego"), de Visitants, en 1993; y *Veles e vents* ("Velas y vientos"), de Xarxa, en 1996. En total cinco espectáculos, a cargo de tres compañías diferentes, en menos de una década. Todo parece indicar que nos hallamos ante una tendencia teatral específica, que ha venido desarrollándose en los últimos años y que tiene una localización geográfica muy concreta, pues no hay que olvidar que los tres colectivos proceden de un mismo lugar: Vila-Real, una mediana ciudad agraria e industrial, sita en la provincia de Castelló de la Plana, que se ha convertido en los últimos lustros, junto con Tàrrega, en uno de los puntos de referencia inevitables para todo aquello que guarda relación con el teatro callejero en España. El hecho de que todos ellos sean valencianos, que es una manera peculiar de ser mediterráneos, tiene, como todo en la vida, ¡quién lo duda!, mucho de azaroso, de casual; pero el fenómeno resultaría incomprensible si no atendiéramos también a esa condición mediterránea que acabamos de apuntar. Y no ya porque el ser mediterráneo imprima carácter, que también, sino porque esa circunstancia permitirá a estas tres formaciones basar su trabajo en tradiciones seculares que el pueblo valenciano vive muy hondamente.

Sobre la teatralidad mediterránea

Ha sido justamente un valenciano, el crítico José Monleón, fundador y director de la revista *Primer Acto* y del Instituto Internacional de Teatro del Mediterráneo, quien mejor ha sabido reflexionar sobre este concepto:

la teatralidad mediterránea. Sin olvidar las distintas realidades socio-culturales ni la singularidad de los autores, Monleón encuentra en los diversos teatros del área una serie de afinidades derivadas de los influjos recíprocos entre pueblos históricamente entrelazados y del hecho de compartir climas y paisajes similares. Afinidades que llegan a constituir sistemas de pensamiento y de comportamientos sensoriales y emotivos, no siempre percibidos de un modo racional. ¿En qué consisten tales afinidades? En primer lugar, en la concepción de la teatralidad como un elemento cultural vivido cotidianamente, pero que expresa una visión de la sociedad y del mundo. Por ello, frente a las posturas reduccionistas que intentan identificar el teatro con el texto, con la escritura (lo fijo, lo que permanece), la teatralidad mediterránea subraya el carácter efímero de toda representación y, sin renunciar a la palabra, propone formas teatrales en la que ésta deja de ser el centro y fundamento del hecho escénico. Percibida dentro de una estructura mayor que determina su circunstancia (la Fiesta, laica o religiosa), la teatralidad mediterránea busca la integración gozosa del receptor, su participación (nada más lejos del teatro entendido como una obligación cultural). De ahí la reivindicación de nociones como sensorialidad, emotividad, sentimiento, placer o, incluso, hedonismo, que muchas veces han sido opuestas a la razón, al pensamiento discursivo, cuando, en realidad, son más bien complementarias. De ahí también que, frente a lo considerado canónico en el drama (la palabra, el personaje), la teatralidad asuma otros lenguajes menos restrictivos: el cuerpo, el disfraz, el movimiento, la música, la pirotecnia..., lo espectacular, en suma. Formas y vivencias dionisíacas, lúdicas, festivas, que no implican necesariamente un rechazo de lo apolíneo, de lo racional, y que en modo alguno es lícito valorar como intrascendentes o superficiales, pues, como señala Monleón, basta recordar que la Fiesta española por antonomasia es la de los Toros. Es decir, un rito vistoso y colorido (los trajes, las banderillas, los capotes...), amenizado con música, pero con la sangre, el dolor y la muerte como hilos conductores. Lo festivo y lo sagrado unidos.[1]

---

[1] Manuel Vilanova, uno de los directores de Xarxa Teatre, ha comentado en alguna ocasión que buena parte de sus espectáculos derivaban en tragedia sin habérselo propuesto (Vilanova, 1994).

Y una última consideración: el espacio. La vida social de los pueblos mediterráneos se ha desarrollado preferentemente en lugares abiertos: el ágora, el foro, el zoco, la plaza... La vida teatral y festiva, también: desde los teatros grecolatinos o los juegos olímpicos, hasta las más modernas formas de ocio (posiblemente porque la climatología es suave e invita a ello). Cuando se la encerró entre paredes (como ocurrió con el teatro religioso medieval), terminó saltando a las calles (el Corpus). Algo de esto parece estar sucediendo con el teatro profano en este fin de milenio: la gente se muestra cada vez más remisa a entrar en una sala a la italiana, pero los espectáculos callejeros pueden reunir fácilmente miles de personas.[2]

El teatro en la calle

Cuando Xarxa Teatre, el grupo más antiguo de Vila-Real, nace en 1983 el país estaba viviendo una etapa singular. Después de la larga noche del franquismo y tras un período intermedio, conocido como la Transición, en el que no faltaron oscurantistas maniobras retrógradas, el Partido Socialista Obrero Español gobernaba en el Estado y en la Comunidad Valenciana. Se iniciaba así una nueva e ilusionante etapa, preñada de esperanzas. Los socialistas, que se habían fijado como metas democratizar y modernizar España, habían sabido conectar muy bien con las ansias renovadoras de la sociedad. Pero para ello habría que recorrer un largo camino y cambiar muchas cosas; entre otras: el teatro. Por aquel entonces el fenómeno teatral estaba casi reducido a un teatro comercial, convencional y remanente, y a los restos de un combativo teatro independiente, que había entrado definitivamente en crisis (ya no se trataba de manifestarse contra un sistema caduco, sino de construir otro mejor).[3]

---

[2] Y no sólo el teatro. Algo similar podemos observar en el ámbito de la Iglesia Católica desde que el papa Juan Pablo II comenzó a practicar su evangelismo valiéndose de desfiles en su peculiar vehículo, ése que la prensa ha bautizado como "papamóvil," o de misas y sermones en grandes explanadas ante ingentes multitudes de fieles y simples curiosos.

[3] Los grupos más acrisolados de décadas anteriores y los nuevos que surgen en estos años —Els Joglars, Els Comediants, La Cuadra, La Cubana, Dagoll Dagom, La Fura dels Baus, Teatro Fronterizo, etc.—

Para variar la situación era imprescindible una transformación radical y los socialistas la llevaron a cabo, sin pausa, y sin tregua. Descentralizaron la cultura, dieron realce a las lenguas autóctonas, que habían estado relegadas, recuperaron viejas salas, erigieron otras, fundaron unidades de producción teatral (los centros dramáticos), crearon circuitos de exhibición, establecieron premios, ayudas y subvenciones. En fin, nunca antes el Estado había invertido tanto dinero en el teatro, ni éste había recibido tanto mimo y cuidados por parte del poder. Fue un proceso, en todo caso, complejo, no exento de contradicciones y lagunas[4] y que llevó su tiempo. Es evidente que toda gran transformación, cuando no es consecuencia de un acto revolucionario, tiene que ser forzosamente lenta para ser eficaz. Pero había necesidad de demostrar la voluntad de cambio.[5] Faltaban las salas todavía,[6] es verdad, pero ahí estaban, en todas las ciudades y pueblos, las calles y las plazas, territorios polivalentes y de probada utilidad teatral.[7] Y estaba, también, el público: gente grande y gente menuda con ganas de exteriorizar la alegría del momento, con ganas de participar lúdicamente en la fiesta de la democracia recuperada.

Fue esta urgencia, más que el posible influjo de experiencias lejanas (los ejemplos norteamericanos de los 60 y 70: San Francisco Mime

---

sabrán, no obstante, aclimatarse a las circunstancias y practicar un teatro de arte de innegable calidad y con predominio (salvo el caso del Fronterizo) de la imagen sobre la palabra.

[4] Hay quien opina que el PSOE institucionalizó en demasía el teatro. Por otra parte, tampoco faltarán los sectores que reprochen a los gestores socialistas su escasa sensibilidad respecto a los dramaturgos propios: los centros teatrales oficiales harán un repertorio basado en clásicos y grandes nombres (Valle-Inclán, García Lorca, Brecht, Fo, Ionesco, etc.), pero rara vez se ocuparán de los autores nacionales vivos.

[5] "Por el cambio," anunciaban los coloristas y vistosos carteles de propaganda del PSOE en la campaña electoral de 1982.

[6] Conviene no olvidar que ya el Teatro Independiente se había caracterizado, entre otras cosas, por el uso deliberado de espacios no convencionales: aulas universitarias, colegios mayores, casinos, etc.

[7] Pensemos, para el caso valenciano, en fiestas tan cargadas de teatralidad como las de Moros y Cristianos, las Fallas o las Hogueras de San Juan.

Troupe, Bread and Puppet, etc.), lo que determinaría la aparición y el desarrollo entre nosotros del teatro callejero. La prueba más evidente está, justamente, en Xarxa Teatre. Quienes fundan el grupo en 1983 (Manuel Vilanova, Mireia Marqués, Leandre Escamilla...) son en su mayoría jóvenes licenciados en filología inglesa o hispánica; uno de ellos, Escamilla, ha estudiado además en la Escuela de Arte Dramático de Valencia. El teatro que conocen, el que aspiran a representar, es el de Shakespeare, el de Lope de Vega. Precisamente: el que nunca llegarán a hacer. Su primer montaje, *La Bruixa Marruixa,* es ya un espectáculo callejero dirigido a los niños. Como lo será el segundo, *La barba del Rei Barbut,* de 1985. Y a partir de 1987, con *El dolçainer de Tales,* seguirá en la misma línea, si bien con producciones destinadas a un público adulto.[8]

El propósito que rige estas primeras propuestas es muy claro: construir espectáculos dinámicos y divertidos, sin renunciar a ese didactismo tan caro al Teatro Independiente, pero con el acento puesto en una espectacularidad que sorprende y emociona, pero que también invita a la participación gozosa. Todo ello se realiza, claro, sin una formación específica previa, aprendiendo sobre la marcha cómo transformar los lugares ciudadanos en espacios teatrales, cómo integrar a los espectadores activamente, reservando espacios para el desenvolvimiento de los actores, qué elementos emplear para conseguir que lo espectacular no caiga en lo puramente evasivo y, por tanto, ineficaz. Ciertamente, los fundadores de Xarxa Teatre no tenían al principio un conocimiento exacto de las técnicas precisas para el teatro callejero. Pero ello no significa que partieran de la nada: por el mismo hecho de ser valencianos tenían garantizada ya de salida esa teatralidad mediterránea de la que nos hablaba José Monleón, que se manifestaba en fiestas populares[9] como las Santantonadas, las Fallas o el remozado Carnaval, recuperado para la sociedad tras los muchos años de ostracismo a los que se vio condenado por la dictadura franquista. Una teatralidad que formaba parte de la memoria histórica del

---

[8] Hacia 1990 Xarxa Teatre funda una segunda compañía, Volantins, integrada por gente muy joven, con la doble perspectiva de mantener ese necesario contacto con el público infantil y de ir formando, al tiempo, profesionales que después pasarán a integrarse en el primer elenco.

[9] Una interesante aproximación a la relación fiesta-teatro puede verse en el trabajo de Ariño Villarroya.

pueblo valenciano y que era vivida por éste de una forma cotidiana. Bastaba, pues, con acercarse a esas fiestas locales, estudiarlas, reflexionar sobre sus mecanismos, para encontrar los elementos necesarios que permitieran elaborar una estética propia perfectamente enraizada. Ya otros habían iniciado ese camino, si no en Valencia, sí en Cataluña, como Els Comediants.[10]

Esa labor de introspección, llevada a cabo de manera sistemática, ha sido relacionada en algún momento con las prácticas de Eugenio Barba y el Odin Teatret. Y algo de eso pudo haber. Al fin y al cabo el grupo danés, con Barba a la cabeza, estuvo en la provincia de Castelló de la Plana a principios de los 80, a instancias de Manuel Vilanova, uno de los cerebros del grupo de Vila-Real. Pero, aunque la experiencia de Xarxa Teatre quepa tildarla de "teatro antropológico," los presupuestos de uno y otro colectivo son bien distintos. Barba fija su mirada en lo lejano geográficamente: Bali, la India, el Amazonas; de ahí que solamos hablar en su caso de "interculturalidad." Xarxa, por el contrario, mira hacia dentro y hacia lo lejano cronológicamente, por lo que no sería descabellado usar aquí el término "intraculturalidad." Su investigación antropológica se asienta en el estudio de los mitos y leyendas propios, en los hábitos sociales y culturales de la comunidad a la que pertenece el grupo. No se trata, por tanto, de fusionar cosas dispares, sino de proponer un nuevo discurso partiendo de una tradición ancestral, revitalizada y reconducida. En ese sentido, podríamos decir que la estética de Xarxa Teatre es, en buena medida, una estética de reciclaje: se reciclan viejos elementos, caídos en desuso, pero que permanecen en la memoria histórica de la colectividad; y se reciclan elementos activos, actuales, pero con un uso diferente al acostumbrado.[11]

Todo lo apuntado es ya perceptible en los primeros espectáculos para niños del grupo, las dos versiones de *La Bruixa Marruixa* (1983 y 1985) y *La barba del Rei Barbut* (1985): fábulas y personajes que se asientan en tradiciones infantiles y medievales; sonoridad basada en músicas e instru-

---

[10] Su espectáculo *Dimonis,* estrenado en Venecia en 1981, es un referente inexcusable, por ejemplo, para el tema que nos ocupa: teatro y pirotecnia.

[11] El ejemplo más claro de esto último lo tenemos en la falla de *El foc del mar,* como ya señalé en otro lugar (Diago).

mentos (el "tabalet" y la "dolçaina," o sea: el timbal y la dulzaina) típicos de la zona; concurso de elementos visuales habituales en las fiestas locales, sacras o profanas, como gigantes, cabezudos, máscaras, zancos, etc.; explotación de calles y plazas como espacios escénicos, que alternarán con escenarios fijos al aire libre; pasacalles ("cercaviles") animados con juegos de acrobacia, malabarismo y fuegos de artificio; uso de artilugios móviles (el "bou embolat," toro embolado); preocupación por el ritmo, siempre ascendente, del espectáculo y final apoteósico con empleo de abundante pirotecnia (tracas y cohetes que suman lo olfativo a lo visual y auditivo).

Pero es quizá en el primer espectáculo para adultos firmado por Vicent Martí Xar (anagrama formado por el segundo nombre de Manuel Vicent Vilanova, el segundo apellido de Leandre Escamilla Martí, y la primera parte del nombre del grupo), *El dolçainer de Tales,* donde mejor se explicita el modelo teatral que pretendía impulsar Xarxa Teatre. Aquí, el esmerado estudio etnográfico realizado previamente y que atendía aspectos tan diversos como la música, el vestuario o los bailes, devino en un espectáculo que simulaba ser reproducción de la fiesta mayor de cualquier pueblo valenciano, sin serlo propiamente de ninguno. Desde la llamada del pregonero a la lucha del ángel y el diablo, pasando por el discurso del alcalde, el sermón del señor cura, la danza de los caballitos, la procesión de gigantes y cabezudos, las hogueras y los toros de fuego... todo en *El dolçainer de Tales* resultaba arquetípico y, por ende, reconocible. Aunque, en realidad, esa fiesta teatralizada no pudiera adscribirse a ninguna población en concreto, ni siquiera a Tales, que le dio su nombre. Entre otras cosas, porque no había en ese trabajo una voluntad museística o arqueológica, sino, más bien, un intento de actualización de viejas formas festivas populares. Es decir, insisto en ello, un reciclaje.

Prueba de que Xarxa Teatre estaba en el buen camino es que a partir de allí el grupo comenzó a superar las fronteras territoriales y a participar en festivales y grandes eventos. Aunque sería la *Nit màgica,* su primer espectáculo enteramente pirotécnico, el que le lanzaría definitivamente a la escena internacional.

El lenguaje del fuego

Dicen que Marco Polo trajo de su viaje a la China un plato desconocido por entonces en Europa: los espaguetis. Una comida que hoy constituye, de todos es sabido, una señal de identidad inequívoca del pueblo italiano. Pero también trajo, entre otras cosas, la pólvora, un elemento que en su versión incruenta encontraría acomodo privilegiado en tierras valencianas. Tal es la afición de los habitantes de la Comunidad Valenciana al uso festivo de la pólvora que hasta parece mentira que no la hayan inventado ellos. Desde muy niños los valencianos se acostumbran a su olor, a su color (cuando lo hay), a su humo, a su intensidad, a sus variados sonidos (donde los incultos o inexpertos no perciben más que ruidos, ellos saben distinguir y valorar calidades). Y es que una fiesta valenciana no es tal si la pólvora no está presente, desde las Fallas a los Moros y Cristianos, pasando por las Hogueras de San Juan o las más modestas y caseras BBC (Bodas, Bautizos y Comuniones).

Todo ello explica y justifica sobradamente el acercamiento de Xarxa Teatre a la pirotecnia. Practicando ese tipo de teatro callejero etnográfico, intracultural, tarde o temprano tenían que encontrarse con la pólvora. Y el encuentro se hubiera dado aún sin el influjo inmediato de Els Comediants y su *Dimonis,* que, sin duda, tuvo mucho que ver. Pero basta con rastrear la propia historia teatral valenciana para descubrir que el uso espectacular de la pólvora viene de antiguo. Joan Timoneda, por ejemplo, un autor del siglo XVI, debió utilizarla probablemente para producir efectos sonoros en algunas de sus comedias, como en la *Aurelia,* donde, ante un hecho mágico, uno de los personajes exclama con asombro: "O cuerpo de san Tiaste,/ qué tronido,/ sus que ya el mundo es hundido." Una tremenda explosión, pues, que Timoneda volverá a emplear en su *Amphitrión* cuando se produce el parto de Alcumena, tal y como se indica en la acotación: "Aquí haze Amphitrión como que quiere entrar en su casa, y disparan dentro truenos y música."

En cualquier caso, y aunque este escritor valenciano no utilizara propiamente la pólvora para obtener esos efectos sonoros, sino algún otro tipo de instrumento, lo innegable es que la pirotecnia fue algo bastante usual en la época, tanto en el antiguo Reino de Valencia como en toda la península ibérica, como puede apreciarse en los documentados estudios de Teresa Ferrer sobre los fastos medievales y renacentistas.[12] Quizá no

---

[12] Los fastos eran magnos espectáculos nobiliarios que solían organizarse por los motivos más dispares: entrada en una ciudad de un monarca o príncipe, conmemoración de una victoria militar, celebración de bodas

haya mejor ejemplo de esa teatralidad mediterránea a la que antes aludíamos que el fasto, ni mejor antecedente que explique la estética de Xarxa Teatre en el presente. Aunque el referente más inmediato para *Nit màgica* sea, más allá de Els Comediants y su *Dimonis,* una fiesta popular en la que se juega con fuego y con demonios, como la dedicada a San Antonio Abad, la Santantonada, en muchos pueblos de la provincia de Castelló de la Plana.

Sea como sea, *Nit màgica,* como nos narran los cronistas de Xarxa (Mas) nació un poco por casualidad. Los miembros del grupo habían descubierto en el taller pirotécnico de los hermanos Martí, de Borriana, con los que trabajaban habitualmente, una serie de viejos artilugios que el gusto moderno había arrinconado, sustituyéndolos por carcasas y cohetes. De ahí surgió la idea de montar un espectáculo basado fundamentalmente en los fuegos de artificio. Xarxa recuperará antiguas estructuras móviles: ruedas, conos, cestos, abanicos, cuadros y, sobre todo, toros de fuego; a los que unirá después espigas, molinillos, tracas y bengalas. Con todo ello dará pie a una noche mágica, dionisíaca, sensual, orgiástica. Noche que será vivida intensamente por unos espectadores sorprendidos, aturdidos, frenéticos, cautivados y, más que nada, felices ante tanta locura y aparente desenfreno. Y es que este juego de pólvora, como el Carnaval, tiene mucho de transgresión, de experiencia liberadora, de caos que anula la razón diurna: el público se asusta de los toros de fuego, corre, grita, tropiezan unos con otros, llueven chispas sobre sus cabezas, no hay donde esconderse porque los demonios aparecen por cualquier sitio o estalla una traca en el balcón más inesperado; pero eso no amilana a los espectadores más osados que, como en cualquier fiesta popular de toros, le plantan cara a estas carretillas con cuernos, cargadas de bengalas, y se sumergen en el diluvio ígneo sin otra protección que un trozo de cartón o a pecho descubierto.[13]

---

reales, etc. Duraban a veces varios días y podían incluir: naumaquias, asaltos a castillos, torneos, banquetes, comedias, mascaradas, procesiones, carros alegóricos, fuegos de artificio, etc.

[13] Nadie está libre en su bautizo de fuego de sufrir alguna quemadura. Los espectadores reincidentes lo saben. Pero, por si acaso, los grupos suelen advertir la conveniencia de ir preparados. Así, por ejemplo, Scura

De todas formas conviene matizar: el caos no existe. El espectáculo está perfectamente ordenado siguiendo un modelo ya establecido en anteriores montajes, como muy bien han señalado Mas, Piquer y Vellón (Mas, 85): primero se llama poderosamente la atención a un público situado en un espacio abierto, después se le intenta retener al tiempo que se inicia un pasacalles lleno de momentos de atracción, para, finalmente, llegar al punto de cierre donde se consuma la fiesta con una apoteosis de música y pirotecnia. Por supuesto, previamente el grupo ha estudiado con detenimiento el espacio donde ha de actuar y ha distribuido los artilugios y las tracas a lo largo de calles, balcones y plazas. No toda la ciudad vale como escenario, es preciso acotar el terreno y fijar un itinerario que permita el desarrollo del espectáculo, cuidando muchísimo todo lo que afecta a las cuestiones de seguridad, tanto para el público como para los intérpretes. Por ello la preparación de la *Nit màgica* requerirá mucho más tiempo y más atención que la propia actuación que, por otra parte, es llevada a cabo por un tipo de actor especialista: un actor que debe saber medir los tiempos, la reacción del público y los efectos de la pirotecnia. Todo esto, como es lógico, resulta absolutamente fundamental cuando se tiene que trabajar ante grandes masas humanas, a veces comparables a las que suelen congregar los deportes más populares: cuarenta mil personas en Nimes, en 1991; cincuenta mil en Lisboa, en 1992; ochenta mil en Vilna, en 1993....

¿Por qué Vila-Real?

Con *Nit màgica* el grupo se consolida profesionalmente y comienza una nueva etapa de marcado carácter internacional. Su triunfo en el Festival des Arts de la Rue de Morlaix, en 1989, será determinante para su proyección europea; como también lo será su actuación en el Festival Iberoamericano de Teatro de Cádiz, en 1991, o en el Festival de las Naciones en Santiago de Chile, en 1993, para la americana. Nada tiene de extrañar, pues, que los otros espectáculos con fuerte base pirotécnica, que también pasarían por el FIT gaditano, *El foc del mar* y *Veles e vents,* fueran, el primero, una coproducción con el FAR de Morlaix, y el segun-

---

Splats recomendará en su programa de mano a los posibles espectadores de *Oh! Sos* "el uso de ropa vaquera y gorra."

do, un encargo de la ciudad de Calais con el que se pretendía festejar lúdicamente la histórica inauguración del túnel bajo el Canal de la Mancha.[14] Ahora bien, ese salto hacia la internacionalización ni fue fácil ni estuvo exento de contradicciones. A partir de 1988, cuando crea el primer Festival de Teatre de Carrer de Vila-Real, que dirige hasta 1994, Xarxa entra en una crisis de crecimiento. Por un lado se ve tentado a realizar en 1989 un espectáculo de sala de cariz vanguardista, *El lisístrata*, dirigido por Edison Valls,[15] que fracasará notoriamente pese a sus excelencias. Fracaso que en buena medida se debió a la indiferencia, e incluso al rechazo por razones de falso recato, de ciertos sectores sociales: políticos, prensa, programadores, etc. Pero también influyó en ese magro resultado la inexperiencia del grupo para moverse por los circuitos teatrales convencionales, sobre todo teniendo en cuenta que para el mundo de las artes escénicas la marca Xarxa Teatre estaba ya irremediablemente asociada a un modelo de teatro callejero. Por otra parte, ese mismo año, Xarxa sufrirá una escisión; algunos de sus integrantes abandonan la compañía y fundan una nueva formación, Visitants, también dedicada al teatro de calle. El divorcio, claro, fue doloroso. Como también lo sería el acontecido en 1997, cuando Joan Raga, que había estado en Xarxa y había sido fundador de Visitants, abandona este último colectivo para crear Scura Splats, el más reciente grupo de calle que ha pasado por el FIT.

En todo caso, más allá de las posibles rencillas o incompatibilidades personales, lo cierto es que estas tres compañías, a las que habría que añadir la segunda del grupo Xarxa, Volantins, que comienza a funcionar en 1991,[16] convertirán a la ciudad de Vila-Real en un punto de referencia

---

[14] La gran fiesta programada, sin embargo, no pudo llevarse a buen término. El infortunio, en forma de una increíble tromba de agua, se cebó sobre los celebrantes minutos antes de comenzar la actuación.

[15] Edison Valls es miembro de Ananda Dansa, compañía de danza-teatro que es, junto a Xarxa Teatre, la de mayor proyección internacional entre las valencianas. Entre otras cosas, claro está, porque ambas se manejan con lenguajes no verbales. Aunque, por demás está decirlo, el fenómeno no se hubiera dado de no contar con una indiscutible calidad estética.

[16] No sería descabellado sumar también el Teatro de la Resistencia, grupo formado en 1993 por actores exiliados de Bosnia-Hercegovina y actores de Xarxa, que en los últimos años también está produciendo espectáculos

inevitable en todo aquello que afecta al teatro callejero en general, y al pirotécnico en particular. Es evidente que si tal concentración se ha dado, ello se ha debido a que existe una demanda que lo permite y a que Xarxa ha sabido previamente modelar un estilo de actuación y generar un mercado. Ello no significa exactamente que las agrupaciones derivadas de Xarxa imiten a ésta literalmente, pero, aunque cada una procure definir su personalidad, los rasgos comunes son tan innegables como los que pueda haber entre padres, hijos o hermanos. Y ese parentesco se nota más cuando se trata de jugar con fuego. El espectáculo de mayor éxito de Visitants, *Fam de foc*, es un correfuegos muy similar en su concepción a *Nit màgica,* salvo en el aspecto musical, que se asienta en ritmos más actuales, como el rock.[17] Mayores diferencias cabe apreciar en el montaje de Scura Splatsoh, *Oh! Sos*, que, al basarse en las danzas de la muerte del siglo XIV, permite sacar a escena, no ya a los típicos demonios, sino a figuras emblemáticas de esa mitología medieval —la Muerte, el Rey, el Papa, el Militar, etc.—, y proponer un inequívoco *carpe diem*.

Pero, paradójicamente, quien más se alejará del modelo inaugurado con *Nit màgica* será el propio Xarxa. Así, en *El foc del mar* (1990) el grupo abandona la técnica del correfuegos: aquí el público ya no es acosado por los demoníacos actores, sino que se integra en una procesión, musical y explosiva, conducida por extrañas figuras de apariencia surrealista que van recogiendo los *ninots* (los muñecos básicos de las fallas) esparcidos previamente en lugares estratégicos. La procesión concluye en una plaza en la que está plantada la falla, a la que, como es natural, se le prenderá fuego. Eso sí, tanto la falla, como los *ninots*, o los trajes de los actores y los músicos, no responden a los cánones tradicionales de la fiesta mayor de Valencia, basados en un realismo con voluntad satírica, sino que están directamente inspirados en la plástica vanguardista de nuestro siglo: Miró, Picasso, Dalí... No se trata, por tanto, de reproducir un falla tal como es, exhibiéndola de manera extemporánea, sino de recrearla escénicamente, de transformar una fiesta popular, con una enorme carga teatral, en un espectáculo tremendamente festivo.

---

de calle.

[17] El espectáculo de Visitants, creado en 1989, ha sido totalmente reformado en 1997, pero no he tenido ocasión de contemplar la nueva versión.

Mayor distancia con respecto a *Nit màgica* hay en *Veles e Vents* (no así a otros montajes del grupo, como *Ibers*). Este espectáculo, inspirado en unos versos del gran poeta valenciano medieval, Ausias March, es de una gran complejidad formal. Aquí ya no hay pasacalles propiamente, sino una importante escenografía corpórea (el barco, primero de velas, luego transformado en moderna nave), delante de la cual se reserva un espacio para los actores, al tiempo que se hace uso de las fachadas de los edificios colindantes para ejecutar proyecciones con cañones lumínicos. Ni tampoco hay un uso puramente festivo de la pólvora, como en *Nit màgica* o en *El foc del mar,* sino con una significación metafórica. Al fin y al cabo, lo que pretenden los autores de *Veles e Vents* es advertirnos de los peligros que un cierto modelo de desarrollo depredador comporta para uno de los mayores bienes de todos lo pueblos mediterráneos: su mar, el Mare Nostrum, cuna de civilizaciones, crisol de culturas, amenazado hoy por la degradación impuesta por la acción del hombre. Dentro de este planteamiento ecologista, el fuego puede ser motivo de celebración o símbolo de la destrucción, según el momento. En todo caso, con *Veles e Vents* nos alejamos de la línea de teatralización de las fiestas populares que veíamos en los otros espectáculos reseñados.

A modo de colofón

Antonio Ariño en su estudio comparaba y relacionaba el teatro y la fiesta. Este investigador veía en ambas manifestaciones una forma de transgresión, un uso del lenguaje y de los símbolos cotidianos que genera tensiones referentes a la normatividad, al objeto (transitividad y reflexividad) y a la conciencia (juego entre la realidad y la ficción). Fiesta y teatro vendrían a ser un metacomentario de la vida social. Pero lo que diferenciaría a una y otro sería la impronta celebratoria de la fiesta, que va más allá de la representación, de la transgresión o del metacomentario:

Quien se acerca a la fiesta, tiene tres opciones: salir despavorido, comportarse como un aguafiestas o dejarse apresar por su delirio. No hay lugar intermedio para la indiferencia.

Esa fuerza volcánica, posiblemente, es lo que añora el teatro moderno: la fusión entre representación y celebración, la recuperación de la indistinción originaria de los géneros y las prácticas sociales. Pero, tras la experiencia de la modernidad sólo es posible recuperar una inocencia trágica, una inocencia que sabe quemada las naves y conoce la imposibilidad del retorno. El vértigo de la aventura la posee, pero su periplo nunca se cerrará con el regreso placentero a un paraíso. (Ariño, 45)

Quizá Ariño esté en lo cierto y ya no se pueda volver a esa inocencia idílica. Algo de esto venía a decirnos Xarxa con *Veles e Vents:* el Mediterráneo de Ulises e Ítaca, de Eolo y Poseidón, si alguna vez existió, ha desaparecido y ahora lleva camino de convertirse en una gran cloaca de residuos humanos e industriales; pero en nuestras manos está evitar su total destrucción, aunque eso no nos devuelva nunca el paraíso perdido. En todo caso, esa supuesta añoranza del teatro moderno, ese deseo de fusionar representación y celebración, ese deseo de rescatar la fuerza volcánica de la fiesta ante la que uno no puede permanecer indiferente, es lo que ha motivado el nacimiento de espectáculos como *Nit màgica, Fam de foc, Oh! SOS* o *El foc del mar.* Tampoco aquí el espectador puede permanecer indiferente ante el delirio de formas y colores, de músicas y sonidos trepidantes. Esa aproximación al mundo de la fiesta, esa apropiación de sus mecanismos, esa relectura de sus códigos, es lo que constituye uno de los rasgos más destacados de lo que podríamos denominar, ¿por qué no?, Escuela de Vila-Real. No digo que ésta sea la única vía para devolver al teatro su iniciático sentido sagrado, ni siquiera que sea la mejor, pero, quizá, sí es la que más se acomoda a esa teatralidad mediterránea que definíamos al principio. En cualquier caso, lo único que no se les puede reprochar a *Nit màgica, Fam de foc, El foc del mar, Oh! SOS* y *Veles e Vents,* es que carezcan de fuerza volcánica.

Bibliografía

Ariño Villarroya, Antonio. "Fiesta y teatro. Los límites de la contaminación metafórica." *Les arrels del teatre valencià actual.* Ed. J. L. Sirera y Manuel V. Vilanova. Vila-Real: Ajuntament de Vila-Real, 1993. 21-46.

Diago, Nel. "Xarxa Teatre: el fuego como lenguaje." *Conjunto* 101 (1995): 39-44.

Ferrer Valls, Teresa. *La práctica escénica cortesana: de la época del Emperador a la de Felipe III.* Londres: Tamesis Books, 1991.

—. *Nobleza y espectáculo teatral (1535-1622).* Valencia: Universidad, 1993.

Mas Usó, Pasqual, Adolf Piquer Vidal y Xavier Vellón Lahoz. *Xarxa Teatre. Tradició, festa i teatralitat.* Castelló: Diputació, 1997.

Monleón, José. "Sobre la teatralidad mediterránea." *Les arrels del teatre valencià actual.* Ed. J. L. Sirera y Manuel V. Vilanova. Vila-Real: Ajuntament de Vila-Real, 1993. 9-20.

Ortega, Desirée. *FIT de Cádiz. Crónica de un hecho insólito.* Cádiz: FIT, 1995.

Ramia i Arasa, Diego y Vicent P. Serra y Fortuño. *El dolçainer de Tales.* Castelló: Diputació, 1987.

Vilanova, Manuel V. "Tragedia y Festa." Comunicación presentada en el seminario "Pervivència de la teatralitat medieval." Elche: Festival de Teatro y Música Medieval, 1994 (en prensa).

Escena de *Deadly*

Una estrategia de interpretación del guión corporal de montajes teatrales[1]

Nancy Lee Chalfa Ruyter

University of California, Irvine

En los últimos tres años, una de las características de muchas de las obras que han sido presentadas en el Festival Iberoamericano de Teatro en Cádiz ha sido el poner en primer plano la expresión corporal. En estas obras, las acciones corporales son tan importantes como el texto verbal y los dos son inseparables. La corporalidad es tan intensa que contrasta con la práctica tradicional de muchos de los montajes teatrales que siguen una tradición occidental, en la cual los gestos, el juego escénico y el movimiento corporal sirven para interpretar el texto verbal y para reforzarlo, pero no se desempeñan en un plano de igualdad con las palabras. Claro que a fines del siglo veinte, el énfasis en la corporalidad no es exclusivo del teatro iberoamericano. El uso del movimiento ha sido un elemento esencial en muchos géneros teatrales de culturas no occidentales y de remotas culturas europeas.

En la historia europea moderna, el interés en el entrenamiento intensivo corporal del actor comenzó con el trabajo del teórico y profesor francés François Delsarte (1811-1871) en el siglo diecinueve. A fines de este mismo siglo, gracias al trabajo de uno de los estudiantes de Delsarte, el norteamericano Steele Mackaye y sus discípulos, su trabajo fue desarrollado más extensamente con una inclinación a la expresión corporal. En nuestra época, Konstantin Stanislavsky, Vsevolod Meyerhold, Jerzy Grotowski y Eugenio Barba, entre otros, han seguido desarrollando el entrenamiento y la expresión corporal del actor como un elemento fundamental del montaje teatral. En las obras españolas y latinoamericanas presentadas en el FIT, es posible observar esta tendencia y reconocer que, en ciertos casos y hasta cierto punto, esto se debe a la influencia de los investigadores ya mencionados quienes estimularon esta inclinación internacionalmente. Además, los directores y los actores han ido incorpo-

---

[1] Traducido del inglés por Lydia Estela Martínez.

rando materiales que se relacionan o que han sido extraídos de disciplinas fuera del límite de un contexto teatral que se funda en el texto verbal. Estos han incluido, por ejemplo, una formación multicultural de danza y música, prácticas de danza postcontemporánea tales como el uso de movimientos de la vida cotidiana, y técnicas de circo.

Para poder investigar y comprender en qué forma se desempeña el movimiento corporal en el montaje teatral, no creo que sea suficiente el tomar en cuenta solamente lo que hacen los actores, la estructura y la coreografía de las acciones corporales que se pueden describir en forma narrativa. También es necesario, por supuesto, poder observar y discutir *cómo* el actor proyecta lo que hace, con esto me refiero, a las cualidades de su movimiento. La cuestión es qué medio de interpretación y lenguaje el crítico, historiador, o teórico pueden utilizar efectivamente para poder analizar el guión corporal tan rigurosa y profundamente como se ha hecho con el texto verbal. En este ensayo, examinaré cómo el método de análisis "Esfuerzo/Forma" (*Effort/Shape*) puede servir como instrumento efectivo para ayudar a comprender y apreciar los movimientos del actor en el escenario.

El sistema de Esfuerzo/Forma se desarrolló a partir del trabajo del coreógrafo, profesor de danza, y uno de los más sobresalientes teóricos de movimiento y de danza del siglo veinte, Rudolf Laban (1879-1958). Laban fue un líder en la enseñanaza de danza y representaciones de danza moderna en Europa, particularmente en Alemania, hasta que la situación crítica del movimiento fascista lo forzó a salir. Continuó su trabajo con sus colegas en Inglaterra y su influencia se extendió hasta los Estados Unidos y más allá de este país (Maletic 1987:1-48). Además de su trabajo teórico y su práctica con la ciencia del movimiento, Laban creó un sistema de descripción relacionado con la estructura y detalle específico del movimiento, conocido como *Notación de Laban*. Este fue introducido en 1927, continúa en desarrollo y es utilizado internacionalmente como forma de notación y reconstrucción de coreografías de danza. (Maletic 1987: 113-138) Warren Lamb, uno de los asociados con Laban en Inglaterra en los años cincuenta, desarrolló el método de análisis Esfuerzo/Forma (el cual tiene su propio sistema de notación) con una fundación basada en las teorías de movimiento de Laban (Dell, 6-7; Maletic 1998: 98, 103). Este es un componente del campo general que se llama *análisis de Laban*. Mientras que *Notación de Laban* se enfoca en los movimientos que serán ejecutados, su orden, su valor temporal, y su sitio en el espacio,

Esfuerzo/Forma se enfoca en la calidad y el estilo del movimiento, y particularmente, en los cambios cualitativos. La *notación Laban* sirve para describir pasos de danza en su tiempo musical, mientras que Esfuerzo/Forma es un instrumento analítico tanto para movimientos, con o sin valor temporal.

Exploraremos, en primer término, los elementos particulares del sistema Esfuerzo/Forma, enseguida veremos hasta qué punto pueden ser útiles para el análisis del movimiento en las prácticas teatrales. Los componentes que constituyen Esfuerzo/Forma son los siguientes. En el concepto del Esfuerzo existen cuatro factores de movimiento: flujo, peso, tiempo y espacio. En el concepto de Forma se incluyen tres aspectos: el flujo de las formas de movimiento (hacia el interior o hacia afuera), la trayectoria de la dirección del movimiento y el diseño del movimiento.

El esfuerzo (Dell, 11-14):

1) El flujo se refiere al grado de tensión del cuerpo o de alguna parte del cuerpo. Si el flujo es "conducido," la energía es restringida o contenida; flujo libre, se refiere a lo opuesto, cuando el cuerpo o alguna parte del cuerpo se mueve con facilidad, sin obstáculo de tensión muscular. Es importante notar que la oposición no es determinada por la tensión o el relajamiento, sino por la calidad y el grado de tensión muscular.
2) Los extremos relacionados con el peso son la ligereza y la firmeza. Estos implican el uso del peso y no la condición del cuerpo. En otras palabras, no se trata de que la persona que desempeña el movimiento sea de poco o mucho peso, si no de que utilice su cuerpo o partes de su cuerpo con plena conciencia del grado de peso que es propio del mismo movimiento.
3) El factor del tiempo se extiende de lo sostenido a lo súbito, el primero implica un movimiento lento y alargado, mientras que el segundo es un movimiento rápido y percusivo.
4) Como factor de esfuerzo, el enfoque espacial abarca de lo directo a lo indirecto, o flexible. El enfoque directo puede ser y es a menudo realizado por medio de una mirada fija e intensa en alguna cosa. Lo flexible o indirecto, se relaciona con una mirada que cambia constantemente, esto va más allá de tan solo saber a donde la persona pueda dirigir la mirada. El cuerpo entero o cualquier otra parte del cuerpo puede enfocarse directa o indirectamente.

La forma (Dell, 43-58)

1) El flujo de la forma de movimiento pertenece a la relación de las partes del cuerpo con su centro. Es decir, movimientos que se dirigen hacia adentro o que se alejan del centro del cuerpo. En estos términos, por una parte, el movimiento puede ser encogido o dirigido hacia adentro. Por otra, éste puede expandirse o abrirse.

2) La dirección se refiere a la trayectoria que el cuerpo o alguna parte del cuerpo toma en el espacio. Esta puede ser en línea recta, en forma de arco o alguna combinación de las dos. Esta también puede moverse en uno o más planos: horizontal, vertical o sagital.

3) El movimiento de forma (*shaping*) o diseño escultural se refiere al diseño tridimensional en el espacio, a su forma escultural. Es verdad que el cuerpo en sí es tridimensional, pero con él, uno puede crear un número infinito de formas más allá de las ya acostumbradas y rutinarias.

Obviamente hasta cierto punto, todos estos componentes del sistema Esfuerzo/Forma tendrán que ser presentados al describir algún movimiento en particular, pero uno o más de uno serán normalmente característicos del mismo. Tal vez nos demos cuenta de que, en un contexto no teatral, por ejemplo, el tiempo de alguna persona se destaca con un gesto rápido, *staccatto*, u otro que característicamente cincela el espacio con sus gestos. El sistema Esfuerzo/Forma es relativamente objetivo y puede utilizarse para comparar y contrastar movimientos bajo distintos contextos y culturas. Digo "relativamente," ya que en realidad, cierta subjetividad surge en el análisis basado en las categorías de Esfuerzo/Forma: diferentes personas de la misma cultura pueden observar el mismo movimiento y percibirlo de alguna manera un poco distinta, mientras que observadores de distintas culturas pueden tener varios puntos de vista en cuanto al significado que cierto movimiento pueda comunicar. La pregunta es si este sistema puede ser un instrumento útil en el análisis del movimiento corporal en el teatro y si puede permitir observaciones que de otro modo pasarían inadvertidas.

En este ensayo, consideraré el tema en relación a ciertas piezas teatrales seleccionadas del FIT en los últimos tres años —aquellos trabajos con características únicas de movimiento y, con la excepción de una, textos escritos. Utilizaré un lenguaje general descriptivo para indicar la acción que se examina y continuaré con los conceptos de Esfuerzo/Forma que podrían iluminar o aclarar aun más cómo funciona el guión corporal.

Desde esta perspectiva *Los Ejecutivos* de México y *Noús in perfecta harmonya* de España son muy distintos en contenido y en estilo de producción. *Los Ejecutivos* (Víctor Hugo Rascón Banda) fue presentada en 1997 por La Casa del Teatro A.C. de México. Esta representa a tres hombres de negocios en una oficina que se enfrentan a una crisis económica, que afecta a gran parte del país. Las reacciones de los ejecutivos en el drama se extienden "desde la absoluta indiferencia hasta la desesperación" (*XII Festival*, 84). El estilo de interpretación es naturalista y el guión corporal de la pieza podría describirse como una serie de movimientos ordinarios como el pasearse (calmada o agitadamente); colgar o dejar el teléfono, un portafolio, o cualquier otra cosa; sentárse o ponerse de pie; encender y fumar un cigarro; apresurarse hacia la ventana y mirar hacia afuera. Pero de alguna manera, la característica de lo corporal de esta pieza retiene la atención del observador y no parece algo mundano —tal y como alguien podría esperarlo por medio de la descripción que ha sido proporcionada. La razón, creo, es que el director Luis de Tavira creó cuidadosamente un guión de movimiento con las cualidades de esfuerzo, flujo, forma y tiempo que hicieron destacar el estilo naturalista de actuación a un plano de realismo surreal que tiene el poder de dar al público "observador," una experiencia corporal (o kinestética) de la acción y de los personajes, además de nuestra comprensión intelectual de lo que está sucediendo. La manera en la que, por ejemplo, un personaje sostiene, enciende y fuma el cigarrillo revela la expresión precisa del cuerpo y de sus partes en relación al mismo actor y a los demás actores. Esto incluye un flujo de energía tan "dirigido" (en comparación a un flujo de movimiento libre) que este hombre se encuentra al borde de una apoplejía y su agitada trayectoria alrededor de un espacio tan limitado hace que se experimente dolorosamente un gran tormento. Yo, por mi parte, asistí a esta obra con una mente activa. Creo que tuvo que ver con el desarrollo del guión de Tavira y de sus actores. Mientras el libreto de la obra fue de alguna manera ligero, el guión corporal cuidadosamente creado y la interpretación de sus actores le dio a esta obra un poder que trasciende las palabras.

Al otro lado del espectro, completamente opuesto, está el trabajo de Sara Molina, *Noús in perfecta harmonya*, presentado por el Q Teatro de España. Su texto es una recopilación de episodios de las escrituras de varios autores que crea "un discurso contemporáneo de pensamiento sobre el fin del milenio" (*XII Festival*, 66).

No existe ningún intento en el texto ni en el montaje de crear una narrativa con escenas, personajes o acción realistas. Por el contrario, esta obra reúne elementos de discordia en un tipo de mezcla postmodernista. Molina ha dado a sus actores varias formas de movimiento cotidiano (no danzante) que no ilustran el texto literalmente sino más bien yuxtaponen elementos de esfuerzo, espacio y tiempo. Por ejemplo, mientras un actor habla rápida y fuertemente y con gesticulaciones que son exactas y percusivas (con un flujo conducido, un peso firme, un tiempo súbito, un enfoque directo, y una energía que sale del centro del cuerpo), los otros se encuentran tendidos en el piso rodando lentamente, luego poniéndose de pie con lentitud, casi inmóviles (con un flujo libre, un peso ligero, un tiempo sostenido, un enfoque que de ser flexible se transforma en directo, y una energía conducida hacia adentro del cuerpo). Después de este episodio, ellos se paran, uno cerca del otro (en contacto con el costado de su cuerpo) frente al público y, mientras que el tema musical recurre, ellos comienzan a saltar al unísono y al compás de la música. Pero muy pronto, la proximidad entre ellos y lo unísono se dispersa hasta que no hay más que cinco individuos saltando con una afinidad distinta al compás de la música y en relación a ellos mismos. En términos del sistema Esfuerzo/Forma ellos comienzan con un flujo de energía libre, ligera mientras saltan, y un enfoque espacial hacia adelante, con una dirección vertical en forma recta. La mayor parte se mantuvo así. Cuando el tiempo y los saltos cambiaron, el ritmo se convirtió en algo caótico e impredecible. En muchas de las repeticiones de este pasaje musical (casi como un coro) cada salto variaba cada vez más mientras que los actores se esforzaban por ejecutar en el aire una gran variedad de formas distorsionadas. Por ello, tenían que aplicar más fuerza, un flujo más dirigido, un peso firme, una velocidad más súbita, y una mayor variedad de esculturas corporales.

El análisis de estos movimientos desde la perspectiva de las categorías de Esfuerzo/Forma aumenta nuestra apreciación y entendimiento de lo que se ha intentado. En la reunión del foro de *Noús*, la habilidad y el nivel de profesionalismo de este trabajo y de sus actores fue criticado. Si uno se pone a analizar las cualidades de movimiento que Molina ha incorporado en el guión corporal de este trabajo, viene a ser muy claro que esta pieza ha sido creada y representada con gran habilidad. Todo tiene un sentido racional y cada pasaje involucra una selección única de movimiento o que trabaja en yuxtaposición a las palabras y esto crea un significado singular que la pieza no tendría sólo con el uso de palabras.

Comparemos el uso de movimiento de otras dos obras: *El Desquite* de Chile y *Deadly* de Brasil. En ambas el enfoque se dirige a la relación entre el hombre y la mujer y su personificación de lo masculino y lo femenino. *El Desquite* (de Roberto Parra y dirigida por Andrés Pérez) fue presentado por El Teatro Sombrero Verde de Chile (FIT, 1996). Esta es una narrativa de Don Pablo, un descontrolado borracho y dueño de hacienda quien trata cruelmente a sus trabajadores, a sus mujeres y a Anita, una de sus amantes. En sus acciones, Don Pablo se tambalea, choca con objetos a su alrededor y empuja gente y cosas. El flujo característico de la calidad de su movimiento es percusivo alternando entre un flujo dirigido y a la vez una caída libre que es pronto restringida. El peso de su gesto y movimiento es siempre firme, mientras que su tiempo alterna entre acciones que son rápidas y movimientos de una parálisis ocasionada por la embriaguez. Su enfoque en el espacio cambia constantemente: directo cuando su intención se dirige a alguien o a algo e indirecto cuando su control es consumido por su embriaguez. Su cuerpo parece no tener conciencia central ya que sus acciones se dirigen hacia afuera en una trayectoria serpentina excéntrica. Su forma en el espacio parece vertical e imponente —excepto cuando este pierde control corporal, cuando se tropieza, o se cae. Entonces, allí se pierde el sentido de control sobre el diseño que su cuerpo pueda formar. Don Pablo mantiene tales cualidades físicas durante la obra excepto en breves momentos cuando parece que su conciencia es afectada por algún tipo de emoción —por ejemplo, cuando besa a su esposa (después de una diatriba en su contra), cuando le ofrece un regalo a Anita, en el preludio antes de hacer el amor por primera vez, y en el mismo acto de hacer el amor. En tales circunstancias todo en él se tranquiliza, se contiene y se controla.

Contrario a los rasgos que caracterizan a Don Pablo, son los de Anita. Como joven aterrorizada por la voluntad de aquellos que la controlan, el flujo de energía en su movimiento actúa de acuerdo a su estado emocional: es dirigido cuando expresa miedo o cuando trata de rechazar un cruel maltrato; cuando se siente segura, el flujo de su movimiento se muestra libre y fluido. Ella muestra un progreso de un estado de vulnerabilidad a un estado de más y más control, un control no sólo propio sino de su ambiente y de su situación. Al final, ella se encuentra centrada dentro de su cuerpo. Su flujo, su peso, su tiempo y su espacio fluctúan de acuerdo con la situación, pero ahora con control en lugar de una forma espasmódica. El flujo de su movimiento se regulariza entre movimiento centrífugo y excéntrico, ella se mueve directamente a través del espacio y controla el contorno de sus acciones. Mientras que Don Pablo se deja llevar fuera de control con breves momentos de control (al menos aparentemente), el desarrollo de Anita, después de ser físicamente arrojada de tal manera y trastornada por acontecimientos interiores y exteriores, pasa a una transformación de control y equilibrio de ella misma y de su alrededor. El guión corporal desarrollado por el director Andrés Pérez y sus actores colabora directamente a nuestra comprensión de cada personaje y de su relación entre ellos mismos.

Rasgos diferentes se observan en la pareja representada por un hombre y una mujer en *Deadly* de No Ordinary Angels. El director Sandro Borelli y sus actores han creado una intensa y dramática representación de éxtasis y de desesperación en una relación de odio y de amor entre un hombre y una mujer. En *Deadly*, no se manifiesta un texto verbal real aunque de vez en cuando se da una que otra palabra o grito. Los actores son trapecistas y acróbatas profesionales, y la mayor parte de la acción dramática se lleva a cabo a través de movimientos ejecutados perfectamente y representados ante una gran variedad de música que se amplía de música clásica a música popular.

Uno podría describir las acciones representadas en cada una de las siete fases que conforman esta pieza y asombrarse de la creatividad y el destacar el valor del inmenso esfuerzo corporal que la pieza requiere de sus actores. De acuerdo al propósito de este ensayo, tomemos en cuenta a los personajes y a sus acciones en términos de los elementos de Esfuerzo/Forma. En primer lugar, es importante darse cuenta de que la relación entre los personajes no está montada en un contexto familiar. El escenario está completamente vacío con excepción de las cuerdas que cuelgan, el trapecio, otros pocos accesorios, y una mesa con dos sillas. Esto hace suponer que los dos personajes representan a todo hombre y a toda mujer en lugar de un hombre o una mujer en particular o aun más en algún ambiente en particular. En todo caso, podemos reconocer ciertas características que corresponden con el papel de los personajes. En primer término, la extremada fuerza física y la habilidad de los dos artistas proponen personajes relativamente centrados y con gran fuerza de voluntad. Los dos muestran cierto balance y habilidad de poder moverse entre los dos extremos de flujo, de peso, de tiempo y de espacio. Ninguno de los dos puede ser abatido. Su energía, su movimiento en el espacio, su uso de trayectoria direccional y creación de formas en relación al espacio demuestran una fuerza de personificación relativamente equitativa en cada uno de ellos. La secuencia de sus acciones refuerza esta idea. En secciones próximas al principio de la obra, el hombre y la mujer son iguales, aunque, a veces, uno puede favorecer uno u otro. La igualdad se comienza a romper a través del tiempo mientras éste avanza al final de la obra. Finalmente, ellos *son* iguales. Una vez que el hombre se cierra en sí mismo completamente mientras que la mujer trata de alcanzar al "inaccesible" él. Ninguno de los dos ha perdido su valor potencial, pero el hombre ha decidido simplemente quedarse atrás —físicamente y de cualquier otra forma. La tensión de su cuerpo propone que requiere esfuerzo el ignorarla. El se cierra a propósito completamente de ella y se esconde detrás de una serie de periódicos que al menos pretende leer. El hombre rehúsa tener contacto con la mujer, dejándola de este modo en un vacío.

En términos de Esfuerzo/Forma, él ha limitado completamente el flujo de movimiento de su cuerpo, excepto cuando recoge o deja caer páginas del diario, su cuerpo está firme, mientras que la manera de manipular el periódico es ligera. El tiempo es débilmente sostenido y su enfoque es dirigido al periódico. El flujo de su figura se muestra hacia adelante del centro de su cuerpo; la trayectoria de su movimiento en relación a las hojas de papel es breve y él se sienta con una postura rígida. Su forma en el espacio sugiere un cilindro, en el que nada ni nadie pueden entrar. Por el contrario, la mujer demuestra un flujo dirigido, un peso firme, un uso distinto del tiempo y momentos de enfoque directo, primero hacia el hombre y después hacia la botella, la cual ella utiliza como sustitución a su amante. El uso de su flujo en relación al diseño y forma varía entre un intenso movimiento interior en su desesperación a un movimiento extremo de apertura hacia el hombre "inalcanzable." Su trayectoria y su forma espacial se relacionan con él, su silla o el suelo.

Volcamos al tema de este ensayo: ¿existe alguna ventaja en utilizar el sistema de Esfuerzo/Forma con el propósito de analizar y entender el montaje teatral? Por una parte, éste es un lenguaje técnico y especializado con el que tanto el escritor como el lector tendrían que estar familiarizados para poder entender los puntos tratados. Por otra parte, éste no es un lenguaje esotérico; uno puede fácilmente explicar lo referente a un flujo de tensión libre o dirigida, etc. La ventaja de incorporar los conceptos descritos es que se enfocan en el guión corporal del montaje —en características que podrían pasar inadvertidas o ser vistas superficialmente por críticos o historiadores preocupados por el texto verbal.

A medida que nos acercamos a fines del siglo veinte, parece que cada vez más y más directores de teatro exploran la corporalidad y la acción como un elemento de igual importancia que el texto del actor. Este fenómeno es definitivamente evidente en muchas de las producciones del teatro iberoamericano presentadas en FIT a fines de los noventas. Mientras que el teatro desarrolla un nuevo énfasis, nuestras teorías y lenguajes se construyen y necesitan adecuarse a los cambios. El sistema de análisis de Esfuerzo/Forma es una manera de repensar las obras a través del guión corporal del actor.

Bibliografía

Bartenieff, Irmgard. *Body Movement: Coping with the Environment*. New York: Gordon and Breach, 1980.

Dell, Cecily. *A Primer for Movement Description Using Effort/Shape and Supplementary Concepts*. 2nd ed. New York: Dance Notation Bureau, 1977 (1970).

Laban, Rudolf. *Danza educativa moderna*. Trad. Lisa Ullmann. Barcelona: Paidós, 1993. Traducción de *Modern Educational Dance*. 1975.

Maletic, Vera. *Body, Space, Expression: The Development of Rudolf Laban's Movement and Dance Concepts*. Berlin and New York: Mouton de Gruyter, 1987.

—. "Laban Principles of Movement Analysis." *International Encyclopedia of Dance*. Vol. 4. New York: Oxford UP, 1998. 98-105.

Newlove, Jean. *Laban for Actors and Dancers*. New York: Routledge, 1993.

XI Festival Iberoamericano de Teatro de Cádiz. Cádiz, España, 1996.

XII Festival Iberoamericano de Teatro de Cádiz. Cádiz, España, 1997.

La irrupción del circo en el teatro

Juan Villegas
GESTOS/University of California, Irvine

Una de las tendencias más atractivas y difundidas dentro del teatro contemporáneo es la incorporación de procedimientos o teatralidades de otras prácticas espectaculares, tales como mimo, circo, danza, cine. Uno de los rasgos claves del llamado "teatro postmoderno" es, precisamente, la inclusión de códigos y prácticas escénicas que en el pasado no se consideraban como parte del "teatro." De este modo, se han incorporado al discurso teatral legitimado signos corporales, escénicos o visuales tradicionalmente específicos de estas prácticas. Dentro de la pluralidad de opciones que esta innovación conlleva, en este ensayo quiero concentrarme en algunos aspectos de la interrelación circo/teatro.

La expansión de la mirada del discurso crítico

Aunque la relación entre teatro y circo es muy antigua, el discurso crítico dominante sobre el teatro ha tendido a limitarse al teatro en sentido tradicional. A partir de la semiótica, sin embargo, el discurso crítico ha dilatado su objeto.

Una de las importantes contribuciones de la semiótica teatral —lo que ha sido fuente de muchas críticas, a la vez— y de los estudios sobre *performance* ha sido enfatizar la necesidad de considerar otras formas de representación escénica —circo, espectáculos callejeros, carnavales, ceremonias públicas y privadas, ritos, etc.— como manifestaciones teatrales o espectaculares.[1]

Este proceso de ampliación se justifica en virtud de las transformaciones en los fundamentos de la antropología y la etnografía, y la dificultad para establecer las barreras al definir todas las actividades espectaculares

---

[1] Jean Alter hace notar que se acusa a la semiótica de "imperialism" "because is annexing territories of other disciplines, enlarging its nominal area at the expense of a proper identity" (d1).

como sistemas de signos de comunicación. Esta dilatación del corpus de los discursos críticos y teóricos sobre las prácticas escénicas corresponde a la vez a procesos de producción en los cuales se originan fluencias entre las diversas prácticas escénicas. En las prácticas escénicas en sí se advierte cada vez más la utilización de códigos o técnicas tradicionalmente asociadas con una práctica espectacular en otra. De este modo, podemos encontrar fácilmente espectáculos de danza con fuerte utilización de elementos de teatro o cine.

Esta doble fluencia ha dado origen a un discurso crítico que cruza las fronteras tradicionales y que, a la vez, es considerado como académicamente legítimo. Dentro de estas hibridizaciones espectaculares, una de las más recurrentes es la presencia de códigos, personajes y técnicas circenses en el teatro.[2]

Una de las consecuencias de este desplazamiento es que los investigadores del circo, a su vez, han proyectado las estrategias de lectura del teatro como fenómeno espectacular a las prácticas circenses. Uno de los primeros intentos sistemáticos fue el de Paul Bouissac quien propone claramente: "I shall attempt in this book to analyze systematically its specificity by studying circus performances from a semiotic point of view; i.e., as acts of communication involving a code and the process of encoding and decoding" (*Circus and Culture*, 10).

Hugues Hotier define la práctica circense en términos que bien son aplicables al teatro en sentido tradicional:

cette pratique correspondait a une volonté de communiquer et correspondait certainment aussi a une volonté plus grande encore de recourir a une systéme de communication priviligié. Parce que le clown communique par la parole, par le geste, par le jeu corporel, par la mimique et par la musique instrumentale, il a sa disposition toute une gamme

---

[2] Bouissac describe el circo en términos del modelo de Roman Jakobson y los códigos y el supercódigo del circo como medio de comunicación, especialmente en el capítulo "The Circus as Multimedia Language" (10-27): "These constituents are the *subcodes* that form the *code* of a circus act's message, but with respect to the contextual culture, each of these constituents is a code (i.e., clothing, music) that is part of the *supercode* that constitutes the language we call 'the circus'" (15-16).

de possibilités, de moyens, de codes. ("Les clowns. Analyse sémiotique," g1)

Estas perspectivas sugieren la posibilidad de examinar de manera
sistemática la interrelación entre "teatro" —en sentido tradicional— con
otras manifestaciones en las cuales se dan condiciones similares a las del
teatro: un sistema de comunicación en el que se comunica por medio de
un espectáculo, un espacio en que se realiza y un espectador o grupo de
espectadores.

En este ensayo, nos centraremos en la presencia de algunos elementos
o procedimientos circenses en el teatro y su demostración con ejemplos
de espectáculos presentados en el Festival Iberoamericano de Teatro de
Cádiz en los últimos años.

La representación del circo en el escenario teatral

Una de las formas de presencia, probablemente la menos integrada
desde el punto de vista de la teatralidad circense, son las obras en las
cuales la vida del circo constituye el tema o el núcleo de la obra. En estos
casos, el circo o la vida bajo la carpa sirve como pretexto para configurar
un tema o un mensaje.

Una de las manifestaciones de esta presencia del circo en el teatro es
la incorporación o utilización de personajes del circo dentro de obras
teatrales. Generalmente, esta inclusión no ha implicado un cambio radical
de los códigos teatrales. El personaje incorporado con mayor frecuencia
es el tony, el payaso. De este modo, el payaso se constituye en un personaje que sirve de portador de sistema de valores de los sectores productores del espectáculo y, en ocasiones, ha sido una especie de representante
de inclusión de sectores de la marginalidad.

Tal es el caso de *Tony Chico* (1964) del dramaturgo chileno Luis
Alberto Heiremans. Como otras obras del período, *El Tony Chico* utiliza
al personaje como signo, en una lectura, del infortunio existencial y, en
otra lectura, como indicio de las condiciones humanas de los sectores
marginados. La compañía chilena "Teatro Circo Imaginario," con la
dirección de Andrés del Bosque, se interesa por la vida del circo en sí y,
especialmente, por la trayectoria de un tony nacional muy conocido y
popular. Su *Las siete vidas del Tony Caluga*, "está pensada y organizada

en torno a la historia de ciertos artistas del circo nacional" ("Siete vidas...," 223). De acuerdo con la descripción de Juan Andrés Piña:

> La biografía aquí escenificada es auténtica: desde su huida de la casa paterna para enrolarse con una compañía de provincia, hasta su progresiva consolidación en los circos más famosos —el Águilas Humanas, por ejemplo— su éxito en el país y en el extranjero, la adquisición de su propia carpa, el triunfo y el dolor, el arrasamiento de que fue objeto muchas veces. ("Siete vidas...," 223)

Este objetivo y el afán reproductivo realista lleva a que en el escenario se incluyan elementos circenses: "...una música estridente y pegajosa acompaña a los tonies, a las mujeres enanas, los equilibristas y los empresarios, cuyo espacio está poblado de objetos y materiales usados en la representación" (224). En este caso, la intención parece ser la reproducción de la vida del circo en el escenario, aunque el significado es, creemos, existencial.

Circo y teatro

Aunque es evidente la intensificación del uso de componentes tradicionalmente asociados al circo en el teatro contemporáneo, es indudable que elementos circenses han estado siempre presentes o siempre han sido utilizados por diversas escuelas o prácticas teatrales. Aún más, las historias del teatro han observado con frecuencia la interrelación circo-teatro, aunque en muchos casos el énfasis ha sido puesto predominantemente en los orígenes del teatro, con variantes históricas o geográficas.[3] Adam Versenyi recuerda que "El circo, o al menos algunos de sus elementos, tiene una larga tradición en Latinoamérica, tradición que se remonta a los tiempos anteriores a la Conquista" (97). La mayor parte de las historias del teatro argentino, por otra parte, apuntan que su origen se encuentra en el circo y, más precisamente, el circo criollo.[4] Varias historias del teatro

---

[3] El tema, sin embargo, no aparece —directa o indirectamente— en el *Diccionario del teatro* de Patrice Pavis.

[4] Ver, por ejemplo, Raúl Castagnino, Mariano Bosch, Eva Golluscio de Montoya ("Del circo colonial..."). Es muy interesante y con gran documentación Beatriz Seibel (*El teatro 'bárbaro' del interior*).

hispánico o chicano en Estados Unidos también se refieren a la integración de la actividad circense con la teatral.[5]

Mientras en ciertos momentos históricos o sistemas culturales los elementos circenses eran aceptables sólo en formas teatrales no asociables con la alta cultura de la época (teatro de calle, teatro popular, por ejemplo) en los últimos años son consideradas como estéticamente positivas en el teatro de elite o teatro para grupos minoritarios. Aún más, en algunos casos se considera que es el camino de acceso a la popularidad dentro de los teatros dirigidos tanto a los sectores populares como a los de la élite cultural.

Aún en períodos que no se caracterizan como populares, la búsqueda de nuevos lenguajes y otros factores han conducido a la utilización de elementos circenses en el teatro. Tal es el caso del período del surrealismo y su búsqueda de nuevos lenguajes teatrales, en el cual se dan formas limitadas de utilización de circo en el teatro en las formas más experimentales. En esta búsqueda, por ejemplo, se indica la importancia del *music-hall* y el circo. En el caso del teatro español se han hecho algunas menciones, pero no se ha trabajado en profundidad. A este propósito, Mariano de Paco al comentar el teatro surrealista de Azorín anota "la influencia que el cinematógrafo, junto al circo y al *music-hall*, pudo ejercer en la concepción azoriniana del teatro superrealista" (*Judith*, 23). En el teatro latinoamericano, Miguel Ángel Asturias en sus comentarios teatrales al viajar por Francia y el resto de Europa comenta en varias ocasiones, junto con espectáculos teatrales espectáculos de circo y *music-hall* y valora muy positivamente la espectacularidad y la naturalidad del circo y en su caracterización del teatro del futuro incluye técnicas y procedimientos circenses.[6]

En el período contemporáneo, también se llega al circo en busca de nuevos lenguajes escénicos y procedimientos renovadores. Se observa, sin

---

[5] Ver especialmente los libros de Nicolás Kanellos. En *A History of Hispanic Theatre in the United States. Origins to 1940,* Kanellos dedica varias secciones a las "carpas" y circos. Una sección está dedicada a "Leading men, Hoboes, Peladitos, and Circus Clowns" (90-103).

[6] Asturias escribe el 21 de mayo de 1927 su crónica "Una conferencia acerca del atractivo cabaret" (181-183), donde afirma: "La caricatura será la pintura del futuro. El music-hall, la caricatura del teatro, el teatro del porvenir" (182).

embargo, varias diferencias evidentes. En la actualidad, la búsqueda se integra con otras transformaciones importantes en los modos de producción artística, de recepción y legitimación. La cultura contemporánea y el teatro contemporáneo coinciden en enfatizar lo visual como modo de producción y percepción, tanto en la vida social como en la artística. Por otra parte, en este período se ha acentuado el cruce de procedimientos entre las prácticas espectaculares. Esta serie de factores contribuye a una mayor legitimación de lo que para algunos constituirían las hibridaciones artísticas.

Aunque son muchos los factores que conducen a esta integración, probablemente uno de los contribuyentes a este re-nacer del circo dentro del teatro ha sido la fundación y éxito del grupo Théâtre du Soleil, formado en París en 1964, bajo la dirección de Ariane Mnouchkine.[7] El grupo se hizo conocido especialmente en 1967 con la producción de *The Kitchen* de Wesker, y en 1969 cuando produjeron un espectáculo de producción colectiva titulado *Les Clowns*.[8] Otro factor potencial, creemos, se funda en las transformaciones mismas del teatro orientadas a la sustitución del discurso verbal por el discurso visual. Desplazamiento que conlleva la preferencia por signos visuales y la utilización del cuerpo como signo y su búsqueda en otras artes escénicas o productos culturales visuales.

Procedimientos circenses en el teatro

Dentro de las muchas variantes contemporáneas, aún puede hablarse de teatro-circo en cuanto a la inclusión en el espectáculo teatral de numerosos elementos tradicionalmente adheridos al circo. En un trabajo más extenso sobre el tema, tal vez se podría distinguir entre teatro-circo, circo-teatro y teatro con utilización de códigos o procedimientos circenses. Un

---

[7] Es diferente la historia para el grupo de Canadá. La historia narrada por ellos mismos en su web-site apuntan que comienza en 1982, en Baie Saint-Paul, Québec. El Cirque du Soleil es oficialmente creado en 1984. Según su autodescripción: "Cirque is based on a totally new concept: a striking, dramatic mix of the circus arts and street entertainment, featuring wild, outrageous costumes, staged under magical lighting and set to original music" (Internet).

[8] Ver Josette Féral. *Rencontres avec Ariane Mnouchkine.*

ejemplo de este último caso sucede en muchas de las obras de teatro de calle, en las cuales con frecuencia encontramos un anunciador que se dirige al público. Aunque este tipo de personaje se puede explicar en sus raíces griegas de las comedias de Plauto o en las teoría del teatro épico brechtiano con sus narradores, en algunas obras del teatro contemporáneo este personaje se asocia al circo al utilizar códigos vocales, corporales o gestuales reminiscentes o propios del maestro de ceremonias circense. Constituyente básico de muchos grupos de teatro de calle, es el paseo por las calles anunciando la función o invitando a potenciales espectadores a asistir. En teatros realizados en escenarios también se dan códigos o modos de representación tradicionales de circo. Otras características son la participación de numerosos personajes, trajes alusivos y llamativos, utilización de animales, pruebas de saltimbanquis, participación de acróbatas, pruebas físicas o acrobáticas que crean suspenso por el peligro que implican, utilización del espacio aéreo por medio de trapecistas u otros participantes, distensión de las tensiones con la participación de los payasos, continua incitación a la participación del público e intercambio de los participantes con los espectadores. A estos elementos se agrega la música que refuerza o intensifica las acciones de los personajes estableciendo el temple de ánimo en los espectadores. Naturalmente, lo definidor del circo suele ser el espacio del circo, tanto la carpa como el escenario circular. A estos rasgos propios del espectáculo circense en sí, hay que agregar aquellos que lo acompañan, tales como el paseo por la ciudad exhibiendo la compañía, las habilidades de los participantes, los objetos o personajes especiales —con énfasis en lo diferente o excepcional— los animales y un anticipo general de las atracciones que traen a la ciudad. El colorido o preferencia por ciertos colores también son característicos de la imagen del circo. A juicio de Ariane Mnouchkine, el uso de las máscaras constituye un elemento fundamental de su propuesta teatral. Un aspecto del circo tradicional que no se traslada al teatro es la utilización de animales ni la doma de los mismos, aunque hay algunos espectáculos teatrales en los cuales se usan animales en vivo. Tal fue el caso de *El Martirio de Morelos* de Vicente Leñero en la versión dirigida por Luis de Tavira. En otras ocasiones, se usan figuras acartonadas de animales, como el gato con el que aparece la señora de *Pluma y La Tempestad de estos tiempos*, en la versión presentada por el grupo ecuatoriano Malayerba en el FIT del 97. Otro modo de presencia del circo es la incorporación de personajes del circo como personajes en obras teatrales en las cuales el circo no constituye el motivo central de la representación.

En consecuencia, la integración o utilización de personajes y procedimientos teatrales asociados con el circo, en principio, se ponen de manifiesto en la utilización de numerosos elementos potenciales, los que van desde el uso de acrobacias físicas y máscaras hasta el desplazamiento del espacio de la acción teatral desde el suelo del escenario a las alturas de los trapecios. La presencia del circo como material escénico o la utilización de procedimientos circenses es de historia antigua. Lo nuevo del teatro actual es la recurrencia, la sistematicidad y la intensidad del uso en el teatro contemporáneo. Desde este punto de vista, el Festival Iberoamericano de Teatro de Cádiz es un buen síntoma.

De las numerosas opciones que ofrece el tema, en este ensayo quiero enfatizar dos tendencias que se evidencian claramente en los últimos años del Festival de Cádiz y que son representativas de las corrientes actuales. Por una parte, me interesa la técnica del "clown" y, por otra, el llamado "teatro de alturas." No consideraré en este ensayo una tercera tendencia de enorme importancia en numeroso espectáculos contemporáneos: la acrobacia circense o los movimientos del cuerpo que se asocian con lo acrobático o que atraen la atención hacia el movimiento en sí. Hablé parcialmente sobre estos movimientos en otro ensayo, aunque desde una perspectiva diferente.[9]

Del payaso y la técnica del clown

Hay un buen número de obras y grupos contemporáneos en los cuales el o los personajes se visten como payasos, generalmente con la consabida nariz roja, pero que se diferencian claramente del payaso del circo.

Tal es el caso del espectáculo brasileño *Beco - A opera do Lixo* por el grupo de Minas Gerais, Brasil, "Ponto de Partida," dirigido por Regina Bertola.[10] Uno de los personajes es un ex-tony de circo. La presentación del *A Opera do Lixo*, empieza con la aparición de un personaje vestido de payaso venido a menos que lleva a cabo en el escenario varios trucos

---

[9] "Teatro de los Andes: de la utopía al sarcasmo de la acrobacia verbal y física."

[10] La vi en el FITEI, Porto, 1993.

circenses. Se viste y mueve como payaso de circo. Aquí se trataba de mostrar las vidas de unos personajes de la marginalidad social —mendigos, prostitutas, viejos, artistas frustrados, individuos fracasados—. Todos ellos a la vez soñadores. Se percibe su frustración, el desengaño, sus vidas sin salida. Desde este punto de vista es una obra de denuncia social, aunque no se indaguen las causas ni se enfaticen las consecuencias de la pobreza. Lo novedoso, sin embargo, es el medio de comunicación empleado: la comedia musical, con fuertes vínculos con la comedia musical norteamericana. La presencia de ésta es explícita en el número de canciones de películas musicales —cantadas en inglés o francés—, el uso de bailes, la distribución de los personajes en el escenario, los ensayos musicales, la utilización de los colores y sus diversos matices para crear ambientes. En el medio de la miseria, en el que un pedazo de pan llega a ser importante, los personajes se realizan a través de las canciones. La presencia y acompañamiento continuo del guitarrista en el primer plano del lado izquierdo del escenario contribuyó aún más al ambiente de musical norteamericano. Varios de los actores eran excelentes bailarines y cantantes capaces de conmover con sus canciones. La función del payaso, que lleva a cabo varias de sus habilidades, es irrelevante como representatividad del circo. Constituye un añadido a las habilidades de los otros artistas marginados que el espectáculo pone de manifiesto.

Confluyen las dos tendencias anteriores en *Los payasos de la esperanza* (1977) del grupo chileno Taller de Investigación Teatral, en cuanto a que los personajes centrales son payasos y como tales llevan a cabo varias pruebas de su profesión. A mi juicio, sin embargo, estas pruebas son secundarias y no necesarias al mensaje del espectáculo. *Los payasos de la esperanza* constituye una de las obras representativas del discurso teatral alternativo durante el período autoritario en Chile. Buscaba construir un mundo de la marginalidad y mostrar las consecuencias de un sistema autoritario. Dos payasos, víctimas de la política económica del gobierno, han perdido el trabajo y en las afueras de la ciudad se preparan para dar su espectáculo. Se hace referencia a otro desaparecido, indicio de la política represiva del gobierno.[11]

Creemos que los casos citados son ligeramente diferentes de lo que se ha venido a llamar la "técnica del clown." Mientras en los casos anterio-

---

[11] Ver Catherine Boyle, *Chilean Theatre*, especialmente páginas 62-68.

res, los personajes vestidos de payasos tienen como referente potencial al payaso de circo, en la técnica del clown el personaje vestido de payaso no representa, necesariamente, un referente real del circo.

Rosa Ileana Boudet, al comentar la presentación del grupo argentino El Clu del Claun en el Festival de La Habana 1987, apunta una serie de rasgos que se repiten en otros grupos. Se les asocia especialmente con el teatro callejero, pero tienden a ser actores formados en diversas disciplinas que les permiten gran versatilidad. En el caso de El clu del claun señala que "han tenido diversos entrenamientos (estudios actorales alternan con jazz, ballet clásico, flamenco, técnica Graham, acrobacia o mimo)" ("Los payasos...," 96). Agrega:

Se manifiestan deudores de los hermanos Marx, porque para ellos el claun no sólo es la pirueta, la cachetada, el movimiento brusco, los golpes, sino la posibilidad de cada ser humano de acentuar sus rasgos ridículos. Con la cara enharinada de Debureau y las pelotas rojas en la nariz, estos jóvenes eligieron una profesión muy antigua, pero intentan explorar un género prácticamente virgen. Se puede ser trompetista de circo, médico u oficinista y cultivar el clown. (97)

Dentro de la misma técnica se incluye el grupo Telba del Perú en _A ver... un aplauso_, creación colectiva con la asesoría del dramaturgo César de María. De acuerdo con la descripción de Hugo Salazar:

Aquí domina lo simbólico y lo expresionista. Para desarrollar este intercambio simbólico, Telba ha recurrido a la poética de los payasos del teatro callejero. La imagen del clown técnico y acrobático ha sido sustituida por la del payaso pobre de plaza. (121)

El circo y el teatro de las alturas

Otro de los procedimientos o técnicas acrobáticas del circo que se ha proyectado con matices sugerentes y con variantes muy funcionales al teatro contemporáneo es el uso del trapecio o cuerdas colgantes y la realización de actividades de los actores y actrices mientras se encuentran ya sea colgando de las cuerdas o en el trapecio. En algunos espectáculos estas actividades son mínimas, no constituyen el núcleo del mismo; en otros, en cambio, la mayor parte de la acción acontece en las alturas y el espacio escénico fundamental no es el que está a ras de suelo.

Cecilia Propato destaca varios rasgos de estos espectáculos a los cuales denomina "teatro de alturas":

> ¿El teatro de alturas es transportar la escena por sobre la superficie del suelo? (1) No solamente. Por ejemplo, el circo tradicional lleva la escena a un plano de aire (2) y, sin embargo, no se puede encuadrar dentro de esta caracterización.
>
> El teatro de alturas no sólo tiene la particularidad de trasladar el espacio escénico e imaginario (3) al plano de aire, sino que lo que ocurre en este ámbito tiene que guardar un valor dramático (tensión, conflictos: alguien quiere algo o a alguien, y determinada persona o cosa se le opone). (68)

La diferencia clave entre la utilización del trapecio y el aparato vinculado a él en el circo y su incorporación en el teatro es que en el circo la acrobacia aérea cumple la función de mostrar la destreza del acróbata y su función específica es asombrar —provocar asombro en sus dos sentidos: "asustar, espantar" y "causar grande admiración" (RAE, 141)— sorprender. En el teatro, en cambio la utilización del trapecio es en función del mensaje central del texto. En principio, la acrobacia o el malabarismo corporal no constituye el objeto en sí, sino el medio de comunicación o acentuación del mensaje.

Propato considera que este teatro construye una realidad virtual "en ese plano de aire, entendiendo por virtualidad aquella situación que parece ser pero que no es..." (68). Las diferencias mayores con respecto a espectáculos tradicionales, probablemente, provienen de la necesidad de utilizar otros espacios teatrales y otros medios tecnológicos no frecuentes, los cuales pueden obligar a asumir otra mirada u otro modo de mirar, e incorporan la preocupación del peligro corporal, que pocas veces forma parte del espectáculo de suelo. Por otra parte, es un teatro que requiere de espacios teatrales especiales con requerimientos tecnológicos.

Desde hace algunos años, grupos que buscaban renovar el espectáculo teatral y que se insertaron dentro de lo que en ese momento se llamó *performance* comenzaron a incluir tanto elementos de multimedia como de dilatación del espacio escénico. Tal es el caso varios de espectáculos de Alberto Kurapel, actor y director chileno residente en Canadá. En

Prometeo encadenado según Alberto Kurapel parte de la acción ocurre en escaleras cruzadas a gran altura y el personaje las usa como símbolo del abandono y el peligro con que se enfrenta el exiliado. El cruce por la escalera horizontal es una especie de "descenso a los infiernos" en la aventura mítica, sólo que en ese caso es el ascenso a la montaña y los peligros que debe superar.[12]

El grupo Teatro La Pupa de Sevilla, España, presentó hace algunos años *Inevitable, No?* —con escenografía y dirección escénica de José María Roca— en la cual utilizaba trapecios y anillos colgantes en los cuales las actrices llevaban a cabo importantes escenas.[13] Las actrices y el actor utilizan arneses que los cuelgan del "techo" y que en distintos momentos los transforman en actores aéreos, que llevan a cabo su actuación literalmente en el aire. En un comentario de R.G., al referirse al espectáculo cuando fue presentado en Avignon apuntaba que los actores, al estar colgados constantemente de los "muelles," "no fue nada fácil encontrar el equilibrio justo para que los actores pudieran oscilar entre los puntos deseados."[14] Observación que, en el fondo, no sólo implica la dificultad para ubicarse en determinados lugares del escenario sino que también la dificultad actoral o la sustitución de modos de actuar que supone el teatro aéreo o la actuación en trapecios. En el espectáculo de La Pupa, los instrumentos circenses eran fundamentales en la comunicación del mensaje de violencia, de horror y patetismo. Según la descripción del programa "es un constante desafío a la ley de gravedad." El mismo grupo utilizó recursos técnicos semejantes en el FIT del 98 en su espectáculo *Poeta en Nueva York*, sobre el que hablaremos al referirnos al FIT del 98.

En ocasiones, la utilización de materiales de teatro de alturas es incidental y reducido. Este es el caso de la reciente puesta en escena de *La casa de Bernarda Alba* en el teatro María Guerrero de Madrid (noviembre, 1998).[15] En este caso, el texto se conserva textualmente y no hay

---

[12] Sobre Kurapel y su teatro, ver especialmente "Kurapel o el teatro plurimedial interspectacular posmoderno" de Alfonso de Toro.

[13] La vi en el Festival del FITEI, en el auditorio Nacional Carlos Alberto, Porto, Portugal, en mayo de 1994.

[14] *Inevitable, ¿no?* de La Pupa," *El Público* (1992): 45.

[15] Directora de Producción: Amparo Martínez; Dirección Técnica: Miguel Montes, y Jefe de Producción: Ester Alonso.

grandes innovaciones técnicas. Sin embargo, hay dos escenas agregadas al texto lorquiano. Al comienzo del espectáculo, una mujer desnuda avanza hacia el centro del primer plano del enorme escenario vacío, se envuelve en una larga cuerda colgante y, como si fuese ahorcada, es subida lentamente hasta desaparecer. El procedimiento no se vuelve a usar en el desarrollo de la obra. Hacia el final, vuelve a bajar la misma cuerda con la misma mujer desnuda. Esta se detiene a media altura y toma la posición de un Cristo crucificado. En los dos casos, el signo mujer desnuda colgada o sacrificada adquiere un carácter simbólico del mensaje que los productores del espectáculo quieren comunicar: la mujer víctima y sacrificada. Sin embargo, ellos no se integran a la acción.

Los espectáculos con elementos circenses en el FIT-98

La integración entre teatro circo en el Festival Iberoamericano de Teatro de Cádiz, 1998, fue evidente en la programación del mismo. La síntesis podría ser la ceremonia oficial llevada a cabo en el Palacio de Congresos de Cádiz en la cual se entregaron el Premio Nacional de Teatro y el Premio Nacional de Circo por el secretario de Estado de Cultura Miguel Ángel Cortés. Participaron también en el acto la Alcadesa de Cádiz, Teófila Martínez, el director General del Instituto Nacional de Artes Escénicas (INAEM), Tomás Marco, y el Sub-director general de Teatro, Eduardo Galán. Los premios fueron para Nati Mistral, en Teatro, y Emilio Aragón, Premio Nacional de Circo.[16]

Por otro lado, varios espectáculos más tradicionalmente "teatrales" —tanto de calle como de sala— se autoidentificaron dentro de la tradición circense. Tal fue el caso del grupo No Ordinary Angels, del cual se afirma que "investiga las posibilidades del teatro a través del circo."

No Ordinary Angels es uno de los exponentes del Nuevo Circo Europeo. El Nuevo Circo trata las técnicas circenses desde un punto de vista teatral, y no sólo como un virtuosismo; el heroísmo circense se utiliza como vehículo para una historia, una emoción, una imagen. (*XIII Festival*, 35)

---

[16] Como curiosidad: el Premio Nacional de Teatro es dotado con cinco millones de pesetas; el de Circo con dos millones y medio de pesetas.

Semejante es el caso del grupo Galpão, quien al hacer la historia del grupo explica: "...*Romeo y Julieta,* un Shakespeare tan minero y circense como universal y eterno... También *A rua da amargura - 14 pasos lacrimosos sobre la vida de Jesús* significa una profundización en la relación establecida en ese encuentro... se ha entregado a investigar el lenguaje del circo-teatro mientras se sumerge en el sentimiento mineirísimo de las conmemoraciones religiosas" (*XIII Festival*, 29). Agregan: "Esa condición justifica que el Grupo Galpão haya decidido adoptar las técnicas del circo..." (*XIII Festival*, 29).

Junto a estos grupos explícitamente utilizadores de técnicas circenses, participaron en el FIT-98 Scura Splats y Animasur, ambos de España,[17] teatros de calle que desde hace tiempo asocian muchos de sus espectáculos con actividades o procedimientos circenses.

El payaso y el teatro del clown en el FIT

A esta tendencia pertenece el grupo suizo-mexicano Sunil que se presentó en el FIT del 96. Según su auto-descripción: "A la producción de espectáculos se suma un laboratorio de búsqueda en el cual estamos desarrollando una personal aproximación al mundo de la clownería" (*FIT-96*, 94). A propósito de su *Ícaro*, dirigido y representado por Daniele Finzi Pasca, el director explica la función: "Los personajes que pueblan mis historias son clowns. A través de esta figura trato de evocar las peripecias del drama y la perenne lucha con el destino" (*FIT-96*, 93).

Lola Proaño-Gómez, al analizar la participación de Sunil en el FIT-96, describe muy bien los procedimientos empleados y su función: "El inicio del espectáculo es predominantemente clownesco. Está marcado por las rutinas típicas del clown: movimientos torpes, golpes en la cabeza e intentos de hacer lo que, para los espectadores, es obviamente imposible o absurdo" (179).

---

[17] También estaba anunciada la participación del Teatro Taller de Colombia (Teatro acrobático y musical en zancos), fundado en 1972, que se autocaracteriza: "En este momento lucha por la creación de la primera Escuela Internacional de Teatro Callejero y Técnicas de Circo, en una búsqueda por integrar a sus representaciones al aire libre también las modalidades populares del arte circense."

En el FIT del 98, por un lado, se incluyó como parte del Festival a un payaso en el sentido más tradicional, aunque sin la carpa del circo. Esta línea fue representada por Totó el Payaso. Este es Totó Fabris, quien comenzó su carrera profesional como saxofonista, ahora vive en Granada y se gana la vida como músico y "clown." La descripción de su actuación en el *Diario de Cádiz* el lunes 19 de octubre resume bien su ser payaso: "Totó actuó en los alrededores del Mercado Central el sábado. Los numerosos niños que asistieron a la representación se divirtieron con la gracia y la sencillez de este payaso tradicional."

Indudablemente el grupo participante con rasgos circenses de mayor impacto fue el grupo Galpão. *Romeo y Julieta* es una comedia musical con utilización de códigos de varias artes espectaculares, entre las cuales se destacan claramente los circenses o procedimientos teatrales circenses. Estos corresponden a rasgos de la estructura del espectáculo, la presencia del narrador y su modo de contar o anticipar la acción, la caracterización física y vocal de los personajes, el uso de las máscaras o pinturas del rostro, la gestualidad facial y corporal, la utilización de la música como refuerzo de la gestualidad o de los sentimientos expresos por los cuerpos y los rostros. La virtud específica del mismo espectáculo tiene elementos de circo o de historia contada en circos en sus elementos melodramáticos combinados con la parodia de los personajes en el escenario y las acciones espejos con efecto paródico o satírico o risible. El espectáculo mismo se inicia con una entrada al teatro propio de los grupos de teatro de calle y que se asocia, a la vez, con las entradas de músicos, payasos y otros personajes en el circo tradicional, no sólo en el acompañamiento musical y el ritmo sino también en su búsqueda de comunicación directa con el público.

Teatro de alturas en el FIT

Lo que aquí denominamos teatro de alturas ha estado presente de modo directo o indirecto en los festivales celebrados en Cádiz en los últimos años. La utilización del espacio aéreo del escenario ha sido frecuente, aunque —como hemos mencionado anteriormente— esto no significa que se constituya en teatro de alturas.

El grupo La Zaranda (Teatro Inestable de Andalucía La Baja) de Jerez de la Frontera presentó, en FIT del 95, *Obra Póstuma* en el Gran Teatro Falla, con dirección de Paco de la Zaranda. Al entrar, el público se encuentra con el enorme escenario dispuesto como un lugar de abandono, tal vez un basural, con grandes cantidades de trapos o telas cortadas. Una escalera, levantada hacia el fondo del escenario con una luz en la parte más alta, da la impresión de dar hacia una salida. Como ésta ha habido muchas en las cuales se da un doble espacio —arriba y abajo—, pero la acción principal acontece abajo. La obra comienza con música de flamenco, lastimero, y el lento descenso de los dos personajes por la escalera que constituye el único espacio iluminado en el escenario. El tema o motivo central: la vida humana como viaje y naufragio. El momento representado puede ser toda la vida humana o la bajada por la escalera es el descenso al espacio después de la muerte

Semejante fue el caso de _Hibrid_ en el FIT del 96, en el cual varios episodios ocurren en las partes altas del escenario. Este espacio en las alturas es uno de acciones paralelas en íntima relación con el del plano inferior, pero la mayor parte de la acción acontece realmente en el escenario terrestre.[18] Un ejemplo es la escena de la bañera en la que un hombre se baña y el agua cae sobre la pareja que toma desayuno.

Diferente fue la función y la intensidad de la práctica acrobática en la versión de un episodio de _Cien años de soledad_ por parte del grupo colombiano Danza Concierto que presentó en el FIT del 96, _La bella Remedios_ de Peter Palacio y la dirección del mismo autor. _La Bella Remedios_ se constituyó en un bellísimo espectáculo de color y movimiento, especialmente aéreo. La organización se funda en siete escenas sobre la base de la aparición de Remedios, la pasión que despierta en los hombres y finalmente su ascenso a las alturas. Gran parte del espectáculo corresponde a una "danza angelical, cuyo ritmo se sustenta en la inconciencia y el atavismo adámico" (_XI Festival_, 40). La función de esta acción en las alturas es reforzar el carácter ascensional de la transformación del personaje garcíamarquesco. Dentro de la poética de la verticalidad de Bachelard, esta danza "angelical" se lleva a cabo en al aire, a ratos a modo de libélula envuelta en la tela de colores claros. El énfasis está en comunicar lo inalcanzable del personaje, su dimensión etérea y angelical.

En el FIT del 97 también se dieron elementos de teatro de alturas en varias de los espectáculos presentados. Tal fue el caso del grupo Malayerba de Ecuador y su espectáculo _Pluma y La Tempestad de estos tiempos_

---

[18] Ver Claudia Villegas-Silva, "España fragmentada, apocalíptica y postmoderna: _Hibrid_ de Sémola Teatre."

de Arístides Vargas, dirigida por el mismo autor. Aunque la mayor parte de la acción se lleva a cabo en el suelo del escenario, las cuerdas colgantes sobre él cumplen una importante función. El sentido de la obra es de carácter existencial: muestra una serie de seres cansados que han dejado de creer o no creen en nada. El protagonista, Pluma, representa a los seres humanos que no quieren participar "en un mundo que no nos sostiene para nada; cada vez más lejos del ser humano y más cerca de las apariencias." (*XII Festival*, 45). El espacio de las alturas, por donde circulan o se desplazan en ciertos momentos los personajes parece querer representar el desligarse del mundo cotidiano y alcanzar el espacio de la autarquía y la realización.[19]

En el FIT del 97, la técnica del espacio aéreo se usa en el espectáculo de teatro de calle *080, Apaga y vámonos* del grupo español Vagalume Teatro.[20] El espectáculo se llevó a cabo en el balcón exterior y la Plaza del Teatro Falla. La acción se centra en un incendio en una escuela y la salvación que llevan a cabo los bomberos. Estos suben y bajan por cuerdas. Parte de la acción acontece en el balcón exterior del teatro donde los personajes hacen malabarismos o llevan a cabo escenas supuestamente graciosas en su exageración. En varias ocasiones bajan consigo a los muñecos que representan a los niños.

En el Festival del 98, el teatro aéreo se manifestó especialmente en la presentación del ya mencionado grupo No Ordinary Angels con su espectáculo *Deadly* , aunque también fue utilizado de modo secundario por algunos de los otros espectáculos.

La descripción del grupo No Ordinary Angels presentada en el Programa afirma su herencia circense: "Para bien o para mal, en la alegría o en la tristeza, *Deadly* usa el circo como metáfora para los peligros de las

---

[19] Gracias a Lola Proaño-Gómez tuve acceso a numerosos comentarios a la puesta en escena, tanto en Ecuador como Cádiz y otros lugares. Para mi sorpresa nadie nombra la existencia del plano de las alturas ni su significación en el comentario. Sólo un crítico Humberto Gómez Noreña indica: "Lo más importante en esta presentación es su gran montaje, su intrincado laboratorio escénico donde los actores hacen uso de todo el espacio escénico del tablado."

[20] El grupo también se relaciona oficialmente con lo circense: organiza "cursos monográficos impartidos por profesionales cualificados en diferentes disciplinas teatrales, circenses, de danza..." (*FIT-97*, 78).

relaciones, así como para la alegría de las ansias de libertad" (*XIII Festival*, 35). Como he mencionado anteriormente, usar el circo como metáfora, no necesariamente implica la utilización de procedimientos circenses. Por ello es sugerente la caracterización siguiente: "*Deadly* es un espectáculo, mudo o casi mudo. La fuerza del lenguaje corporal de dos actores-circenses, la emoción de las técnicas de cuerda y trapecio son el canal de comunicación del espectáculo, volviendo lo universal accesible para cualquier tipo de público" (*XIII Festival*, 35).

Este espectáculo corresponde evidentemente a la modalidad de un teatro fundado en la capacidad del actor para actuar en el trapecio, por cuanto gran parte de la acción se lleva a cabo, precisamente, en las alturas. El espectáculo resultó impactante tanto en el mundo construido como en los procedimientos empleados para comunicarlo. La anécdota se funda en el antiguo motivo de la relación sado-masoquista de la pareja hombre-mujer.

El escenario es un espacio casi vacío, con una mesa pequeña y un par de sillas en un rincón. En la mesa, una botella de vino y una de agua. El escenario, sin embargo, tiene tres trapecios y una cuerda. Varias de las escenas acontecen en los trapecios y, aún aquellas que se desarrollan en el suelo del escenario, conservan el tono y los movimientos de acróbatas de modo que la emoción o los sentimientos de los personajes se perciben por sus movimientos y no por las palabras. Desde el principio, se observa la tensión entre los personajes y el "jugar" en los trapecios cumple distintas funciones para cada uno de ellos. Es en uno de los trapecios donde se produce la única escena de amor en una maravillosa demostración de acrobacia, tensión, pasión, ternura y odio. La mayor parte de la obra, sin embargo, es la recurrencia de distintas formas de manifestación física de sadismo entre uno y otro. La dimensión circense de este espectáculo no radica sólo en el uso del trapecio y la cuerda y las acciones llevadas a cabo en ellas. También se manifiesta en las acciones físicas llevadas a cabo en el suelo, en las cuales la contorsión, los saltos, las caídas, los movimientos acrobáticos, ciertas posiciones también constituyen acciones físicas propias de acróbatas. Por lo tanto, aunque puede considerarse teatro de alturas por las escenas en el trapecio o en la cuerda, lo circense incluye toda una gama de movimientos corporales asociados con las posibilidades de un acróbata de circo. Este último aspecto, sin embargo, coincide con otros espectáculos contemporáneos que, a veces sin asociarse con el circo, enfatizan el entrenamiento corporal de los actores y cuya actuación enfatiza la gestualidad corporal o el congelamiento de posturas corporales que magnifican una instancia del movimiento.

Los componentes el Teatro La Pupa, comentado en páginas anteriores, en 1998 con el nombre de Producciones Imperdibles, recurrieron a técnicas semejantes de teatro de alturas en su espectáculo multimedia *Poeta en Nueva York*. También en este espectáculo, las dos actrices son suspendidas en el aire donde llevan a cabo su actuación. Una vez más, el efecto dramático y teatral surgía del movimiento del cuerpo como transmisor de sensaciones. En este caso, en un momento, por ejemplo, el correr en el aire o querer alcanzar una meta, cambiando el ritmo de la carrera. Producciones Imperdibles, sin embargo, no se autoidentifica como teatro circo. Para ellos, la utilización de cuerdas de donde cuelgan las actrices, al parecer constituyen materiales de multimedia. En *Poeta en Nueva York* se usan cuerdas con las cuales, sobre un fondo oscuro se levanta a los personajes a distintas alturas donde pueden realizar movimientos que en el suelo no podrían desarrollar. Los personajes femeninos construyen la imagen de la vida como goce o como competencia deportiva. Al representar la vida como carrera, los personajes cambian el ritmo del movimiento del cuerpo acelerando la velocidad de una carrera imaginaria. El estar colgadas, con un fondo oscuro, permite llevar a cabo los movimientos en el aire y crear la ilusión de liviandad. Como en *Inevitable, ¿no?*, los actores no utilizan discurso verbal, pero un narrador cuenta una historia que el espectador debe relacionar con el espectáculo visto en el escenario.

Esta breve descripción de algunos espectáculos en los cuales se dilata el espacio de la acción en el escenario evidencia que son numerosos los matices que esta modalidad alcanza. La dimensión más notable apunta a que el espacio de las alturas no tiene necesariamente un contenido ideológico —como sucedía, por ejemplo, en el manierismo o en los cuadros del Greco— sino que su utilización puede adquirir un significado panóptico o puede ser, simplemente, la utilización visual de todo el espacio escénico.

Los vínculos del circo con el teatro son muy antiguos. La integración en el teatro y su funcionalidad múltiple es predominantemente un fenómeno del teatro de la postmodernidad, que incluye tanto el discurso crítico como la práctica escénica. Se ha proyectado e integrado a las formas teatrales tanto hegemónicas como no dominantes. Dentro de las muchas posibilidades que esta integración involucra, hemos destacado sólo dos aspectos: las escenas en las alturas y la transformación del

Escena de *Pluma*

080, Apaga y vámonos

payaso en "clown" con connotaciones teatrales, circenses e ideológicas específicas. El tema, sin embargo, involucra numerosos otros aspectos que incluyen, por lo menos, el maquillaje, el uso de trajes de colores, el pintarse el rostro, el uso de las máscaras, la acrobacia física como medio de comunicación o la dilatación del espacio teatral, tanto dentro como fuera del teatro.

Bibliografía

Alter, Jean. "Performance and performance: on the margin of theatre semiotics." *Degrés* 32 (1982): d1- d14.

Arminan, Jaime de. *Biografía del circo*. Madrid: Escelicer, 1958.

Asturias, Miguel Angel. "Una conferencia acerca del atractivo cabaret." *París 1924-1933. Periodismo y creación literaria*. Ed. Amos Segala. Madrid: Colección Archivos, 1988. 181-183.

Azorín. *Judith*. Ed. Mariano de Paco. Alicante: Fundación Cultural Caja del Mediterráneo, 1993.

Bosch, Mariano. *Historia del teatro en Buenos Aires*. Buenos Aires: Imprenta El Comercio, 1910.

Bost, Pierre. *Le cirque et le music-hall*. Illustre par G. Annenkoff. Paris: Au Sans pareil, 1931.

Boudet, Rosa Ileana. "Los payasos descubiertos en La Habana." *Conjunto* 75 (1988): 96-97.

Boudreault, Julie. *Le Cirque du Soleil: la creation d'un spectacle: Saltimbanco*. Quebec, Canada: Nuit blanche, 1996.

Bouissac, Paul. *Circus and culture: a semiotic approach*. Bloomington: Indiana UP, 1976.

Boyle, Catherine M. *Chilean Theater: 1973-1985. Marginality, Power, Selfhood*. Cranbury, NJ: Associated UP, 1992.

Burgess, Hovey. *Circus techniques: juggling, equilibristics, [and] vaulting*. With photos by Judy Burgess. New York: Crowell, 1977.

Castagnino, Raúl Héctor. *Centurias del circo criollo*. Buenos Aires: Editorial Perrot, 1959.

—. *El circo criollo; datos y documentos para su historia 1757-1924*. Buenos Aires: Editorial Plus Ultra, 1969.

—. *Circo, teatro gauchesco y tango*. Buenos Aires: Instituto Nacional de Estudios de Teatro, 1981.

Féral, Josette. *Rencontres avec Ariane Mnouchkine*. Québec, Canada: XYZ éditeur, 1995.

Golluscio de Montoya, Eva. "Del circo colonial a los teatros ciudadanos: proceso de urbanización de la actividad rioplatense." *Caravelle* 42 (1984): 141-149.

Hotier, Hugues. "Les clowns. Analyse sémiotique" *Degrés* 32 (1982): g.

Kanellos, Nicolás, ed. *Mexican American Theater: Then and Now.* Houston: Arte Público Press, 1983.

—. *A History of Hispanic Theatre in the United States. Origins to 1940.* Austin: U of Texas P, 1984.

Pavis, Patrice. *Diccionario del teatro.* Barcelona: Ediciones Paidós, 1984.

Piña, Juan Andrés. "Una década de teatro chileno: el drama del país." *20 años de teatro chileno. 1976-1996.* Santiago, Chile: RIL Editores, 1998. 139-143.

—. "Teatro y circo en *Las siete vidas del Tony Caluga.*" *20 años de teatro chileno. 1976-1996.* Santiago, Chile: RIL Editores, 1998. 223-224.

—. "Espectáculos de la otra chilenidad." *Teatro al Sur* 3.4 (1996): 41-45.

Proaño-Gómez, Lola. "*Ícaro*: mito, humor, tragedia, poesía." *Del escenario a la mesa de la crítica.* Irvine: Ediciones de *Gestos*, 1997. 177-186.

Propato, Cecilia. "Teatro de alturas. Otra dimensión dramática." *Teatro al Sur* 4.7: 68-72.

RAE, *Diccionario de la Lengua Española.* Tomo I. Madrid: Espasa Calpe, 1984.

Salazar, Hugo. "Blusas, chelas y payasos." *El Público* 78 (1990): 120-121.

Seibel, Beatriz. *El teatro 'bárbaro' del interior. Testimonios de circo criollo y radioteatro.* Buenos Aires: Ediciones de la Pluma, 1985.

Toro, Alfonso de. "Kurapel o el teatro plurimedial interspectacular posmoderno." Alberto Kurapel. *Carta de ajuste ou Nous n'avons plus besoin de calendrier.* Quebec, Canada: Humanitas, 1991. 7-15.

Versenyi, Adam. *El teatro en América Latina.* Cambridge: Cambridge UP, 1996.

Villegas, Juan. *Para un modelo de historia del teatro.* Irvine: Ediciones de *Gestos*, 1997.

—. "Los marginados como personajes: Teatro chileno de la década de los sesenta." *Latin American Theater Review* Spring (1986): 85-95.

—. "Teatro de los Andes: de la utopía al sarcasmo de la acrobacia verbal y física." *Del escenario a la mesa de la crítica.* Irvine: Ediciones de *Gestos*, 1997. 149-160.

Villegas-Silva, Claudia. "España fragmentada, apocalíptica y postmoderna: *Hibrid* de Sémola Teatre." *Del escenario a la mesa de la crítica.* Irvine: Ediciones de *Gestos*, 1997. 115-126.

La experiencia teatral como evento sociocultural: *El Galpão* y la búsqueda de una estética *sertaneja*

Mario A. Rojas

The Catholic University of America

Una de las características del teatro de la segunda mitad del siglo XX, bastante señalada por la crítica, ha sido la de dar preeminencia a los signos visuales. Para plasmar esta visualidad, algunos directores han recurrido a los grandes avances tecnológicos, al control computacional y al empleo de rayos láser con que se intenta activar, en toda su amplitud, los sentidos visuales y auditivos de los espectadores. Otros directores, siguiendo los pasos de grandes maestros del siglo XX como Stanisvslaki, Meyerhold, Craig, Fo, Barba, privilegian como sistema de signos primario, el cuerpo del actor, cuya potencialidad semántica y estética es llevada al máximo de su expresión.[1] Dentro de esta línea artística hay teatristas que buscan como modelo formas y convenciones teatrales asiáticas, como el Kabuki, Noh, Bunraku, Bali, Kathakali, en tanto que otros han revitalizado la *commedia dell' arte* o incorporado elementos de expresiones artísticas paralelas al teatro, como la circense. Muchos grupos latinoamericanos han seguido esta tendencia hacia el énfasis visual. Aunque no desprecian modalidades foráneas innovadoras, con el fin de enriquecer visualmente sus espectáculos vuelcan la mirada a su entorno cultural recogiendo formas artísticas que poseen un distintivo color local o regional. De los grupos teatrales de Latinoamérica, los brasileños son los que más se han destacado en el desarrollo de una estética teatral sustentada en la composición y expresión visual. Grupos

---

[1] Cuando se habla del cuerpo del actor debe entenderse en la acepción que le da Eugenio Barba, como un cuerpo-en-vida, en su dimensión física e interior formando una unidad; un cuerpo que es signo pero sobre todo energía.

como Teatro Macunaíma, dirigido por Antunes Filho, el Teatro do Ornito-
rrinco con Cacá Rosset, El grupo *Boi Voador*, bajo la dirección de Uly-
sses Cruz y la Companhia os Satyros de Rodolfo García Vázquez, han
producido espectáculos de inolvidable belleza.[2] De esta misma corriente
estética, con el matiz diferenciador de su talento individual, están las
puestas de Thomas Gerald y, entre los más jóvenes, de Gabriel Villela,[3]
quien dirigió *Romeu e Julieta* y *A Rua da amargura*, dos espectáculos con
que el grupo Galpão inauguró y dio cierre al *FIT* de 1998. En este trabajo,
desde la teoría sociosemiótica, se analizarán los signos y códigos perfor-
mativos desplegados en ambas obras poniendo especial atención en las
puestas del Falla. No soslayaremos, sin embargo, otros datos sobre el
Galpão que permitirán formarse una idea de su historia y estética que
están completamente arraigadas en la tradición cultural de Minas Gerais.
En el campo semiótico se acepta la idea de que los signos teatrales
—como los signos en general— adquieren sentido sólo a los "ojos de
alguien" (como dice Pierce), del receptor que reconoce ciertos signos
como tales y les atribuye un sentido. En este trabajo rindo cuenta de mi
propia lectura de los espectáculos, que no debe necesariamente coincidir
con la de otros espectadores, ni siquiera con la ideal o hipotética del
director, porque, como sostiene De Marinis, aunque la producción y la
recepción del espectáculo son procesos estrechamente relacionados, no
son del todo coincidentes "dada su relativa autonomía recíproca" (28).

---

[2] Entre estos espectáculos podemos mencionar *Macunaíma*, una obra
épica espectacular dirigida por Antunes Filho, *Ubu, Folias Physicas,
Pataphysicas e Musicaes* y *O Doente Imaginário* de Cacá Rosset,
Asturias - El Señor Presidente del Boi Volador, *Electra* del Os Satyros.

[3] Una de las primeras obras de Villela, al egresar de la Escola de
Comunicação e Artes da Universidade de Sao Paulo, en que utiliza la
expresión circense fue *Voce vai ver o que voce vai ver* (1989). Ese
mismo año dirige al grupo Boi Volador para la puesta de *O Concilio do
Amor*. Una de sus últimas producciones es el espectáculo músico-teatral
Tambores de Minas (1997), en cuya puesta trabajó con el compositor
Milton Nascimento, también de Minas Gerais.

El espacio: sistema de signos al aire libre y el escenario a la italiana

Desde su creación en 1982, el Galpão se propuso desarrollar un "teatro de calle,"[4] que les llevara al

> encontro de um público muito mais vivo, presente, um público que interfere, que joga que, em princípio não tem o menor compromisso com o espetáculo. E o encontro com esse público trouxe, para os atores de Grupo, uma enorme sensação de libertade. Além da possibilidade de romper com o isolamento do teatro convencional, aprisionado nas casas de espetáculo, com um público reduzido quantitativa e qualitativamente. (Slowik, 1)[5]

Los dos espectáculos montados en Cádiz se mantienen dentro de esta línea estética.[6] Cuando un grupo teatral participa en festivales debe adecuarse al espacio que se les asigna y realizar cambios escénicos que pueden enriquecer o desvirtuar el planeamiento y sentido original del espectáculo. Para los miembros del Galpão, sin embargo, esta transformación no les resulta problemática. Dice Eduardo Moreira:

---

[4] La expresión "teatro de calle" se usa, en general, para referirse al espectáculo teatral que se realiza en calles, plazas y parques. Sin embargo, parece necesario establecer una distinción entre el teatro de calle y teatro al aire libre. En el primero se usan muñecos y gigantes que se desplazan por calles hasta llegar a un amplio espacio en el cual se presenta un espectáculo en que domina el despliegue pirotécnico y una fuerte música. El segundo término debería aplicarse al espectáculo que si bien se realiza en espacios abiertos, tiene un escenario fijo alrededor del cual se ubican los espectadores.

[5] Aunque Moreira, que se ha desempeñado como el director artístico del grupo desde su creación, se refiere a la puesta de *Un Molière Imaginário*, el comentario vale también para los espectáculos que se estudian aquí.

[6] Los fragmentos citados de los espectáculos provienen de videos. Agradezco a Juan Villegas por facilitarme la cinta de *Romeu e Julieta* y a Alicia del Campo por la de *A rua da amargura*.

Além de estarmos mais longe do público, o que já dá uma característica diferente ao andamento da peça, a entrada dos atores no palco se dá pelo local de acesso das pessoas á platéia. Mas um espetáculo de rúa é mais fácil de ser adaptado para o palco, do que o contrário. Apesar do grande e profundo fosso que separa platéia e palco, o espetáculo é basicamente igual ao que foi llevado á rua. (Slowik, 1)

Una de las ventajas de la transposición de un espectáculo al aire libre a un escenario convencional es que puede utilizarse un buen sistema de luces (como el del Falla) que permite destacar colores, formas y movimientos individuales y de conjunto, y dar una mayor visibilidad a aquellos signos hacia los cuales el director desea focalizar la mirada del espectador y conseguir el efecto semántico o expresivo deseado. Sin embargo, no puede ignorarse que el espacio teatral en sí constituye un sistema de signos que afecta la experiencia sensorial del público. La relación entre los actores dentro del espacio escénico, la distancia que media entre los actores y el público, y la relación de los espectadores entre sí, crean una diferente semiosis del espectáculo. En la puesta al aire libre, los espectadores generalmente rodean el espacio escénico y ven sólo el costado, el frente o espalda de los actores, pero si las condiciones se lo permiten, pueden moverse y probar distintos ángulos de mirada lo que no sólo determinará su recepción del espectáculo, sino también su relación con los demás espectadores, relación que constituye otro significante del sistema de la recepción teatral, que es generalmente ignorado por los teóricos del teatro, como lo veremos más adelante. Esta recepción distinta que crea el espectáculo abierto o cerrado, influye sobre todo en la proxémica, es decir, en el movimiento de los actores y en la composición de cuadros de contrastes.

El Galpão hizo todo lo posible por crear una recepción diferente a la convencional. En *Romeu e Julieta*, los actores entraron en comparsa por el pasillo de la platea, interpretando "Flor minha Flor," con instrumentos armonizados y orquestados en un estilo claramente circense. *A rua da amargura*, tuvo dos partes. En la primera, el grupo de actores salió por el costado del edificio del Falla, tocando sus instrumentos e interpretando canciones navideñas mientras se dirigían a la plaza frente al teatro. Allí rodeados de espectadores, los actores interpretaron breves escenas alusivas al nacimiento de Jesús. A la luz de la sociosemiótica, toda experiencia artística está íntimamente ligada a una experiencia histórica.[7] Así, los villancicos cantados en la plaza, aunque en portugués, tenían un aire peninsular que fue conceptual y emotivamente bien recibido por la audiencia. Pero en el caso de *Romeu e Julieta*, los espectadores de Cádiz no estaban familiarizados con "Flor minha Flor," una canción folklórica infantil de Minas Gerais, de conocimiento común en la región, la cual, evidentemente, estaba destinada a contextualizar la obra de Shakespeare usando como enlace el motivo de la frustración amorosa, compartido por ambos textos. De este modo, este paratexto o pre-espectáculo, no tuvo la función proléptica o de anticipación lograda en el espacio original. La segunda parte de *A rua da amargura* no reflejó el carácter callejero percibido en *Romeu e Julieta,* ya que todos los elementos escénicos utilizados y la actuación misma parecían más aptos a un teatro a la italiana que al espacio de un teatro de calle. *Romeo y Julieta,* en cambio, desde un comienzo creó la impresión de un teatro callejero (re)presentado en el escenario del Falla, efecto que fue enfatizado por varios signos y por un narrador-personaje al cual nos referiremos más adelante.

Estética teatral: uso de signos y códigos circenses y melodramáticos

El Galpão generalmente trabaja con distintos directores, lo cual "ao mesmo tempo que desenvolvem uma linguagem, refletida na própia forma de criação e de produção, tem que se adaptar, en cuanto atores e Grupo, á maneira de director com quem trabalham. Así cada criação e cada processo de trabalho é distinto um do outro" (Galpão, 2). La experiencia con Villela fue fundamental para los actores, especialmente en su formación musical. Sin embargo, las nuevas ideas de directores invitados, aunque bien recibidas, han sido incorporadas por el grupo sin renunciar al principio estético básico que los guía, que es el de mantener el contenido y forma de sus espectáculos siempre atados a la tradición cultural y artística de Minas Gerais. El uso de las convenciones del circo mambem-

---

[7] Esta es también la posición de Juan Villegas para quien la historia del teatro no debe hacerse tomando en cuenta los textos escritos o espectaculares aisladamente, sino variables sociales económicas y políticas que determinan el tipo de teatro que se escribe o presenta, quiénes lo producen y los receptores ideales o reales a quienes va dirigido.

be proviene precisamente de dicha tradición. Es muy probable que Villela decidiera dirigir al Galpão por una relación de estéticas compartidas. En efecto, en una entrevista Villela se refiere a la gran atracción que de niño ejerció en él el circo mambembe, el circo pobre que hace años deambulaba de pueblo en pueblo en Latinoamérica. Le impresionó mucho: "A vida improvisada, nômade. Essa coisa de chegar, sentar praça, levantar tudo e ir embora, Também mais do que o drama que eles representavam, me fascinavam os números de picadeiro, o trapézio" (Villela y Milaré, 37).

Inspirado en el circo mambembe, *Romeu e Julieta*, no busca la acrobacia espectacular, sino que centra su trabajo en la figura del payaso y en la ejecución de pruebas de equilibrio correspondientes a aquellas que Eugenio Barba llama de "equilibrio precario o extraordinario" (Barba y Savarese, 111) las cuales, si bien demandan un esfuerzo fuera de lo común, no alcanzan el virtuosismo de la acrobacia espectacular. El payaso, recuerda Bouissac, posee un estatus especial, "atrae a todo tipo de gente, no importa la edad, y generalmente los cautiva y entretiene" (6). La risa que suscita el payaso no sólo la consigue con los chistes y torpezas, sino también con la imitación paródica de los acróbatas profesionales. Así, por ejemplo, un payaso puede pretender caminar en la cuerda floja, paraguas en mano, para parodiar al artista que ha ejecutado un número real sobre la cuerda, y provocar la hilaridad del público.[8]

El caminar sobre la cuerda floja es un movimiento recurrente en *Romeu e Julieta* y *A rua da amargura*. Pero estos movimientos de equilibrio no tienen la intención paródica descrita, sino que poseen un significado connotativo relacionado con el dicho español "andar en la cuerda floja" que se refiere a la acción temeraria que realiza un sujeto sin prestar mayor atención al riesgo o consecuencia de su ejecución. En *Romeu e Julieta* los que simulan caminar sobre una cuerda floja son los jóvenes, en especial Romeo y Julieta quienes, envueltos en su pasión amorosa, no tienen plena conciencia de los serios problemas que pueda traerles su peligrosa relación. El equilibrio precario de sus propias vidas, se alegoriza también en el enorme esfuerzo corporal de Romeo cuando se desplaza en zancos al mismo tiempo que toca el acordeón, o en Julieta y su madre que

---

[8] Sin embargo, en espectáculos contemporáneos como los del *Big Apple Circus* los payasos sorprenden al público realizando acrobacias tan perfectas como las de los que imitan. Sobre este aspecto, véase Jenkins.

caminan, como en el ballet clásico, en la punta de los pies.[9] El préstamo de códigos y convenciones clownescos se observa igualmente en el vestuario, maquillaje, inflexiones de la voz, mímica y en acciones usuales del payaso, como es el lanzar un chorro de agua que moja a otros actores y/o a los espectadores. El uso del chorro de agua en el Galpão, no busca sólo la risa del público, sino que es empleado como un recurso de carácter semántico destinado a invertir el sentido de los textos originales, trastocando paródicamente lo trágico en cómico, como sucede en la muerte de Mercucio en *Romeu e Julieta* y en el suicido de Judas en *A rua da amargura*.

Fue en el circo mambembe, donde Villela también tuvo su primer encuentro con una representación teatral, específicamente con un melodrama titulado "Coração Materno" (Villela y Milaré). De esta experiencia nació su tendencia a incorporar en las obras que dirige convenciones del género melodramático. De acuerdo a Rouyer, el melodrama:

essaie de redéfinir des catégories éthiques trés strictes et s'affirme comme le genre des excès de toutes sortes dans lequel s'affrontent toutes les formes les plus exacerbées de la theâtralité: valeur exemplaire donc non naturelle de l'intrigue, artificialité voulue de son organisation, excès et démesure du jeu des acteurs, recours systématique au décor extraordinaire o expressionniste, même lorsqu'il se veut réaliste. (97)

La tendencia del melodrama a lo excesivo, produce un efecto paródico que pone en evidencia los mecanismos de su propia teatralidad. Sobre este punto dice Rouyer:

Le melodrame joue et rejoue, pour le plaisir de spectateurs que ne sont pas dupes de la fiction théâtrale, toutes les techniques de la théâtralité en action; plus que du théâtre au théâtre, le genre mélodramatique,

---

[9] Me explicó uno de los integrantes del grupo que este movimiento de ballet no formaba parte de la puesta original. Se introdujo para aprovechar la formación de bailarina que tenía Fernanda Vianna quien reemplazó a la actriz que originalmente desempeñaba el papel de Julieta y que murió en un trágico accidente.

dont les contours sont et resteront flous, incarne à la fois le spectacle, la fête et le théâtre. (97)

En cuanto a la visión de mundo del melodrama "privilegia lo emotivo sobre lo ideológico, lo moral sobre lo intelectual" diferenciando claramente el bien del mal como así mismo los personajes que lo encarnan (Luzuriaga, 72). En *Romeu e Julieta* y, más acentuadamente en *A rua da amargura*, la convención del melodrama puede apreciarse en varios aspectos: en el marcado contraste sígnico entre los buenos y malos, en los caricaturescos gestos corporales e impostación de la voz y, sobre todo, en la exposición de los artificios dramáticos, como sucede en el momento en que mientras los jóvenes enamorados hablan metafóricamente de la luna y las estrellas y el personaje-narrador toma sus réplicas y las pone a la altura y alcance de ellos. El soliloquio enunciado por Julieta al encontrar el cadáver de su amado: "Egoista, bebeu tudo sem dexar ao menos uma gota pra mim. Eu beijarei teus lábios, talvez neles reste ainda um poco de veneno que me possa salvar o matar," es una traducción literal del texto de Shakespeare, que probablemente conmovió al espectador isabelino pero que, en el Falla, en cambio, provocó la risa de muchos espectadores, sobre todo de gente de teatro, que seguía fielmente el contrato de lectura melodramática propuesto. El melodrama es más evidente en la segunda obra, en que Villela y el Galpão no tuvieron que alejarse demasiado del texto escrito que Eduardo Garrido había compuesto como melodrama y que como tal fuera representado por muchos años en circos mambembes. El vestuario, el decorado, los colores y la iluminación fueron utilizados como efectivos sistemas de signos para exagerar contrastes y poner, paródicamente, en evidencia los mecanismos de su propia producción. Así bastante estereotipada, al punto de la exacerbación y consecuente distanciamiento de la farsa, fue la caracterización de Caifás y los sacerdotes que le rodeaban. Sus figuras agazapadas y de ridículos movimientos y un vestuario amarillo, resaltado más todavía con luces del mismo color, representaban el estereotipo del judío escurridizo, peligroso y apegado al oro. Igualmente paródica es, a ratos, la figura misma de Cristo, quien se presenta durante casi todo el espectáculo con una pequeña maleta (que nunca dejó olvidada) y que más adelante descubrimos es una especie de altar portátil.

Las técnicas de actuación del circo y del melodrama de ambos espectáculos, se combinaron a su vez con las técnicas de actuación de la *com-*

media dell'arte, conjunción que no sorprende si se tiene en consideración que los tres géneros comparten un mismo árbol genealógico.

La incorporación de técnicas de la commedia dell'arte

La *commedia dell'arte* ha servido de inspiración a muchos teatristas del siglo XX que han elegido el cuerpo del actor como el centro generador de los signos más importantes de una puesta. Directores como Craig, Meyerhold, Stanislavki, Fo, Barba, y grupos como Le Cirque du Soleil, The San Francisco Mime Troup, the TNT (The New Theatre), por nombrar algunos, han mostrado interés en las técnicas corporales de la *commedia dell'arte.* En esta lista se incluyen también grupos brasileños, entre ellos la Companhia os Satyros y el Galpão. A propósito de la revitalización de la *commedia dell'arte* es necesario señalar, sin embargo, que aunque el material iconográfico, que testimonia la historia de estos artistas itinerantes surgidos en Italia el siglo XVI es abundante, los documentos que describen sus técnicas de actuación son escasos y fragmentarios.[10] De esta manera, como bien lo señala Anderson en un reciente artículo sobre la *commedia dell'arte* en el siglo XX: "the revival of interest in *commedia* could only be fuelled by imaginative reconstructions of the genre, allied to practical experiment" (167).

La *commedia dell'arte* tenía un repertorio de personajes paradigmáticos que requerían de técnicas específicas de actuación. Cada actor se especializaba en uno de estos personajes a partir de los cuales se improvisaba una trama que se armaba con referentes tomados del lugar en que actuaban. Los textos que se mantienen íntegros son los de Carlo Goldini, dramaturgo y director que en el siglo XVIII le dio un nuevo impulso a la *commedia dell'arte* utilizando textos que él mismo escribía con la intención de crear una disciplina de grupo.[11] El Galpão trabajó intensamente

---

[10] Marco de Marinis, siguiendo a Taviani, sostiene que esta escasa documentación probablemente no se debe a que los actores no quisieran divulgar sus técnicas de actuación por celo profesional, sino porque no estaban premunidos de un lenguaje técnico que les permitiera verbalizarlas.

[11] Sobre de la *commedia dell'arte* de Goldini, dice Badín: "Goldini hará efectiva su Reforma 'purificando' las máscaras de la Commedia, con

con las máscaras de la _commedia dell'arte_ durante el montaje de dos textos de Goldini: _Arlequim servidor de tantos amores_ (1985) y _A comédia da esposa muda (que falava mais que pobre na chuva)_ (1986). Según Moreira, cada máscara daba al actor "uma noção bastante precisa dos movimentos e das ações necessárias à criação do personagem. È um trabalho de precisão e de disciplina" (Nota por correo electrónico, 2.24.99). Estas técnicas inspiradas en la _commedia dell'arte_ se ha incorporado desde entonces en todos sus espectáculos. En las puestas de Cádiz el dominio de estas técnicas se pudo apreciar especialmente en la destacada actuación de Chico Pelúcio y Rodolfo Vaz interpretando Teobaldo y Fray Lorenzo el primero, Mercucio y Judas, el segundo. La lógica de contrastes o discordancias característica de la _commedia dell'arte_, en que se mezcla lo serio y lo cómico, lo lírico y lo coloquial, la deformidad y armonía de movimientos corporales, fue un principio de composición esencial de los espectáculos. En _Romeu e Julieta_ esta estructuración contrastiva es lo que separa, por ejemplo, el mundo sublime de Romeo y Julieta y el grotesco de los demás. En _A rua de amargura_, la mezcla de lo sagrado y lo burlesco —el Niño-Dios trasvestí y representado por un adulto de barba y bigote, por ejemplo— nos remite más lejos todavía, a las tradiciones populares y obras religiosas medievales de la cual es heredera la _commedia dell'arte_ y cuya historia documenta y escenifica Darío Fo en su obra _Mistero Buffo_.

Texto e hipotexto: De Shakespeare y Garrido al lenguaje poético de Guimarães Rosa y habla del sertão

La adaptación del Galpão de la obra de Shakespeare posiblemente defraudó a todos aquellos espectadores que buscaban una versión fiel o arqueológica del texto isabelino en su tradución portuguesa. Sin embargo, como bien lo sostiene Makaryk, una aproximación a Shakespeare debe hacerse de acuerdo a las condiciones teatrales de hoy.

---

personajes bien delineados, inscribiéndolos en un conjunto en el que prima la coralidad, donde la acción escénica, ritmo y movimiento, se mantiene siempre en un marco de frescura y justo equilibrio, se trate de la vivacidad del diálogo o de los límites de la comicidad" (15).

The restoration of Shakespeare in the manner and customs of his time is formally impossible and in essence unnecessary. The whole value of the scenic embodiment of a classical work in our day lies namely in the ability to present a work in the refraction of the prism of the contemporary world view. (153)

La versión del *Romeu e Julieta* de Villela y el Galpão sigue esta aproximación al texto y su adaptación es bastante libre. En vez del coro isabelino, se introduce un narrador, quien en un lenguaje inspirado en Guimarães Rosa,[12] comenta los sucesos e invita al público a revivir la historia como si fuese representada en una carpa de circo. Cuando Romeo, fascinado por la belleza de Julieta, se olvida para siempre de Rosalina, comenta el narrador:

Verdade maior é que se está sempre num balanço. Mire, o vento das nuvens desmanchou Rosalina e agora Romeu já é um gosto bom fincado nos olhos de Julieta. E Julieta, uma lua recolhida que no peito de Romeu aumenta de ser mais linda. A ambos o amor coloca no seu mais trupo a Romeu mar sem fim, até ancorar-se no porto Julieta. Mas, não é amor pasto que se divulga sem fechas. Amor preso range na boca, tem vontade de fim e quer céu. Por isto ele é o que leva tudo e no avanço para traçar nesta praça, o mar do abraço das asas de todos os pássaros.

Pero este narrador, además de ser el comentarista que asume un papel similar al onmisciente de un texto narrativo, es el conductor, o mejor dicho, el "hacedor" de la trama de la historia recontada (contada de nuevo), que no debe desviarse un ápice del hipotexto, es decir, del texto

---

[12] El uso del lenguaje de Guimarães Rosa, el poeta más famoso de Minas Gerais, es cada vez más frecuente. Al respecto véase el artículo de Silvana García en que comenta *Vau sarapalha*. Refiréndose a la influencia que ejerció en él Guimarães Rosa, dice Villela: "O que me interessa agora é exatamente isso: entender o que produz a ilusão, a fantasia e o fascinio que essa fantasia exerce sobre as pessoas. Fou uma necessidade que senti como artista, e lendo Guimarães Rosa. Nada mais somos do que contadores de história. A história em si não interessa tanto quanto a maneira como ela é contada" (41).

de Shakespeare, que, por archiconocido, determina intertextual e irremediablemente el destino de los enamorados. En el primer encuentro que sostienen a solas los jóvenes, el narrador tira una larga cinta que ha enredado en el cuerpo de Romeo y que va recogiendo hasta que lo entrelaza con Julieta. Esta cinta, simbólicamente, representa el inflexible destino trazado por el narrador, en cumplimiento del hipotexto, que llevará a ambos jóvenes al fatal desenlace.

El texto isabelino se reduce al mínimo, pero sin omitir los diálogos más líricos que son enriquecidos con canciones folklóricas o populares de la región minera o del Brasil. En el amplio repertorio, hay una canción que se repite como *leitmotif* a lo largo de toda la obra. La misma que intepretaron los músicos al avanzar por el pasillo al escenario, y cuyo estribillo dice: "O anel que tu me deste/ Era de vidrio e se quebrou./ O amor que tu me tinhas/ Era pouco e se acabou"[13] que como lo señaláramos, constituye un metatexto que refleja temáticamente el texto principal usando como puente el motivo de la frustración amorosa. Otra canción incluida digna de destacar, es "Lua branca" de Chiquinha Gonzaga, una famosa compositora brasileña del siglo XIX, que debió luchar arduamente por el reconocimiento de su talento y cuya vida excepcional nunca se amoldó a la horma patriarcal y moralista de la época.[14] El estado de marginalidad, y consecuente superación, que evoca la figura de Chiquinha construye una isotopía o vertiente semántica que matizó la recepción de aquellos que conocían bien la vida de esta compositora decimonónica. Otro texto que se agrega al original es una breve escena de títeres —una ronda infantil en que inocentemente una pareja de niños decide casarse; lo único que falta dice el varón es el consentimiento de los padres de la chica— representada al comienzo del espectáculo que funciona como una "construcción en abismo" que refleja prospectivamente la historia en primer grado. Aunque en *A rua da amargura* se aligera bastante el diálo-

---

[13] Esta es una adaptación de la canción de ronda de niños, titulada "Ciranda-Cirandinha." Véase Mello, 244.

[14] En 1998 se presentó en Rio de Janeiro el musical "Ó Abre Alas" basada en el libro de Edinha Diniz *Chiquinha Gonzaga, Uma História de Vida*.

go de *O Martyr do Calvario*,[15] por tratarse de un texto religioso en que la palabra es fundamental, no pudo podarse todavía más. Igualmente se intercalaron algunas canciones religiosas conocidas como "Queremos Deus," "Panis angelicus" y "Coração santo." Las adiciones, omisiones y sustituciones aplicadas a las obras literarias hizo que los textos de los espectáculos crearan su propio dinamismo interno propulsados por una intertextualidad paródica y plasticidad sensorial y lúdica que nunca perdió de vista el receptor sertajeno de las puestas originales.

Los sistemas de signos visuales en las puestas gaditanas

El Galpão debió realizar cambios para adaptarse al escenario del Falla atendiendo en especial a la creación del espacio escénico y uso de accesorios. Una de las primeras tareas del director al montar un espectáculo es el planteamiento escénico. En este caso, había que reemplazar un espacio informal, sin una definición estructural precisa, por el bien demarcado escenario a la italiana del Falla. En el caso de *Romeu e Julieta*, el Galpão optó por un espacio semifijo (un espacio construido con una estructura física que tiene altura, forma y substancia pero que puede ser movida durante la actuación) que consistió en un auto, tipo *station wagon*, que colocado en el centro del escenario, se transformó en un significante de múltiples significados. Su función más importante fue la de representar el castillo de los Capuletos. Una plataforma colocada encima del auto era el balcón, lugar de encuentro de los protagonistas, en tanto que la parte de adentro correspondía a las habitaciones. La plataforma, en otras instancias, se transformó en el espacio donde ocurrían escenas callejeras. Al lado y detrás del auto había escaleras que llevaban a la plataforma o a una especie de torre en cuya cima había, un inmenso quitasol desgatado y descolorido. En este lugar bien destacado por un juego de luces, era donde se instalaba el narrador, y donde se reunían secretamente los enamorados que, en algunos momentos parecían como suspendidos en el aire, a la misma altura de los elementos cósmicos.

El espacio escénico de *A rua da amargura* era mucho más elaborado. Estaba demarcado desde la platea por cajas que una al lado de la otra,

---

[15] Agradezco a Carlos Porto y a la Sociedade Portuguesa de Autores por hacerme accesible este texto de Eduardo Garrido.

rodeaban los costados y parte de arriba del escenario las cuales contenían velas votivas y réplicas de objetos de penitencias o testimonios de milagros, como muletas, la bandera brasileña, por ejemplo. En la caja que quedaba en el centro superior del escenario, había una réplica del Cristo llagado en posición horizontal, que tenía un gran parecido al actor que representaba a Cristo. En el centro del escenario había una réplica estilizada de la natividad de Pipiripau de Belo horizonte, que estaba cerrada por una cortina y frente a la cual se representaban los distintos momentos de la historia de la pasión y muerte de Jesús. Al momento de la crucifixión se quitaron las cortinas y en su interior apareció el calvario de la crucifixión. La calle de la amargura, donde Cristo hace el recorrido que lo lleva a la cruz fue signada por una alfombra larga (¡que el mismo Jesús se encarga de extender!). Este significante es reforzado paródicamente con un letrero de calle, en que se leía: "A rua da amargura" y que era llevado por el mismo Jesús en sus manos. Las colchonetas puestas en el piso sobre las que caminaban como figuras ondulantes los actores, fueron usadas también como paredes para circunscribir espacios interiores como, por ejemplo, un burdel en la escena de María Magdalena antes de su conversión. En síntesis, el juego de espacios cerrados o abiertos, interiores y exteriores, íntimos y públicos, y la creación de espacios circunscritos por luces, dieron a ambos espectáculos una plasticidad visual que convirtió la recepción en grata experiencia estética.

Funcionamiento y valor connotativo del sistema de signos auditivos

Uno de los rasgos distintivos del Galpão es su entrenamiento musical gracias al cual logran una armonización de voces e instrumentos. El repertorio de música y canciones elegidas para sustituir o complementar los textos dramatúrgicos y con el propósito de dar a los espectáculos un aire local o regional, es bastante amplio, desde canciones de rondas infantiles, villancicos hasta cánticos religiosos de corriente uso en las misas. En caso de *Romeo y Julieta* la incorporación de canciones o solos instrumentales, le dieron al texto de Shakespeare una atmósfera general festiva, lúdica y, en varios pasajes, un matiz delicadamente lírico. Un ejemplo de lo primero es la canción "Cinzas" que los actores cantaban y danzaban al llegar al baile de los Capuletos y cuya letra indica que el platónico amor de Romeo a Rosalina, ante la tangible belleza de Julieta, será sólo un recuerdo: "Cinzas, somente cinzas no coração./ Cinzas, do nosso amor/ Juro que estava mentindo quando jurei/ Guardar pra sempre esse amor que abandonei./ Chega, já é demais tanto amargor/ Basta, não sou pierrot/ Sou arlequim bem moderno,/ Não acredito no amor."

En *A rua da amargura*, además de los signos sonoros que hemos descrito, se usó una banda de sonidos con conocidas melodías como "Las mañanitas" o la que sirvió de *leitmotif* de "Bonanza" un popular programa de TV estadounidense difundido también en el Brasil. Esta última era puesta cada vez que aparecían Caifás y sus seguidores, ya para romper el ritmo moroso del texto de Garrido o para imprimir al texto una connotación ideólogica de actualidad: los malos vienen del Norte.

La recepción

Una representación teatral es pluridimensional. El espectador recibe simultáneamente palabras, espacio, color, movimiento, música, efectos de sonidos, en fin, todos los signos con que el director, técnicos y actores dan vida a un espectáculo. Este conjunto de signos requiere de una síntesis, interpretación y comprensión; en términos semióticos, de una descodificación. Pero, sabido es que los espectadores ven y oyen cosas diferentes y que su lectura del espectáculo depende de dónde fijan su mirada, de su capacidad de concentración que varía a cada instante y de su competencia para descodificar los signos teatrales o culturales en juego. El director puede seleccionar y ordenar los signos para comunicar el significado último del espectáculo, para enfatizar ciertos significantes como la mímica del actor, el color de luces, pero el significado último del espectáculo depende exclusivamente del espectador.

Los espectáculos presentados por el Galpão en Cádiz habían sido preparados para espacios y receptores diferentes. La experiencia estética, emocional o intelectual del público de Cádiz fue obviamente diferente a la del público brasileño o de Minas Gerais. Mientras el público minero era más bien homogéneo y se ajustaba al receptor virtual que tenía en mente el grupo, el de Cádiz era un tanto heterogéneo, constituido, por un lado, por teatristas y críticos conocedores de códigos, convenciones teatrales y técnicas de actuación; por otro, por aquellos gaditanos, que durante los 13 años del FIT han aprendido a apreciar y a valorar estética y técnicamente un espectáculo teatral y, por último, por neófitos que asistían de vez en cuando o por primera vez a espectáculos teatrales. Mientras los teatristas buscaban la novedad (o los errores), los críticos desde sus propios encuadres ideológicos o estéticos, tomaban notas. Esta heterogeneidad se apreciaba cuando algunos espectadores se reían mientras otros se sorprendían de tal reacción. Mientras en *Romeu e Julieta*, los actores lograron una gran empatía con el público y recibieron una ovación final, la recepción de *A rua da amargura* fue menos entusiasta. Esto se debió a la naturaleza misma del texto, el cual a pesar de que el director matizó con elementos de parodia y trató de dinamizar con cambios de ritmo, no tuvo el carácter festivo y lúdico de *Romeu e Julieta*. La primera parte representada en la plaza frente al Falla no tuvo una iluminación suficiente y no pudo ser apreciada por todos los espectadores agolpados alrededor del improvisado espacio escénico. La segunda parte, a pesar del rico despliegue de recursos visuales y auditivos éstos no pudieron competir con el cansancio de algunos espectadores, que después de dos semanas de intensa actividad no estaban preparados para un espectáculo religioso, aunque fuera paródico. La salida de algunos espectadores, ya fuera abrumados por el cansancio o enfadados por la irreverencia de algunas escenas, se convirtió en un significante integrado al espectáculo, que viene a comprobar que el comportamiento y estado de ánimo o físico de los espectadores es una variable que indudablemente influye en el proceso de recepción de un espectáculo.

Conclusiones

En este ensayo hemos intentado demostrar cómo los dos espectáculos del Galpão presentados en el FIT-98 revelan una estética teatral, fuertemente arraigada en la tradición cultural y social sertaneja, en que el espectáculo teatral es concebido como un evento sociocultural. Sin embargo, esta estética, como lo hemos visto, no ha sido creada en el aislamiento de la llanura sertaneja, sino como una respuesta a nuevas modalidades teatrales que han surgido en las últimas décadas y que han sido adoptadas y recontextualizadas en Latinoamérica. A partir de esta conjunción de elementos vernaculares y foráneos, el grupo Galpâo ha desarrollado una distintiva práctica teatral que puede caracterizarse a partir de la intersección dialógica de signos, códigos y convenciones performativas provenientes: (1) de la tradición juglaresca, circense (específicamente de la técnica actoral del payaso); (2) del melodrama cuya exageración de las emociones y artificiosidad de la actuación, crea una autorreflexión paródica que se distancia de la convención naturalista; (3) de la *commedia dell'arte* cuya técnica se centra en el cuerpo del actor privilegiado como principal productor de signos escénicos; (4) de la apropiación y transformación de textos clásicos que se desconstruyen y reconstruyen conforme a paradigmas locales o regionales;[16] (5) del uso de la parodia e intertextualidad con que se intenta borrar las fronteras entre lo serio y lúdico, religioso y profano, lírico y lo prosaico, elitista y popular y (6) del peregrinaje a eventos internacionales del que regresan con nuevas ideas y, en muchos casos, con un dinero que les permite el desarrollo de proyectos locales.

Bibliografía

Anderson, Michael. "The Idea of Commedia in the Twentieth Century." *Theatre Research International* 2 (1998): 167-173.

Badín, María Ester. "Goldoni y el teatro porteño." *De Goldini a Discépolo*. Buenos Aires: Galerna, 1994. 15-25.

Barba, Eugenio y Nicola Savarese. *Anatomía del actor*. México: Colección Escenografía, 1988.

Bouissac, Paul. *Circus and Culture: A Semiotic Approach*. Bloomington: IUP, 1976.

Campos, Rosi y Helena Bagnoli. "O Concílio do Amor." *La Escena Latinoamericana* 5 (1990): 72-74.

Fo, Darío. *Mistero Buffo: Comic Mysteries*. London: Methuen London Ltd., 1988.

Galpão. *Documento WWW*.

García, Silvana. "Vau de Sarapalha: La Poética de Guimarães Rosa en escena." *Teatro al Sur: Revista Latinoamericana* 2 (1995): 37-45.

Garrido, Eduardo. *O Martyr do Calvario*. Lisboa: Livraria Popular de Francisco Franco, 1902.

George, David. "Brazil's Festival de Teatro de Curitiba II-The Healthy State of the Art." *Latin American Theatre Review* 27 (1994): 139-144.

---

[16] Al canibalismo cultural ampliamente practicado por directores europeos que miran a formas teatrales del "exótico" tercer mundo para hacer más atractivos sus espectáculos, se está respondiendo, desde el otro lado, con un gozoso e irreverente carnavalismo que deconstruye el texto "clásico" para parodiarlo o apropiarse de él hibridizándolo y estampándole un nuevo sentido contestatario al original.

Jenkins, Ron. *Acrobats of the Soul: Comedy and Virtuosity in Contemporary American Theatre*. New York: Theatre Communications Group, 1988.

Katritzky, M.A. "The Commedia dell'arte: An Introduction." *Theatre Research International* 23.2 (1998): 99-103.

Kennedy, Dennis. "Shakespeare and Cultural Tourism." *Theatre Journal* 50 (1998): 175-188.

Luzuriaga, Gerardo. *Del absurdo a la zarzuela: glosario dramático, teatral y crítico*. Ottawa, Canada: Girol Books Inc., 1993.

Makaryk, Irena R. "Shakespeare Right and Wrong." *Theatre Journal* 50 (1998): 153-163.

Manzella, Gianni. "Modos de produccion del nuevo teatro." *Máscara* 3 (1990): 38-41.

Marinis, Marco de. *Comprender el teatro: lineamientos de una nueva teatrología*. Buenos Aires: Editorial Galerna, 1997.

Mello, Oliveira. *Minha Terra: Suas Lendas e seu Folclore*. Patos de Minas-Minas Gerais: Editôra da «Academia Patense de Letras», 1970.

Melo, Veríssimo. *Folclore Infantil*. Rio de Janeiro: Livraria Editora Cátedra, 1981.

Milaré, Sebastião. "Vôce vai ver o que vôce vai a ver." *La Escena Latinoamericana* 1 (1989): 60-61.

Paniago, Maria do CarmoTafuri. *Viçosa-Tradições e Folclore*. Viçosa: Universidade Federal de Viçosa, 1977.

Richards, Kenneth. *The Commedia dell'Arte*. Oxford: Basil Blackwell Ltd., 1990.

Rouyer, Philippe. "Le théâtre posmoderne comme mélodrame." *Europe. Revue Littéraire Mensuelle* 703-704 (1987): 97-100.

Rudlin, John. *Commedia dell'Arte: An Actor's Handbook*. London: Routledge, 1994.

Slowik, Humberto. "Antes que as luzes finalmente se acendam." *Gaceta do Povo* 13 de marzo (1997): 1.

Villegas, Juan. *Para un modelo de historia del teatro*. Irvine, California: Ediciones de *Gestos*, 1997.

Villela, Gabriel y Sebastião Milaré. "O Teatro e o Sonho." *La Escena Latinoamericana* 7 (1991): 37-41.

Escena de *Romeo e Julieta*

Escena de *A rua da amargura*

Mme. Curie

El pecado que no se puede nombrar

Dos personas diferentes dicen
que hace buen tiempo

Después de la muerte

Negociaciones teatrales en tiempos de globalización: del placer y del goce

Gustavo Geirola

Whittier College

> Puede decirse que el goce está limitado por procesos naturales. Pero, a decir verdad, si son procesos naturales no sabemos nada de ellos. Sabemos simplemente que hemos acabado considerando como natural la blandenguería en la que nos mantiene una sociedad más o menos ordenada, salvo que todos se mueren de ganas de saber qué sucedería si eso hiciera daño de verdad. De ahí la manía sadomasoquista que caracteriza a nuestro tan amable ambiente sexual. (Lacan, *Seminario 17,* 191)

Toda tendencia o pulsión (*Trieb, Todestrieb*), según advierte Lacan, "es virtualmente una pulsión de muerte" (*Écrits,* 848), no sólo en tanto ésta busca su propia extinción, sino en cuanto involucra al sujeto en la repetición, conduciéndolo a un exceso de goce (*jouissance*). Este plus-de-goce, esta búsqueda de una satisfacción imposible a costa incluso de la supervivencia, se define como lo que faltando, pero faltando en exceso, empuja al sujeto más allá de todo límite impuesto por la ley. Este ensayo intentará brevemente calibrar la irrupción de esos momentos de riesgo del sujeto, esos desbarrancamientos del deseo tal como parecieron emerger en algunas obras presentadas en el Festival de Cádiz de 1998. Asumimos la perspectiva abierta por la elaboración topológica lacaniana del síntoma (*symptôme*) y el *sinthome* como una alternativa teórica para pensar, en relación a la teatralidad iberoamericana de fin de siglo y de milenio, ese espacio problemático en el que se debaten, por un lado, la insistencia de ciertos discursos, las transgresiones imaginarias, los residuos de experiencias pasadas y, por el otro, aquello que, como plus-de-goce, atenta contra las imposiciones culturales de la teatralidad moderna y busca, sin importarle los riesgos, articular negociaciones nuevas en el hacer teatral.

Goce e ideología

Cuando Slavoj Zizek intenta abordar "la lógica de la burocracia totalitaria" (308) en su libro _Porque no saben lo que hacen_ (que además tiene el sugerente subtítulo de "El goce como un factor ideológico"), debe recurrir necesariamente a los desfiladeros en los que se debaten la figura del superyó y la ley. "La ley —nos dice Zizek— es la agencia de prohibición que regula la distribución del goce sobre la base de una renuncia común, compartida ("la castración simbólica"), mientras que el superyó marca un punto en el cual el goce _permitido_, la libertad para gozar, son convertidos en lo inverso, en la _obligación_ de gozar" (309). Y si esta obligación es lo que finalmente bloquea el acceso al goce, resulta interesante explorar de qué modo algunas obras presentadas en Cádiz 98[1] acataron la ley, cedieron a los mandatos del superyó o se las ingeniaron para renegociar la pulsión de muerte. Sin embargo, este ensayo no va a detenerse en la lectura de las obras como síntomas, sino en la forma en que en éstas, como sinthome, gestionaron estrategias para enfrentar los mandatos superyóicos, sea del Estado o de las imposiciones neoliberales, sea del teatro mismo como aparato de la modernidad.

Desde 1963, Lacan se ve llevado, por el movimiento de su propio descubrimiento, a repensar el estatus lógico del síntoma y postularlo como significante. Deja atrás, entonces, la concepción del síntoma como mensaje enigmático, cifrado, como índice y hasta como metáfora, es decir, como lo que reclama de hecho una interpretación; su elaboración teórica intenta llevar la interrogación sobre el síntoma hacia el terreno del goce, como sinthome, tal como deviene en un proceso de escritura. El sinthome aparece así como una determinación del inconsciente, un puro goce, la forma en que un sujeto goza de su inconsciente, la cual _no configura un llamado al Otro ni tampoco un medio por el cual dirigirse a alguien_. Si en las tempranas etapas de la teorización lacaniana la disolución del síntoma (de acuerdo a cierta lectura del psicoanálisis freudiano) constituía

---

[1] Me refiero al Festival de Cádiz 98, pero creo que esta tendencia se la podría ver funcionando en el teatro de las capitales latinoamericanas. Por ejemplo, salvo algunas excepciones, parece hallársela en muchos espectáculos argentinos presentados en el Primer Festival Internacional de Buenos Aires.

el fin del análisis, la teorización del sinthome, en tanto núcleo de goce
permanente no alcanzable por la eficacia simbólica, sitúa el fin del análisis como travesía del fantasma fundamental y una posible modificación
del sujeto en su modo de goce.

Se configura así, vía Lacan y Zizek, una perspectiva política que nos
impone dirimir hasta qué punto los espectáculos de Cádiz tomaron partido
en la conceptualización lacaniana de placer y goce, en qué medida ellos
se plantearon a la manera de un síntoma que remitía a un sinthome y,
finalmente, hasta qué punto y por qué medios ellos se posicionaron frente
a los síntomas sociopolíticos de sus contextos culturales. En términos
equivalentes, la cuestión que nos va a ocupar es la de hasta qué punto los
espectáculos de Cádiz se apoltronaron en la *confort*abilidad del placer, de
lo atenido a la ley, a lo autorizado y lo prohibido, o bien enfrentaron la
dimensión del goce, sea por acatamiento al superyó, sea por el atravesa-
miento de los fantasmas culturales y el reposicionamiento del sujeto frente
a las transformaciones impulsadas por la economía neoliberal y los
discursos "multiculturalistas" que intentan hacerla digerible. Se trata,
pues, de la misma pregunta que Jameson se hace al confrontar los estudios
multiculturales con una evaluación de la globalización cultural en sí: "Is
it a matter of transnational domination and uniformity or, on the other
hand, the source of the liberation of local culture from hidebound state
and national forms?" ("Preface," xiii).

En este orden de cosas, Zizek articula síntoma y multiculturalismo de
una forma capaz de permitirnos evitar en nuestra lectura de las obras el
típico procedimiento impuesto por el discurso del amo, es decir, postular
la identificación del síntoma y su excepcionalidad ("Multiculturalismo,"
176) para luego proceder a una generalización o universalización sobre
el teatro iberoamericano. Zizek propone, en cambio, identificarse con el
síntoma en tanto goce invitando a la crítica a "identificar la universalidad
con la cuestión de la exclusión," es decir, promover la identificación con
"el punto de excepción/exclusión inherente al orden concreto, positivo,
el 'abyecto,' en tanto único punto de universalidad verdadera" ("Multiculturalismo," 186, el subrayado es del autor). Este lugar de enunciación, que
Zizek esboza para reacomodar la crítica marxista, sólo será válido (y hasta
novedoso) —aunque Zizek no lo subraye— en la medida en que este
cuestionamiento del "orden universal concreto en nombre de su síntoma"
("Multiculturalismo," 185), asuma enunciarse desde lo que Lacan articuló
como contrario al discurso del amo, es decir, el reverso del psicoanálisis,

y que él llamó el discurso del analista o, al menos, posicionar la crítica en el discurso de la histérica, en la medida en que éste promueve el "hacer desear" (Lacan, *Seminario 17*, 187). En tanto imposible, el psicoanálisis lacaniano (referido al "campo del goce" [Lacan, *Seminario 17*, 86]) promueve la dificultad misma que significa el discurso del analista, como opuesto al discurso del amo, es decir, "opuesto a toda voluntad, al menos manifiesta, de dominar" (*Seminario 17*, 73; *Radiofonía*, 72-77).

Globalidad del acatamiento y acatamiento global

Si nos atenemos al epígrafe de este trabajo, la cuestión multiculturalista referida por Jameson, se reduce para Lacan a la oposición entre la blandenguería cultural promovida por el placer como acatamiento uniformizante y "consumerista" (con su correlato eufórico sadomasoquista), y el goce. En cierto sentido, se podría pensar que estamos aquí, si no frente a la tendencia mayor, al menos frente a la modalidad más sobresaliente de la tendencia teatral, tal como se dejó ver en Cádiz. Es evidente que el ingreso a la globalización, sea de las formas y/o de los contenidos, no supone, como contrapartida, una liberación de las historias locales. Ciertamente, es lo contrario lo que constatamos en el festival: lo local/nacional parece incorporarse y hasta disolverse en un orden de mercado global, es decir, en un cierto orden de internacionalización o universalización.

Asimismo, vistos los espectáculos desde el síntoma según la perspectiva tradicional, se correría el riesgo de generalizar sin detenerse, como plantea Zizek, en interrogarse sobre lo excluido. En efecto, los espectáculos de Cádiz 98 poco o nada tuvieron que ver con las exclusiones que se están promoviendo en los países de origen de las piezas, como impacto global de la política neoliberal: pobreza generalizada, caída de los sectores medios, delincuencia creciente, corrupción estatal, desmantelación del sistema educativo, desempleo progresivo, desastres naturales, droga, Sida, desamparo social de los sectores desprotegidos, avasallamiento ecológico, etc. Salvo por las referencias de catálogo a la pertenencia nacional del grupo, y sin que esto supusiera algún tipo de referencia específica para la comprensión del espectáculo, éstos podían representarse sin mayor cortocircuito comunicativo. Como anotábamos más arriba, no se posicionaban frente a su goce, sino que, por el contrario, asumían un espectador-consumidor universalizado, globalizado. En vez de articular su goce en relación a lo particular, se aposentaban en el placer de construir relatos "universales," convocando cuestiones generales (*la* mujer, *la* memoria, *la* colonización, *la* revolución, *el* amor), diseñando además un horizonte espectatorial capaz de dirigirse a todos, sin diferenciación, universalmente.

Frente a lo que dio en llamarse el Nuevo Teatro Latinoamericano de los años sesentas y setentas, con su intensa discusión de contenidos doctrinarios, su hiperpoliticidad panfletaria, su obsesión por articularse con la "realidad," con su desesperada búsqueda del otro nacional (subalterno o partidario) y sus experimentaciones estéticas con el espacio, la corporalidad, la teatralidad y el realismo, las obras presentadas en Cádiz 98 se mostraron, en cambio, plegadas al discurso "global" dominante. Y no sólo se desentendieron de un cuestionamiento de la teatralidad del teatro moderno como tal y de la política de la mirada que le es inherente, sino que justamente fue esa misma teatralidad dominante la que subsumió y vació de eficacia política aquellos procedimientos que, en otra circunstancia, hubieran enfrentado transgresivamente la ley. La teatralidad del teatro moderno (europeo, blanco) se instala de esa forma como lo que Zizek denomina "'neutralidad malévola' propia del superyó" (*Porque no saben*, 308), para indicar ese momento lógico en que la burocracia se hace totalitaria, a saber, no cuando el sujeto enfrenta la presión de una autoridad, de un significante amo, sino cuando asume un saber como no subjetivizado históricamente, es decir, como un conocimiento objetivo de por sí, perteneciente a la naturaleza humana universal, en este caso el teatro moderno y su teatralidad inherente. De ahí que, incluso en los términos de un autor con tanta profesión de antilacanismo como Noam Chomsky, aunque no menos preocupado que Zizek por liberar a la crítica marxista de sus atrapamientos simbólicos e imaginarios, podemos decir que todos los espectáculos de Cádiz 98 aceptaron representarse, sin más y sin menos, ante el "público." "That people must submit —escribe Chomsky— is taken for granted pretty much across the spectrum. In a [modern] democracy, the governed have the right to consent, but nothing more than that. In the terminology of modern progressive thought, the population may be 'spectators,' but not 'participants'" (44).

Frente a esta falta de cuestionamiento de la producción como tal, sea de la teatralidad y/o de la función espectatorial, tan cara a los sesentas, todos los supuestos recursos que fingen alguna filiación a una estética, quedan anulados en su capacidad de negociación efectiva con la supuesta

"nueva" globalización,[2] porque carecen de eficacia cuestionadora frente
a lo marginado/excluido por las políticas neoliberales.

El imperio del placer

Así, las cuestiones abordadas por los espectáculos en Cádiz, tales
como las relaciones de pareja, el rol de la mujer, la complicidad de la
ciencia con las políticas imperialistas, la función social del intelectual, el
avasallamiento de la identidad, el cuerpo y sus arraigos, la pérdida de la
memoria, etc., no pudieron ir más allá de la empatía típica que resulta de
desestabilizar por un momento el registro imaginario de los relatos, sin
que lo simbólico (impuesto en el orden estructural y escópico de la teatralidad), diera señas de percibir amenaza alguna a sus coerciones. Los
espectáculos se situaron en el orden de jugar placenteramente con: (a) la
convocatoria a la intertextualidad (*Otra Tempestad, El pecado que no se
puede nombrar*); (b) la transposición o descontextualización desidelogi-
zante de procedimientos teatrales de la tradición popular, como el circo
y el melodrama, a un teatro de cámara con pretensiones de sofisticación
y gran dosis de esa euforia sadomasoquista que Lacan situaba como
contrapartida de la sociedad de consumo (*Deadly*); (c) el montaje estereo-
tipado de emblemas nacionalistas como vaciado de los planteos sobre la
nacionalidad en la globalización (*Después de la muerte*); (d) el reciclado
de estrategias de puesta en escena y de contenidos brechtianos debilitados
de su provocación y eficacia políticas (*Madame Curie*); (e) la incorporación de tecnología audiovisual como decorado, sin una postulación crítica
sobre las estrategias espectatoriales implicadas por los medios masivos
(*Poeta en Nueva York*); (f) la fundamentación empirista, psicologista y
asistemática de los objetivos teatrales o de las técnicas actorales utilizadas, especialmente en los espectáculos infantiles (*Aniversari Animal; El
viaje de Pedro el afortunado*); (g) el uso, postulado como "novedoso," de
estrategias discursivas que remitían a las primeras obras de Pavlovsky,
Gambaro o Jorge Díaz (*Dos personas diferentes dicen que hace buen
tiempo*); (h) la apelación a la factura fragmentaria, con o sin recurso al

---

[2] Como algunos otros críticos, Chomsky plantea como base de discusión
e investigación "how 'global' the economy really is" (39), y constata que
"the economy is not more global [now] than early in this century" (39).

flashback (*Otra Tempestad, La edad de la ciruela*); (i) la aparente diseminación del sentido en piezas que dejaban ver bajo la alegoría la fuerte imposición de un significado o tesis previos y fundantes (*Otra Tempestad, El pecado que no se puede nombrar*); (j) el envasado del rito en la teatralidad del teatro (*Otra Tempestad*) y finalmente (k) la insistencia de una formación actoral y un diseño corporal con base en la representación realista, más allá de la apelación a la acrobacia, a la tecnología, a la ritualidad, o a las rupturas discursivas de la continuidad psicologista.

Como se ve, espectáculos *puzzle* (Sadowska-Guillon, 72) en los que el trabajo parece articularse no sobre el sinthome, no sobre el fantasma fundamental y el registro simbólico —de la cultura moderna y de la teatralidad del teatro que le es inherente— sino sólo sobre la lógica del relato, en cualquier tipo de juego combinatorio de la historia y el discurso, un teatro con demasiada dosis de recursos literarios, pero incapaz de desestabilizar la legalidad misma de la representación moderna. Se constata así hasta qué punto el rechazo de los protocolos y prácticas de los años 60 y 70, se corresponde paradojalmente con su repetición amortiguada, ya no rebelde sino como un verosímil "naturalizado" que se acata sin cuestionamientos. Pero esta repetición de aquella pulsión de muerte que animaba la experimentación de los sesentas latinoamericanos, con su prepotencia de goce y su afán de promover un "saber" (Lacan), pareciera ahora responder a la afirmación lacaniana de que "[t]odo lo que, en la repetición, se varía, se modula, no es más que alienación de su sentido" (*Seminario 11*, 69) o, en términos chomskianos, una rebelión pasada por el tamiz de ese proceso represivo sufrido en América Latina en los últimos treinta años, que ahora parece haber desplazado la invectiva experimental en pro de un debatible "engineering consent [as] the very essence of the democratic process" (Chomsky, 53).

Los guiños del goce

Sin embargo, no se debería ceder tan rápido al principio catalogador, como parecieran insinuarlo los párrafos anteriores. Quisiéramos ahora tratar de apreciar esos momentos del Festival de Cádiz 98 en los que lo excluido se esforzaba por *hacerse ver* y exigía cierta posición del sujeto. Es decir, captar esos momentos en los que, más allá del momento disyuntivo y autoerótico de ver/verse, algo en la dimensión del goce reclamaba la escena.

En *Deadly*, por ejemplo, como en el famoso cuadro "El grito" de Edward Munch, la contorsión corporal y facial materializaba, detrás del fantasma sadomasoquista, la pulsión invocante y la ferocidad superyoica. "Toda pulsión —nos dice Alberto Marchilli— es inherente al sado-masoquismo, ya que es en la voz imperativa que se fundan, y es ese imperativo el que recuerdan" (29). A la ley que aparece ordenando "¡Goza!" (*Jouis!* en el francés de Lacan), el sujeto sólo puede responder "¡Oigo!" (*J'ouis*) (Zizek, *Porque no saben*, 309). "The commanding authority of the voice —escribe Dolar— is already inscribed in the very posture of listening. As soon as one listens, one has started to obey" (n2, 28). Como ocurría en *El señor Galíndez* (Geirola "Protocolos"), esa ley es la voz del Padre terrible, con sus raíces en el Ello y su conversión a la dimensión espacio temporal que constituye al arte teatral mediado por la mirada. El ruido de los cuerpos en *Deadly*, y hasta los gritos y los susurros, no dejaban de insistir, de hacer(se) oír en la consistencia del silencio que ellos provocaban (Grüner, 42). El sujeto se muestra en *Deadly* escuchando y obedeciendo esa voz autoritaria, a la vez que, en el movimiento de su dolor, va como excediéndose, como explotando, desbordando su apresamiento en esa dimensión de lo afónico frente a ese Otro que parece haberse tornado sordo a las palabras; incluso más, el sujeto aparece como debatiéndose frente al residuo del fascismo en su imposición no de "hacer callar" sino de "hacer hablar," de promover compulsivamente la delación infinita en lo social.

Los protagonistas de *Deadly* habitan ese espacio todavía moderno, articulado como un modelo de profundidad que, según Jameson, continúa insistiendo incluso en el *high modernism*: esencia/apariencia, latente/manifiesto, autenticidad/inautenticidad y, finalmente, significado/ significante (*Postmodernism,* 12). Por eso en *Deadly*, el melodrama y el circo son como formas muertas, en la que coexisten paradojalmente el acceso a la palabra y la promoción de un "hablar para no decir nada" que tanto preocupaba a Beckett. El sujeto se sitúa entre el desborde de su náusea y esa "flatness" postmoderna del capitalismo tardío que señala Jameson (*Postmodernism,* 9). De ahí el recurso desesperado a la acrobacia (a la payasada) melodramática y circense, situada ahora no en el espacio circular, participatorio, popular del circo, sino en un espacio múltiple de profundidades ficticias, esto es, el circo engullido por la teatralidad del teatro burgués. Más allá de lo fetichizado, de lo *visualizable*, se *visibiliza* (Geirola, "Visualidad...") en *Deadly* lo que pulsiona por liberarse a la vez de la ley y de sus coerciones superyóicas, estas últimas representadas en la esquemática narrativa amorosa moderna, en su expresión más extrema y desesperada: la manía sadomasoquista de la que hablaba Lacan.

Deadly reinscribe la canonicidad de la teatralidad moderna, conteniendo la productividad circense y alienándola, pero sin llegar a la fragmentación o dispersión total de los significantes. La escena aquí es todavía —como también veremos en los espectáculos del Sportivo Teatral y de El Patrón Vásquez— un espacio subjetivo moderno, llevado a su tensión máxima entre una modernidad inconclusa y una recaptura violenta provocada por la imposición globalizante del capitalismo tardío. En cierto modo, esta violencia generada por procesos abortados puede ser una modalidad del fantasma cultural que queremos explorar en estas páginas. El espacio sofocante de estas piezas permanece todavía como una "individual subjectivity as a self-sufficient field and a closed realm" (Jameson, *Postmodernism,* 15). Los protagonistas (¿actores, personajes?) más que liberar una ansiedad contenida, sufren con/en el silencio una muerte progresiva de la posibilidad de palabra, no por exceso de su deseo, sino por su planificada cancelación. Así, más que la expresión o estilización de los sentimientos, en estas piezas se nos da a ver un espacio tabular en el que, frente a la atroz pesadez de los cuerpos (siempre a punto de caer de su aparente liviandad), frente a la instrumentalidad del cuerpo como tal, sólo se deja visualizar el residuo de meras intensidades, en la afánisis o *fading* del sujeto (Lacan, *Seminario 11,* 218) que, ya mudo, ha dejado entonces de abrir una puerta a su deseo. Estas intensidades (Jameson, *Postmodernism,* 16) tampoco requieren ya de personajes, sino sólo cuerpos, anónimos, cualesquiera, sustituibles, debatiéndose en una sincronicidad sin memoria.

Dos personas diferentes..., de El Patrón Váquez, con su incontrolable verborragia, es sólo aparentemente la contracara de la silenciosa *Deadly.* En este espectáculo, el exceso de palabra remite a la diferencia lacaniana entre palabra plena y palabra vacía. Sin embargo, lo que quisiéramos aprehender del goce aquí estaría más ligado a esas disrupciones discursivas, los errores lingüísticos, los lapsus que "hacen ver" el inconsciente, pero que también denuncian la captura del sujeto en lo que Lacan llamó el *automaton* (*Seminario 11,* 62). No es el sujeto que habla, es el Otro imperativo que habla a traves de ellos, que los habla, y de la repetición controlada, es lo simbólico en su pretención mecánica, compulsiva, absoluta. El correlato de esta voz insensata y feroz es justamente el crimen que se deja entrever, como un significante amo forcluido[3] que retornaría de lo exterior y que impone hablar. Por eso, tenemos aquí la misma intensidad que en *Deadly*, porque los sujetos quedan debatiéndose entre la coexistencia de un orden simbólico (que los hace sujetos) y el otro lado de la ley, el lado insensato (que los desbarranca por un goce de palabrería infrenable, parasitaria, *bárbara*).

En el espectáculo del Sportivo Teatral, *El pecado que no se puede nombrar*, asistimos a esa forma extrema y desesperada de la conspiración cuando se asume como un discurso del amo puesto ridículamente a actuar en la irrisoriedad de su marginación. En esta reinscripción arltiana, el homoerotismo de las milicias revolucionarias pone en funcionamiento el sadismo ("the aim of the sadist —nos recuerda Zizek— is *faire exister l'Autre*" ["I Hear You," 105]). Pero este querer apoderarse de ese imposible lugar, vislumbrado como el Otro del Otro, los empuja hacia la "mujerización" en un compulsivo *performance* que devela, en el espacio minúsculo de la representación, el inicial goce homoerótico del proyecto y la instalación final del sujeto en la estructura "perversa" como goce del Otro (Lacan). La transgresión fracasa y ese fracaso deja vislumbrar el fantasma fundamental, como una defensa frente a la falta en el Otro, que permitiría replantear la economía política de la cultura argentina (y quizás sudamericana), en cuanto al destino de las transgresiones y de las dificultades para vérselas con la repetición y el Otro en la constitución del sujeto. Este fantasma podría ser elucidado, en un trabajo detallado sobre *El pecado que no se puede nombrar*, como una lógica o, en términos más freudianos, como una gramática que articularía las variaciones de "abusar/ser abusado/abusarse" como ecuaciones para repensar ese devenir objeto del sujeto en la perversión del colonialismo, la dependencia o la globalización.

Estas irrupciones brutales del goce "que no se puede nombrar" en *Deadly*, *Dos personas diferentes* y *El pecado* (y no es arbitrario que estos espectáculos provengan de Argentina y Brasil) podrían contrapuntearse con *Una de cal y otra de arena*, el espectáculo presentado por el grupo puertorriqueño Agua, Sol y Sereno. Es posible imaginar que sea la actual posición política de Puerto Rico aquello que lleva en este espectáculo a

---

[3] En el campo lacaniano la *forclusión* es el mecanismo que caracteriza a la psicosis y se diferencia de la *represión*, la *proyección* y la *negación*.

promover un fantasma fundamental no perverso. En primer lugar, este espectáculo confrontaba dos discursividades teatrales, que, abreviando, podrían remitirse a dos búsquedas diferenciadas tales como fueron las de Meyerhold y Stanislavski, como matrices de todas las discusiones estéticas del Nuevo Teatro Latinoamericano. Ambas contrapunteaban sus resortes ideológicos y, a pesar de que hicieron el espectáculo en una sala tradicional y que tenían no obstante un objetivo o significado programático a transmitir, lograron hacer percibir la dimensión del significante, probablemente punto inicial de un proceso de transformación de la teatralidad del teatro. Mientras el personaje de la mujer luchaba stanislaskianamente por su identidad como personaje y por la definición de su rol, los otros "actantes" transformaban meyerholdianamente los objetos en significantes que, a su vez, participaban metonímica y/o metafóricamente de múltiples series enunciativas. Transformaban así toda la escenografía en un verdadero instrumento musical que, por lo mismo, hacía cada vez más evanescente el imperialismo del sentido. El espectador tenía que reinscribir a cada momento el "objeto" en una serie significante posible que, a su vez, proliferaba en un paisaje casi xulsolariano. Esta musicalidad invitaba a una participación ritualística, y allí fue cuando la audiencia percibió las restricciones impuestas al ritual por el formato teatral moderno, tal como ocurría en *Otra Tempestad* del grupo cubano Buendía. No había aquí una veleidad esencialista (sea genetista o meramente antropológica) empecinada en el "rescate" de lo reprimido, sino una dispersión festiva de la memoria en la ambigua negociación mediada por la conversión instrumental de los aparatos del dominador, asumidos como ruido, y reincorporados como/al ritmo.

En la entrevista que nos dio el grupo, sus integrantes afirmaron que habían querido darle a la obra la agilidad de la publicidad televisiva (diseño de espectador que no escapó a sus preocupaciones), y que habían querido partir de los residuos generados por el progreso y proceder a dignificarlos, alejándose así del ya tradicional descuido de la televisión, típico de los dramaturgos latinoamericanos de los años 60. Para ellos el tema de la identidad no puede ser abordado en sentido "excavatorio" ni soberbio, es decir, a partir del discurso del amo. Su diferencia con las generaciones anteriores, dijeron, consiste en que ellos carecen del afán de cambiar totalmente la realidad, de que tampoco intentan imponerla como un discurso dominante, sea del amo o sea universitario.

La globalización debe "dialectizarse," no mediante una resistencia suicida sino mediante un arte, el teatro en este caso, capaz de otorgar poder a las comunidades, permitiéndoles definir ese poder allí donde éstas ni lo sospechan. Como ocurría en la pieza, el grupo proponía no quedarse fascinado con el hallazgo de un resto taíno que definiría automáticamente su identidad, ni tampoco paralizarse, a la manera de un museo, dentro del pozo de la excavación en la contemplación de una cultura desaparecida. La añoranza del pasado, para ellos, es una forma de parálisis. "No se vive con eso," dijeron. También comentaron las formas en que la obra se había ido modificando con el tiempo y les había servido como aparato de discernimiento político y teatral. Es que ellos no ambicionan espectáculos de alto grado de saturación, porque, según dijeron, esa saturación provoca en el espectador una ilusión peligrosa: que el público, en vez de construir un saber junto con ellos, crea que el grupo tiene una verdad que autorizar. El deliberado inacabamiento también postula la pieza como un espacio para que la audiencia pueda, como en la experiencia analítica, expulsar las imágenes o los significantes en los que, en tanto sujeto, está capturada, o bien, como en el discurso de la histérica, el espectáculo le demande la producción de un (nuevo) saber. Aprestándose a comenzar un despegue de lo artesanal-amateur hacia lo profesional, Agua, Sol y Sereno tiene discusiones ardientes sobre el diseño más apropiado del actor en una sociedad de cambios acelerados. Es su presente desafío al Otro como tal.

Este espectáculo, además, involucró a los espectadores a partir de una apelación a la capacidad (maternal) de la chora presemiótica, presimbóli-ca (Kristeva). La transformación progresiva del ruido (del trabajo) en ritmo (caribeño, multiétnico, multicultural), determinó, por medio de un deslizamiento constante del significante, una particularidad "musical" capaz no sólo de descentrar al sujeto y replantear su relación con el Otro y el goce que le falta, sino también abrió un espacio para liberar al teatro de la regulación literaria.

Estos cuatro espectáculos ejemplifican hasta qué punto el teatro latinoamericano debate su existencia entre, por un lado, las imposiciones de un juego cultural indiferenciador, capaz de hacer de las piezas mercan-cías circulables en un mercado global, y por otro, la exigencia de negociar entre las reglas del juego, que se presentan como irreversibles, y las exclusiones operadas por el juego mismo en cada región. Además, el sutil deslizamiento del deseo y su constante acecho por la estructura de la perversión, tal como parece ser la norma, sumado a la compleja negociación entre placer y goce que, en tanto arte, el teatro tiene como condición de sobrevivencia, no conducen irremisiblemente —como lo demuestra el grupo puertorriqueño— a un acatamiento ineludible a los mandatos superyóicos. Como hemos insinuado, el futuro no sólo va a ser convocado por lo excluido, sino también por la necesidad de abordar críticamente las insistencias, imposiciones e intrusiones más naturalizadas, invisibilizadas, de esa experiencia histórica y cultural que conocemos como la modernidad.

Bibliografía

Chomsky, Noam. *Profit Over People. Neoliberalism and Global Order.* New York, Toronto, London: Seven Stories Press, 1999.

Dolar, Mladen. "The Object Voice." *Gaze and Voice as Love Objects.* Ed. Renata Salecl y Slavoj Zizek. Durham and London: Duke UP, 1996. 7-31.

Fraser Delgado, Celeste y José Esteban Muñoz, eds. *Everynight Life: Culture and Dance in Latin/o America.* Durham & London: Duke UP, 1997.

Geirola, Gustavo. "Protocolos de obediencia, dinámica perversa y fantasías masculinas en Oscar Villegas y Eduardo Pavlovsky." *Latin American Theatre Review* Fall (1988): 81-98.

—. "Visualidad/visibilidad: fetichización de la identidad sexual en *Luminarias*, de Evelina Fernández." *Gestos* 25 (1998): 51-73.

Grüner, Eduardo. "El grito, el silencio: la mirada, el murmullo." *Conjetural* 9 (1985): 33-46.

Jameson, Fredric. "Preface." *The Cultures of Globalization.* Ed. Fredric Jameson y Masao Miyoshi. Durham and London: Duke UP, 1998. xi-xvii.

—. "Sobre los 'Estudios Culturales.'" *Estudios Culturales. Reflexiones sobre el multiculturalismo.* Ed. F. Jameson y Slavoj Zizek. Buenos Aires: Paidós, 1998. 69-136.

—. *Postmodernism or, The Cultural Logic of Late Capitalism.* Durham: Duke UP, 1991.

— y Slavoj Zizek. *Estudios Culturales. Reflexiones sobre el multiculturalismo.* Buenos Aires: Paidós, 1998. 137-188.

Kristeva, Julia. *Polylogue.* París: Seuil, 1977.

Lacan, Jacques. *Écrits.* París: Seuil, 1966.

—. *Psicoanálisis: Radiofonía & Televisión.* Barcelona: Editorial Anagrama, 1977.

—. *Seminario 11: Los cuatro conceptos fundamentales del Psicoanálisis.* Buenos Aires: Paidós, 1987.

—. *Seminario 17: El reverso del Psicoanálisis.* Buenos Aires: Paidós, 1996.

—. *Seminario 20: Aun.* Barcelona: Paidós, 1985.

Marchilli, Alberto. "El fantasma y lo invocante." *Conjetural* 9 (1985): 13-32.

Mutchinick, Daniel. "La voz: un estilo del fantasma." *Conjetural* 9 (1985): 47-53.

Sadowska-Guillon, Iréne. "¿La escena en estado de catástrofe?" *Conjunto* 109 (1998): 70-74.

Zizek, Slavoj. "'I Hear You with My Eyes'; or, The Invisible Master." *Gaze and Voice as Love Objects.* Ed. Renata Salecl y Slavoj Zizek. Durham and London: Duke UP, 1996. 90-126.

—. "Multiculturalismo o la lógica cultural del capitalismo multinacional." *Estudios Culturales. Reflexiones sobre el multiculturalismo.* Ed. F. Jameson y Slavoj Zizek. Buenos Aires: Paidós, 1998.

—. *Porque no saben lo que hacen. El goce como un factor político.* Buenos Aires: Paidós, 1998.

LA ZARANDA

E S P A Ñ A

CUANDO LA VIDA ETERNA SE ACABE

de Eusebio Calonge

dirección Paco de La Zaranda

"... un clamor
de desesperación
por mi ideal
saqueado".

León Bloy, El Mendigo Ingrato

La crujía del albergue. Ronquidos y gorgozadas. Chinches reacias al manotazo. Fuera, las inclemencias del tiempo. Dentro, sobre los somieres numerados, jirones de destino deshauciados, revolviéndose en sus agusanados olvidos. Fuera, el temporal ha borrado los caminos bajo el fango. Dentro, los prófugos de sueños se fugan hacia la nada. La crujía del albergue. Fondeadero de la mosca en la pústula. Llagas que dejan un reguero de derrota. Fuera, barrizales, oscuridad, la eterna brevedad del tiempo. Dentro, postreras pasiones, epitafios, responsos, el mármol eterno de la historia; todos los diques que se ponen al tiempo para que no se escape. Fuera, sopla negro, un vendaval capaz de llevarse hasta la memoria. Dentro, fuera... los dos lados de la muerte que la ruinosa tapia del refugio separa... Pavesas de esperanza. Tienen los prólogos el hábito de justificar lo que hicimos y apenas si explican lo que se intentó hacer. Quizás porque los razonamientos no pueden indagar en el misterio que debe encerrar toda obra dramática, ya que sus dominios no tienen leyes conocidas, siendo leyes más hermosas que las que mueven la vida real. En modo alguno este prólogo contiene o pretende contar el sentido o fin último de esta obra, acaso estos apuntes sirvieran sólo para prefigurar su texto, y sea el teatro quien desvele lo que las palabras frecuentemente ocultan, haciendo que sobre el escenario aparezca la realidad de lo que no sucede, lo visible y lo invisible.

ELENCO

GASPAR CAMPUZANO
FRANCISCO SÁNCHEZ
ENRIQUE BUSTOS
FERNANDO HERNÁNDEZ

Dirección y Espacio Escénico
PACO DE LA ZARANDA

GRAN TEATRO FALLA
17 de Octubre a las 22,30 h.
Precio: de 500 a 1.000 ptas. Duración: 75 minutos.

LA MÁ TEODORA
ESTADOS UNIDOS

DELIRIO HABANERO
de Alberto Pedro Torrientes
dirección Alberto Sarraín

ELENCO

DAVID FERRER
RAÚL DURÁN.
MAGALY AGÜERO

Dirección y Productor General
ALBERTO SARRAÍN

Delirio habanero es una elegía a la permanencia. Los desatinos palaciegos y las compulsiones mesiánicas desde el poder suelen hacer estragos en una cultura, pero no pueden ahogar sus latidos esenciales. Alberto Pedro ha sabido apropiarse de un conflicto dramático que lo hace oscilar entre realidad y alucinación, haciendo otra vez derroche de capacidad imaginativa. Pero lo curioso es cómo esta " tragicomedia musical a capela" cobra vida a través de la risa y el enmascaramiento, con un patético aliento de liberación individual. En este bar en ruinas, Beny Moré, Celia Cruz y Varilla sobreviven en el goce de tres personajes enajenados que cantan allí su triunfo sobre el miedo y la ausencia. La risa y el paroxismo como desacato a un mundo que extravió la espiritualidad de lo cubano en un laberinto de chifladuras patrioteras y ciegos voluntarismos. La máscara, configuración de la otredad y el desdoblamiento, y que, en palabras de Jesús Martín Barbero, expresa ocultación, violación, ridiculización de la identidad, pero que también anuncia el ciclo de metamorfosis y reencarnaciones, que es el movimiento de la vida. Salvar una victrola puede parecer un gesto simple, pero sabemos que significa algo más. Es aferrarse a no perder esa porción de ruido y sentimiento –memoria del barrio y la esquina, de la charla callejera- que todos los cubanos llevamos dentro.

INSTITUTO "LA CALETA" (ANTIGUO VALCARCEL)
23 de Octubre a las 20,00 h.
Precio: 700 ptas. Duración: 120 minutos.

Palabras finales:
los festivales y las instituciones culturales

La contextualización histórica

El tomar como punto de referencia un festival de teatro como indicio de tendencias teatrales en un momento histórico, obliga a pensar o re-pensar la existencia misma de los festivales, sus criterios de selección, las circunstancia de su creación y sus transformaciones.

En la fundación, patrocinio o continuidad de la existencia de un festival de teatro intervienen numerosos factores. Algunos son de carácter individual, social, cultural o económico. Otros son de origen privado o institucional. Un festival cumple una pluralidad de funciones, tanto a nivel político como cultural. Dentro de estas funciones está el proceso de legitimación o apoyo de las instituciones organizadoras y las políticas culturales en cuanto representativas de instituciones nacionales vinculadas con la cultura. Junto con la función expresa de la representatividad teatral cumple también una función política, la que experimenta cambios de acuerdo con las transformaciones políticas o los intereses de las instituciones patrocinadoras. Esta interrelación a la vez se proyecta en la selección de los grupos participantes y la inclusión o exclusión de estéticas o propuestas escénicas. La selección de los espectáculos en muchos casos se vincula con los modos de representación de las identidades nacionales y la historia del teatro, tanto a nivel nacional como transnacional.

La creación del Festival Iberoamericano de Teatro de Cádiz, en 1986, por ejemplo, se asocia claramente con los planes de España de llevar a cabo actos celebratorios del 92 que implicaban una búsqueda de un nuevo modo de relación de España con los países de América latina. Representaba en la práctica la sustitución de las connotaciones negativas asignadas a la expresión tradicional "descubrimiento" y su sustitución por la frase "encuentro de dos culturas" planteada por los discursos políticos y autoridades oficiales de esel momento. "Descubrimiento" implicaba una actitud colonialista en la cual una cultura —la española y occidental— sustituyó o se impuso a las culturas originarias. "Encuentro," por su parte, sugería el reconocimiento de la existencia de una cultura o varias culturas prehispánicas significativas. La ubicación en Cádiz, además, simbolizaba el vínculo libertario de España que, de una manera u otra, se proyectó a las colonias españolas en América a comienzos del siglo XIX. Esta connotación libertaria, a la vez, se podía relacionar con los grupos sociales y políticos de América Latina que buscaban sustituir las políticas autoritarias dominants en algunos espacios del continente. Aún más, España buscaba ampliar sus mercados y América Latina constituía una de las áreas "naturales" de esa expansión.

La proximidad de 1992 y los planes de celebrar el Quinto Centenario de la presencia de España en las tierras de América condujo a la programación de una serie de actividades, políticas y culturales tanto en España como fuera de ella. Después de 1975, además, el nuevo poder político en España buscaba cambiar la imagen creada por el regimen dominante hasta la fecha y patrocinó una intensa actividad cultural —especialmente teatral.

Desirée Ortega, quien ha hecho la historia del Festival de Cádiz recuerda varios antecedentes, aún antes de la fundación.[1] En las conversaciones y proyectos mencionados el motivo recurrente era el reencuentro entre España y América: "Desde finales de la década de los 70 el reencuentro entre el teatro español y latinoamericano era deseado por un gran número de profesionales, pero realmente esta intención había comenzado al otro lado del Atlántico" (13). Uno de los antecedentes que menciona Ortega son varias "muestras" de teatro latinoamericano llevadas a cabo en Cádiz antes de 1986 que se denominaron "un acercamiento cultural" (13) "que hacen tomar conciencia a unos pocos de la existencia del teatro en Latinoamérica" (13).

El FIT de Cádiz viene a reforzar esta teoría y a constituirse en un foro de encuentro para el teatro de ambos lados del Atlántico. Esta idea, junto a la de promocionar Cádiz como puerta teatral de Europa, son los ejes fundamentales que vertebran este nuevo festival que viene a reconocer oficialmente los esfuerzos de integración y acercamiento que numerosos grupos y particulares venían haciendo en solitario. (15)

---

[1] Ortega, Desirée. *FIT de Cádiz. Crónica de un hecho insólito*. Cádiz: Patronato del Festival Iberoamericano de Cádiz, 1995.

En el volumen publicado a propósito del primer Festival de Cádiz (1986) el Ministro de Cultura, Javier Solana Madariaga, hacía notar:

La proximidad del V Centenario del Descubrimiento de América, está produciendo, afortunadamente, un incremento de actividades de intercambio entre los país iberoamericanos que vienen a revitalizar un patrimonio cultural común, pocas veces valorado en su justa dimensión. A medida que emerge esta fructífera heredad se experimenta con más fuerza la necesidad de comunicación y conocimiento mutuo.

Por su parte, José Manuel Garrido Guzmán, Director General del Instituto Nacional de las Artes Escénicas y la Música, afirmaba:

Se pudo constatar entonces lo que, de alguna forma, constituye una deuda de España con los países hermanos: salvo algún esfuerzo aislado y meritorio, generalmente extinguido por falta de apoyos, no existía en España una sólida plataforma desde la que se pudiera mostrar el trabajo de los hombres de teatro iberoamericano. Al mismo tiempo habría que reconocer la excelente receptividad hacia nuestro teatro más vivo que se había producido al otro lado del Atlántico, en muestras y festivales como los de Manizales, Córdoba o Caracas.

Esta participación en el proyecto nacional de la celebración del Quinto Centenario desde una perspectiva reivindicatoria terminó con la enorme fiesta nacional oficial que se llevó a cabo en 1992 con una gran diversidad de actividades en varias ciudades de España.[2]

En cierta manera, el FIT de Cádiz perdió algo de su sentido original en 1992 y ha obligado a su autodefinición. El vínculo del FIT con la celebración del 92 conllevaba en cierto modo su término con el 92. A este factor se unió el que, después de varios intentos y rechazos, España fue

---

[2] Junto a los factores nacionales, se dan los intereses locales. Desirée Ortega observa: "Precisamente en el año 85, en una charla mantenida entre Enrique del Álamo, director de Cultura de Cádiz, y Pepe Bablé, director de la gaditanísima Tía Norica, surge la idea de un festival como posible elemento dinamizador de la vida teatral de la ciudad, que tras la excelente etapa del teatro independiente, atravesaba una grave crisis."(13)

admitida en el Mercado Común Europeo con la consiguiente transformación de las políticas culturales oficiales. Desde el punto de vista oficial, entonces, al parecer llegó a ser menos importante para España el ser "Madre Patria" de los países latinoamericanos que su espacio o función dentro del nuevo concierto de las alianzas europeas. Creemos que hay dos aspectos de las nuevas políticas culturales que tienen consecuencias directas o indirectas para el FIT. Por una parte, España se autodefinió como intermediaria entre los países árabes y Europa y como perteneciente al concierto de los países del Mediterráneo. Esto explica, por ejemplo, la aparición de varios festivales de teatro en los lugares "románicos" de España, la importancia que se le ha dado en revistas y festivales al teatro de los países árabes u otros países del mediterráneo. La consecuencia más directa es la disminución de los apoyos presupuestarios al Festival de Cádiz.

Estos cambios en las políticas culturales, a su vez, condujo a una redefinición de la función del Festival a nivel nacional. El FIT a partir del 92 —como el todo de España— se convirtió en el espacio intermediario entre culturas no europeas y Europa. Específicamente, Cádiz ha llegado a concebirse como la puerta de entrada del teatro latinoamericano en Europa. Así lo evidencian varias declaraciones, tanto de los organizadores del Festival como los patrocinadores del mismo. En 1998, el FIT, además, cumplió una función conmemorativa. Según las palabras de inauguración de la Alcadesa Teófila Martínez: "En este año de conmemoraciones, el Festival se suma a ellas dando el papel protagonista a aquellos países que, de una forma u otra, tuvieron participación directa en los acontecimientos de 1898" (*FIT XIII*, 3). Indiscutible referencia a Cuba y Puerto Rico.

A nivel local, por otra parte, la conciencia de los problemas económicos de la ciudad de Cádiz y la elección de una Alcaldesa —Teófila Martínez Saiz— dispuesta a promover la imagen y el desarrollo económico de la ciudad han asignado al FIT una significativa importancia como parte de la renovación física, intelectual y económica de la ciudad.

Legitimación de las teatralidades

Esta inserción de un festival dentro de su contextualidad permite considerar desde una perspectiva histórica, no "universalista," tanto la recurrencia de códigos teatrales como los modos de representación de las nacionalidades.

Con respecto a los códigos estéticos que tienden a definir a un festival, éstos conllevan los criterios de selección o exclusión de los grupos participantes, aunque, naturalmente, en la selección de grupos intervienen de manera importante factores económicos. La tendencia más general es partir de un supuesto de estética universal, en la cual el proceso de selección y exclusión se fundaría en ciertos valores "universales." Mi hipótesis, en cambio, implica que, en términos generales, el proceso de selección y exclusión de grupos o técnicas escénicas en los festivales deben ser interpretados desde la perspectiva de la auto-legitimación de los sistemas o subsistemas culturales asociables con las instituciones patrocinadoras.

Los festivales abren numerosas interrogantes con respecto a las tendencias escénicas contemporáneas y la búsqueda de códigos teatrales que aspiran a desdibujar las fronteras de las culturas nacionales. Códigos que implican la supresión o disminución del lenguaje verbal y el énfasis en el lenguaje del cuerpo. Códigos que, a la vez, suponen una teatralidad ahistórica y transnacional con la consiguiente apropiación de códigos y gestos desligados de su contexto histórico y social. En numerosos festivales recientes se hace evidente la tendencia a la disminución del teatro de la palabra y su sustitución por el teatro del gesto, del cuerpo y de silencios. Para algunos estos rasgos corresponden a la postmodernidad teatral; para otros, es la necesidad de satisfacer los intereses estéticos y superar las dificultades lingüísticas y culturales de públicos de varios idiomas potenciales.

Junto a esta necesidad práctica del presentarse dentro de los circuitos de festivales en distintos países, los códigos estéticos dominantes en un festival contribuyen al proceso de legitimación de algunas formas culturales.

El proceso de selección implica, naturalmente, un sistema de valores estéticos e ideológicos del poder en que se constituye el grupo organizador del festival. La selección de textos espectaculares y los códigos de la teatralidad que ellos representan son indicios del sistema cultural legitimado por los organizadores. Los inicios del FIT de Cádiz, hemos observado, se vinculan con la práctica escénica de los grupos independientes de los ochenta, lo cuales tendían a usar formas teatrales de renovación e innovación. De este modo, en principio, el FIT de Cádiz tiende a ser receptivo de las innovaciones o las nuevas escuelas.

Estas tendencias y sus variantes continúan como rasgos dominantes —no exclusivos— de la mayor parte de los grupos. Uno de los rasgos reiterados es la búsqueda de la renovación teatral o indicios de continua actualización o postmodernización del teatro de España o América Latina. Los grupos de experimentación teatral encuentran un buen espacio de acogida en el FIT y son menos aceptables espectáculos que son considerados como "realistas" o que no buscan la innovación. Característica que se refuerza con el planteamiento del "puente" a Europa, por cuanto el teatro latinoamericano que se abre hacia Europa tiende a ser aquel que define a América Latina. En consecuencia, los códigos dominantes tienden a ser aquellos que a la vez son o serán aceptados por otros festivales españoles europeos que se llevan a cabo en fechas próximas. De este modo, por ejemplo, en un momento, el teatro latinoamericano con buena recepción en Europa implicaba un teatro en función de los cambios sociales o cuestionadores de los sistemas políticos autoritarios. En los últimos años, se ha dado mayor preferencia a un teatro con menos connotaciones políticas y recurrencia de elementos "postmodernos" o técnicamente renovadores.

Las teatralidades nacionales

El acceso a los circuitos de festivales internacionales se pone de manifiesto no sólo en las preferencias de códigos teatrales sino que, además, en los modos de representación de las nacionalidades. Al buscar la satisfacción o aceptación de la auto-representación dirigida a los practicantes de las culturas del "otro" un festival puede conducir a una preferencia por teatralidades estereotipadoras de sistemas culturales o identidades nacionales. Aún puede darse el caso, que rasgos aparentemente estereotipadores que en los contextos nacionales adquieren una dimensión subversiva, en el contexto políticamente neutralizado del festival, son leídos como definitivamente estereotipadores.

En varias versiones del Festival de Cádiz han recurrido modalidades aparentemente definitorias de identidades nacionales. Es el caso de Cuba, por ejemplo, que tiende a definirse con bailes afrocubanos y teatralización de leyendas africanas, como indicio de la redefinición de lo popular en la Cuba revolucionaria. La teatralidad brasileña, por otra parte, tiende a reiterar espectáculos con bailes, música, gran actividad física o corporal y desnudos. En los grupos argentinos, con frecuencia se habla del tango o se le baila en el escenario. En algunos festivales, ha habido grupos mexicanos con expresiones lingüísticas, vestuarios, y comportamientos asociables al cine mexicano de charros, campesinos y pistolas. Estos sistemas de teatralidad confirman las imágenes de lo nacional desde la mirada del otro, descontextualizando su potencial subversión o su búsqueda de aceptación por parte del "otro" europeo que espera al final del puente de la entrada a Europa.

Un volumen de estudios sobre un festival internacional de teatro tiene su propia historicidad tanto en la historicidad del objeto como del discurso y de la mirada sobre ese objeto. *Propuestas escénicas de fin de siglo: FIT 1998* se constituye en un discurso crítico que, como el teatro en Cádiz, al buscar la legitimación y validez internacional utiliza el discurso crítico validado en los espacios académicos. Aquí radica su propia historicidad. La selección de los espectáculos enfatizados, los aspectos que de ellos se destacan, el lenguaje con el cual se habla de ellos constituyen "gestos" historizados de aproximación a un hecho cultural inaprensible por el discurso verbal, que sólo se aprehende en la vivencia del mismo. El teatro como un festival de teatro son experiencias totales. El discurso verbal sólo da señales de los mismos. Por lo tanto, corre el riesgo de decir más de los emisores del discurso que del objeto del discurso.

Juan Villegas
Editor